U0062591

简牍学与丝路文明研究丛书

第二辑

主　编◎田　澍　刘再聪

两汉中坚社会势力研究

以士大夫阶层为中心

张继刚◎著

中国社会科学出版社

图书在版编目（CIP）数据

两汉中坚社会势力研究：以士大夫阶层为中心／张继刚著 . —北京：中国社会科学出版社，2024.6

（简牍学与丝路文明研究丛书 . 第二辑）

ISBN 978 - 7 - 5227 - 3200 - 8

Ⅰ.①两… Ⅱ.①张… Ⅲ.①知识分子—研究—中国—汉代 Ⅳ.①D691.71

中国国家版本馆 CIP 数据核字（2024）第 049686 号

出 版 人	赵剑英
责任编辑	李凯凯
责任校对	冯英爽
责任印制	王　超

出　　版	中国社会科学出版社
社　　址	北京鼓楼西大街甲 158 号
邮　　编	100720
网　　址	http://www.csspw.cn
发 行 部	010 - 84083685
门 市 部	010 - 84029450
经　　销	新华书店及其他书店

印刷装订	三河市华骏印务包装有限公司
版　　次	2024 年 6 月第 1 版
印　　次	2024 年 6 月第 1 次印刷

开　　本	710 × 1000　1/16
印　　张	17.75
字　　数	282 千字
定　　价	95.00 元

凡购买中国社会科学出版社图书，如有质量问题请与本社营销中心联系调换
电话：010 - 84083683

版权所有　侵权必究

《简牍学与丝路文明研究丛书》
总序

　　简牍是中国历史上最早的实用性书写材料，其书写制度在中国书籍发展史上产生了深远的影响。中国大规模使用简牍的时代一直延续至晋代，西北地区甚至还发现了唐代的木牍。可以说，竹木简牍是中国历史上最重要的文字载体之一，承载着华夏文明蕴含的无尽智慧。

　　西北简牍所承载的历史文化信息是丝绸之路文化、长城文化、敦煌文化的重要组成部分。20 世纪 70 年代以前发现的简牍，几乎全部出自西北，尤以甘肃为多。因此之故，前后出土了近 7 万枚秦汉晋简牍的甘肃，在学界享有"简牍之乡"的美誉。西北简牍是了解汉晋王朝开发河西、经略西北的最直接资料，展现了张骞"凿空"之后丝绸之路辉煌发展的历史，展现了中原与中亚、西亚等地民族之间友好交流、交往、交融的历史，展现了中国与丝绸之路沿线各国共同推进世界文明进程的历史。简牍文献资料、简牍考古资料的整理与研究，有助于阐发中华文明厚重的历史底蕴和丰富的文化内涵。

　　简牍学随着对丝绸之路的考察和研究的兴起而肇始。1914 年，罗振玉、王国维依据西方探险家在敦煌等地发现的简牍材料，整理出版了《流沙坠简》，被视为简牍学的开山之作。1925 年，王国维在《最近二三十年中中国新发见之学问》中提出近代学术资料的五项重大发现，其中一项就是"敦煌塞上及西域各地之汉晋木简"。可以说，中国简牍学的诞生直接得益于甘肃简牍的发现，而对甘肃简牍不断深入研究一直是国际简牍学发展的重要推动力。

　　西北师范大学是国内外最早开展简牍学研究的高等院校之一，具有悠久的学术传统，弦歌不辍。1939 年，考古学家黄文弼受聘为国立西北联合大学史地系教授，从教之余，着手整理新疆考察报告，完成了《罗布淖尔考古记》，其中第四篇就是《木简考释》。武威汉简出土之后，甘肃师范大学教授何士骥（乐夫）随即展开初步研究，并于1962年协助陈梦家先生完成《武威汉简》一书。改革开放以来，西北师范大学一直高度重视简牍学发展，在全国高校中率先创办简牍学研究所（1995年），同年开始编辑出版学术辑刊《简牍学研究》；最早开展简牍学方向硕士研究生（1995年）和博士研究生培养（2005年），编写出版国内第一部面向本科生的教材《简牍学教程》（2011年）。40多年来所取得的进步，学界有目共睹。

2021年底，甘肃省实施省属高校一流学科建设突破工程，简牍学作为"绝学"冷门学科名列其中，西北师范大学简牍学科发展迎来了历史上最好的机遇。在新的历史机遇面前，西北师范大学不断拓展学术空间，凝聚国内外多方面的研究力量，全面致力于以简牍学为核心的交叉学科建设。

首先，广泛开展与国内外文博系统及科研机构的合作。与甘肃省文物局签约共建简牍研究院，与甘肃简牍博物馆、甘肃省文物考古研究所、内蒙古额济纳博物馆等单位联合开展简牍文献整理与研究；与瑞典皇家科学院"斯文·赫定基金会"、雅典大学等单位联合开展海外藏简牍资料整理研究与人才培养；与清华大学、武汉大学、复旦大学、东北师范大学及香港大学冯平山图书馆等科研院所开展高水平学术交流合作。目前，各类合作项目稳步推进，已经取得了良好效果。

其次，坚持基础研究，注重交叉发展，提升文化服务能力。从"简牍文化资源"的角度定位"简牍学"的学术覆盖范围，凝练出简牍语言文字研究、西北简牍文献研究、简牍与丝绸之路文明研究、简牍文化资源保护利用研究四个方向。坚持以传统的文字、文献研究为核心，注重简牍与语言文字研究、简牍与秦汉史研究、简牍与丝绸之路史研究、简牍与书法艺术研究。着眼于以"数字简牍"网站为重点的学术资源数据库整合和网络平台建设，主动服务于全国简牍学科建设与发展。并引领以信息技术为支撑的简牍文化推广活动，主动服务地方文旅事业发展。

最后，着力于简牍文本整理，注重内涵式发展，及时推出高水平科研成果。开展简牍研究，最基础的工作就是对简牍内容的整理。西北简牍所系残章断句，文本不完整、内容缺少系统性。为适应简牍学学科内涵式发展的需求，在开展悬泉汉简、肩水金关汉简等整理研究的基础上，西北师范大学简牍研究院正在组织实施西北简牍再整理、二十世纪简牍考古资料汇编等系列工作。目前，已经编辑出版了《简牍学与丝路文明研究丛书》第一辑。本次编辑出版《简牍学与丝路文明研究丛书》第二辑，将更进一步发挥简牍"新史料催生新问题"的学术功能，开拓丝绸之路文明史研究的新领域。

田澍　刘再聪

2024 年 2 月 23 日

序

　　张继刚博士的专著《两汉中坚社会势力研究——以士大夫阶层为中心》即将付梓刊印，这无论是对其个人还是对学术界来说都是可喜之事，我作为继刚的博士生导师更是为他感到高兴，虽然我不善于为他人书稿写序，但也欣然应允为他的大作写个小序，并以此向他表示祝贺。

　　继刚的《两汉中坚社会势力研究——以士大夫阶层为中心》一书，是在他部分博士论文的基础上，经过增删修订打磨而最终完成的。该书主要包括绪论和四章内容。其中绪论部分对相关学术史进行了详细的介绍和研究，并提出可以进一步深入研讨的问题和空间，对该书重点研讨的"中坚社会势力"问题做了概括性阐述。第一章以秦汉之际为坐标，以秦亡汉兴为例证，讨论中坚社会势力在政权兴亡和社会发展中的重要作用。第二章重点讨论了西汉前期包括旧贵族、豪强、文吏、士人，甚至一些贫窭者等各种社会势力，是如何通过多种渠道融入汉政权和向士大夫阶层转化的。第三章研讨的时间是从西汉后期到东汉时期，作者通过翔实的史料证明这是士大夫阶层明朗化，即完全形成时期，而士大夫阶层的群体认同是非常重要的标志和表现。第四章是该书研究的落脚点和最重要结论，那就是"士大夫阶层构成汉政权的中坚社会势力"，并通过士大夫阶层经济力量之雄厚、宗族势力及血缘关系（门生故吏）之强大、极高的社会威望和影响、对上不但忠君也分权、对下"携持民心"控制社会等诸多方面，论证士大夫阶层构成汉代国家政权的中坚社会势力，也揭示了一个又一个小皇帝君临天下、一场又一场外戚宦官走马灯式的争斗擅权，但东汉王朝却能存续二百年不亡的谜底。

　　该书稿的主要内容和思想，是继刚自来南开大学读博开始一直到工作之后长期思考的问题，其中不乏一些独到且有价值的思想观点和见解。

继刚在 2013 年完成的博士学位论文中提出的"中坚社会势力"一说，当时就受到了博士论文外审专家和答辩委员会成员的充分肯定，得到了学术界一些同仁的认可，如后来就有学者在《中国史研究》刊文，讨论"社会中坚与古史分期"，并指出"贵族社会和豪族社会阶段，国家中存在一个稳定的中坚力量"，我认为这正是对继刚提出的"中坚社会势力"之说的肯定、吸纳、借鉴和扩展。

"中坚社会势力"之说既是继刚研究汉代士大夫阶层的一个新的视角，同时也是他通过对汉代政治史和社会史研究而凝练出的重要理论，致使其在众多有关士大夫问题的研究成果中可以独树一帜，不但具有创新性，而且具有理论价值。由于有这种理论观点指引，并且从这一视角深入，使本书稿对秦汉历史中的一些传统问题有了新的认识，我认为本书稿中的一些观点和结论具有很好的学术价值，值得学术界重视。如其研究认为：

> 历史上每个政权都不可能凭空构架于其社会之上，都有维系其存在的凭借；其制度的推行、权力的运作和意识形态的推广都要依靠一定的社会势力。这种作为政权统治凭借的社会势力就是这个政权的中坚社会势力。所谓的中坚社会势力，是指相对于一般民众而言支持某个王朝政权存在的拥有强大的经济势力和社会势力的中间势力阶层或势力集团。这种势力阶层不仅是王朝统治的支持力量，而且在意识形态上与统治者也保持高度的一致。中坚社会势力是一个社会中社会势力的一部分，是对政权存在起最主要影响的社会势力，它是构成一个政权最基本的统治势力或支持力量，是一种根植于社会基层的统治势力。
>
> 这种势力是根植于社会的，在政府与社会的互动中逐渐形成……在这种国家与社会的互动中，政府与社会势力之间就会形成共同的利益，在这两种方向上发展的社会势力就会逐渐演变为中坚社会势力。简言之，社会势力如地方豪强大族向政府渗透，成为汉政权的官僚；同时官僚与士大夫掌握权力之后，又会向社会渗透，成为新的社会势力。两种方向的渗透以士大夫为融合点，形成士大夫阶层。这种与权力关系紧密的、掌握有一定土地的、拥有强大社会关系的

且在意识形态上与统治政权保持一致的社会势力，就是这个政权的中坚社会势力。

也正是运用这一理论，本书研究认为，秦朝灭亡的一个重要原因是没有使两部分人成为中坚社会势力阶层：一是在东方有着强大的政治、经济、社会基础和影响力的六国贵族及士人，秦始皇没有让他们尽早"融入秦帝国的社会结构中"，更遑论把他们变成统治东方可利用的社会力量了，而是暴力逼迫他们坚定地成为帝国的主要敌人；二是王朝官僚集权统治须臾离不开的秦吏，这一群体的生存境况也非常不好，传统文献和简牍史料均显示，严苛而繁密的秦朝律法使秦吏群体普遍处于紧张和恐惧之中，他们的国家归属感不强，在亡秦战争中要么参与反秦、要么投降，这无疑加速了秦朝的灭亡。本书进而得出结论："关于秦亡之因，暴政不是关键问题，而维持统治的社会势力的缺失才是关键问题，即秦缺乏中坚社会势力以支持其对全国的统治。"与之相反，刘邦建立的汉朝也正是吸取了秦朝的教训，有意识地与功臣"共天下"，"与天下人同利"，包括"六国旧贵、秦吏、普通平民、士等社会势力，经过秦汉之际的社会大变动，纷纷进入新政权之中，结束了先秦之贵族制和秦之集权专制……汉政权利用各种社会势力实现对全国的统治"。

本书还详细考辩了从先秦作为贵族等级的"大夫、士"到汉代作为阶层的"士大夫"的演变和二者之间的差异，认为在汉代不论是实力雄厚的豪强大族，还是胸怀儒家道义的士人，或者是研习儒学的文吏及普通平民，都可以在"独尊儒术"的大背景下，有可能通过学儒通经、察举征辟，甚至是通过买官买爵等多种途径，进入国家官僚机构，融入汉政权之中，进而实现向士大夫的转化。

有学者曾提出这样一个问题："统治阶层既不能由多数人参与，则如何能得到多数人的支持？"本书通过研究给出的答案是：统治阶层不能由多数人参与，但却能得到多数人的支持，并维持其长久的统治，是因为作为中坚社会势力的士大夫阶层的存在，他们向上忠于王朝的统治并与之共命运，向下则利用其社会势力和社会威望控制地方，汉王朝正是通过少数人——士大夫阶层实现其对全国多数人的有效统治。

近些年来，秦汉史研究会的多次会议、很多秦汉史学者都在呼吁，要避免过于碎片化的历史研究，倡导多进行一些宏观性的研究。我认为，继刚的这本专著就是以新的理论观点和新的研究视角，对汉代士大夫作为一个阶层的系统研究，其既有较为宏观的叙述和思考，又不乏一些细节上的严谨考证，是一部具有宏观视角的有价值的学术著作。

　　继刚博士为人正直热情，严于律己，宽以待人，在工作学习中，既踏实勤奋，兢兢业业，又思想活跃，充满朝气。我读继刚这本书到最后结尾部分，短短的"结语"着实令我惊喜，因为对于"中坚社会势力"问题，继刚又提出了更进一步的新思考，其跳出汉代，着眼于更长的历史时段。他说："在中国古代史上，社会的中坚势力有一个由高到低的发展演化过程……从先秦的贵族到秦汉魏晋的士大夫阶层、士族，再到隋唐时期逐渐向民众化发展……即中坚势力的民众化。"又说："这一民众化的过程，隋唐以后便放缓了，甚至停止了"，认为"中国古代士大夫阶层的存在，阻碍了中坚势力的民众化进程和下层民众参政意识的形成"。这些问题意识，让我似乎看到了继刚下一本书要深入研究的问题。我认为，不论是中国古代的士大夫阶层，还是中坚社会势力问题，一定还有值得深耕细耘的空间，希望继刚博士以此书出版为契机，再接再厉，取得更多更优秀的学术成果。我期待！

刘敏

2024 年 4 月于南开大学西南村

目　录

绪　论

一　选题缘由

近几十年来，关于社会势力阶层的研究逐渐得到重视，并取得了很多成就。钱穆、许倬云、陈启云、毛汉光、李开元等学者对国家与社会势力间的关系问题有很多精辟的论述；杨联陞、何兹全、刘增贵、崔向东、马彪、王彦辉等学者则分别从豪族、豪民的角度论述了国家与社会势力的关系问题；日本学者西嶋定生、宇都宫清吉、宫崎市定、谷川道雄等学者分别从不同角度研究汉代的豪族。

关于两汉的社会势力阶层，以往的研究者大多以豪族冠之，无论是官僚、地方豪强大族、士大夫、儒士、富商，统统都包括进豪族这一概念之中（如马彪《秦汉豪族社会研究》）。各种研究成果中对于豪族的界定又是各执己见，每个人都有一个关于豪族的概念与研究范畴。刘增贵在其博士学位论文《汉代豪族研究——豪族的士族化与官僚化》① 中检索了前四史中各种关于豪族的词语并进行了分类，得出汉代存在四类豪族的标准，并认为要找出同时符合四类标准的豪族是很难的。所以，"豪族"是一个很难定义的概念，豪族具体的研究范畴也不好确定。

以"豪族"为题的研究，其所凸显的是作为社会势力的宗族势力的强大，重视了汉代社会势力的共同性——"豪"②，有其研究的必要性和

---

① 刘增贵：《汉代豪族研究——豪族的士族化与官僚化》，博士学位论文，台湾大学，1986年。由于豪族的研究产生了不少争论，刘增贵认为"这些争论固然因为取径的差异，但一部分也由于他们对豪族的意指有所不同之故"。豪族"几乎是汉代各种社会势力的总称"（见该文第9—10页）。意即"豪族"没有一个确定的界定。

② 瞿同祖认为，豪族的共同性在于"这些家族具有一种共同的力量——经济实力"，（《汉代社会结构》，上海世纪出版集团2007年版，第165页）。

意义。但忽略了各种社会势力的差异性，以及这种差异性在两汉历史上的影响。这种过于庞大的研究视角，并不能使研究着眼于具体的对象，不能明了两汉时期一些具体的历史问题。

关于"士族"，虽然毛汉光对士族的解释是三世中有两世居官五品以上的家族，但是针对魏晋隋唐时期的研究，并且毛汉光也认为两汉不能称为士族时期。[①] 唐长孺认为："士族的形成是在魏晋。"[②] 且在前四史中，并没有出现"士族"一说，而在《晋书》中，也仅有三次，一次是在《许迈传》，其他两次则在载记中。所以，汉代的社会阶层是不能用士族来统称的。

据毛汉光对魏、蜀、吴三国建国之统治阶层的社会成分的分析，在三国建国初期的官僚中，平民出身的官僚占多数，魏、蜀、吴的比例分别是 56.5%、38.3%、66.2%。毛汉光进一步研究认为，单士在平民出身的官吏中占的比例又很高，魏、蜀、吴分别是 47.3%、35.5%、42.6%，[③] 而这些单士都是经历东汉而来。这就说明了一个问题，如果用"士族"或者"豪族"这样的概念来研究东汉的社会势力[④]，就会显得不全面，也无法全面地展现两汉的历史风貌。因为在两汉的历史上，不仅仅有许多大族在活动，也有许多所谓的"单士"在活动，而这些单士和有族势之士大夫一起，构成了两汉历史的主要内容。

两汉虽然是士族的萌芽时期，但也可以明确地说，两汉不是士族时期。那么对于这个士族的萌芽时期，我们用什么名字来称呼呢？这个时期是否也有其自身的特点值得我们发现呢？如果一味地循着前人的步伐，那么历史研究也就没有任何意义了。

笔者在阅读文献和学术著作时思考：士大夫还有其社会阶层性，两汉时期还存在着士大夫这样一个阶层。

本书对汉代士大夫的研究，不是以宗族的角度，而是从社会阶层的角度进行的。所以，本书使用了"士大夫阶层"这个概念而不是"豪族"

---

① 毛汉光：《中国中古社会史论》，第 37、60 页。

② 唐长孺：《东汉末期的大姓名士》，《魏晋南北朝史论拾遗》，中华书局 1983 年版，第 62 页。

③ 毛汉光：《中国中古社会史论》，第 123—137 页。

④ 毛汉光先生就认为党锢之祸后被禁锢的士人成了一种社会势力，"卷入党锢事件的士，纷返故里，他们有的是社会领袖，有社会势力。"（《中国中古社会史论》，第 137 页。）

或者"士族"，是为了凸显士大夫之间的联系以及士大夫阶层与汉代国家政权之间的关系，而非士大夫个人的宗族血缘势力。对士大夫这方面的，目前的研究还不够。

士大夫是中国古代历史上一个特殊的群体，在中国历史的发展演变中有着深远的影响。阎步克认为："士大夫政治是中国古代社会非常富于特征性的现象。它是了解这个社会历史的重要线索之一。"① 所以，对士大夫的专门研究，有助于对中国古代历史的认识更加深刻和明晰。尤其是汉代的士大夫阶层，在中国古代历史的发展演变中，留下了浓墨重彩的一笔，其发展演变对后世的影响深远。

经过收集史料和思考后，逐渐有了一个线索。士大夫阶层的发展演变构成了两汉历史的重要内容，士大夫阶层在一定程度上构成了汉代国家政权的中坚社会势力，其发展演变也对两汉的历史发展产生了重大影响。

二　研究综述

自 20 世纪 30 年代以来，士大夫的研究逐渐受到重视。杨筠如《论中国社会史上所谓士大夫阶级》分三期讨论了中国古代的士大夫阶级，认为士大夫阶级的归宿都是官僚地主。② 1939 年，钱穆《国史大纲》书成，其中第八章有一节"士人政府之出现"③，论述了汉代的士大夫，影响深远。20 世纪 80 年代以后，士大夫的研究骤然勃兴，时至今日，出现了大量士大夫研究的成果，但对士大夫研究的学术史回顾，则尚存不足，本部分将对近八十年来汉魏之际士大夫的研究进行梳理，以期展现学界关于汉魏之际士大夫研究的现状。

（一）士大夫与汉魏国家政权

著作方面，早在 1935 年，时在燕京大学任教的顾颉刚就写成了《秦汉的方士与儒生》一书，该书论述秦汉时期的方士与儒生怎样运用阴阳五行思想创立政治学说和政治制度，并为秦汉各个历史时期的统治集团

---

① 阎步克：《士大夫政治演生史稿》，北京大学出版社 1996 年版，第 465 页。
② 杨筠如：《论中国社会史上所谓士大夫阶级》，《湖南大学期刊》1933 年第 8 期。
③ 钱穆：《国史大纲》（第 3 版），商务印书馆 1996 年版。

服务的。① 钱穆在《国史大纲》《国史新论》② 两部书中论述了他关于士大夫与汉朝政治的主要观点，认为政府的力量不在贵族和军人，而在士人手里，并强调汉代昭宣以后形成"士人政府"，将士人在中国历史上的地位提到一个相当的高度。成书于 1987 年的余英时《士与中国文化》一书在海内外影响广泛，他指出东汉政权与士大夫阶层之间存在矛盾，并认为东汉的灭亡是东汉政权与士大夫阶层之间失去协调所致，党锢之祸是士大夫群体意识觉醒之后与宦官集团之间的斗争所产生的。③ 余英时认识到了汉代士大夫群体意识的形成，推动了汉代士大夫研究的进程。阎步克《士大夫政治演生史稿》是一部研究中国古代士大夫的标志性著作，其重要性不言而喻。该书从文史、儒生关系的角度探讨了中国古代士大夫政治的发展演变，讨论士大夫演生的政治文化动因，并指出士大夫具有双重身份，是官僚与知识分子这两种角色的结合。于迎春《秦汉士史》论述了士人演变为士大夫并向士族转化的过程，并分析这一过程中士人内心的调整、人生的矛盾、价值的变迁以及其与社会的关系。④ 葛荃《权力宰制理性——士人、传统政治文化与中国社会》从士人"作为治世中坚""作为社会中介"等方面展开论述，并论述了隐士与士人精神。⑤ 马良怀在《士人 皇帝 宦官》的第一部分《士人风流》中论述了汉末忧国之士以及党锢之祸的发生。⑥ 胡秋原《古代中国文化与中国知识分子》认为"皇朝与知识分子之合作与冲突，决定国家之兴亡，没有比秦汉四百年更为明显的"⑦。

论文方面，刘显叔《东汉魏晋的清流士大夫与儒学大族》认为东汉中晚迄于魏晋，影响政局动向的力量一为朝廷当权的权势，一为操持清议的士大夫集团，一为各地的儒学大族。⑧ 可见刘显叔认为士大夫集团和

---

① 顾颉刚：《秦汉的方士与儒生》，上海世纪出版集团 2005 年版。
② 钱穆：《国史新论》，生活·读书·新知三联书店 2001 年版。
③ 余英时：《士与中国文化》，上海人民出版社 2003 年版。
④ 于迎春：《秦汉士史》，北京大学出版社 2000 年版。
⑤ 葛荃：《权力宰制理性——士人、传统政治文化与中国社会》，南开大学出版社 2003 年版。
⑥ 马良怀：《士人 皇帝 宦官》，岳麓书社 2003 年版。
⑦ 胡秋原：《古代中国文化与中国知识分子》，中华书局 2010 年版。
⑧ 刘显叔：《东汉魏晋的清流士大夫与儒学大族》，载台湾简牍学会编《简牍学报》第五期，1977 年。

儒学大族对当时政局的走势是有着重大影响的。许倬云在《西汉政权与社会势力的交互作用》一文中论述了西汉政权与社会势力的关系问题，指出昭宣以后士大夫阶级构成了汉代政权的社会基础，西汉元成以后形成了帝室与士大夫共天下的形势。① 许倬云《秦汉知识分子》认为知识分子是不可忽视的社会力量，在政治权力方面，以庞大的官僚组织，与专制君主平分秋色。② 唐长孺《东汉末期的大姓名士》一文认为，东汉时期的地方政权在一定程度是由当地的大姓、冠族控制的，而名士出于大姓、冠族占很大比例，所以说名士就构成了东汉地方政权的基础。③ 谷川道雄《中国社会构造的特质与士大夫的问题》指出中国古代的社会结构是"士（农民管理者）—民（自立小农民）"的社会。④ 许倬云《中国古代社会与国家之关系的变动》认为士大夫在朝为官吏，在野为地方领袖，形成了地方核心势力——士大夫家族，削弱了中央的统治。⑤

张保同《略论东汉士大夫的缺失》指出东汉士大夫由于受到宗族和经济上的羁绊，造成了东汉士大夫的缺失。⑥ 孙立英《东汉士大夫集团的政治权力基础》认为经学构成了士大夫集团的政治权力基础。⑦ 孙明君《从"国家"到"天下"——汉魏士大夫文学中政治情感考察》指出汉代政权兴衰依赖于士大夫的支持与否。⑧ 卫广来《求才令与汉魏嬗代》认为求才三令的目的是摧毁汉朝国体二十等爵制，解除部属舍汉归魏的名节顾虑。⑨ 其他还有臧知非《两汉之际儒生价值取向探微》⑩、朱顺玲

---

①　许倬云：《西汉政权与社会势力的交互作用》，载氏著《求古编》，联经出版事业公司1982年版。

②　许倬云：《秦汉知识分子》，载氏著《求古编》，联经出版事业公司1982年版。

③　唐长孺：《东汉末期的大姓名士》，载氏著《魏晋南北朝史论拾遗》，中华书局1983年版。

④　谷川道雄：《中国社会构造的特质与士大夫的问题》，《日本学者研究中国史论著选译》（第二卷），中华书局1993年版。

⑤　许倬云：《中国古代社会与国家之关系的变动》，《文物季刊》1996年第2期。

⑥　张保同：《略论东汉士大夫的缺失》，《陕西师范大学学报》2006年第2期。

⑦　孙立英：《东汉士大夫集团的政治权力基础》，《秦汉研究》（第三辑），陕西人民出版社2009年版。

⑧　孙明君：《从"国家"到"天下"——汉魏士大夫文学中政治情感考察》，《社会科学战线》2001年第5期。

⑨　卫广来：《求才令与汉魏嬗代》，《历史研究》2001年第5期。

⑩　臧知非：《两汉之际儒生价值取向探微》，《史学集刊》2003年第2期。

《东汉后期士大夫社会拯救活动述论》①、张继刚《曹操"挟天子以令士人"论》② 等，这些文章都围绕士大夫与汉魏国家政权的关系展开论述，不再详述。

士大夫与汉魏国家政权，很多成果都以党锢之祸为中心展开。金发根《东汉党锢人物的分析》认为东汉形成了党人集团，并分析了其构成，包括"世家豪族"和"门生故吏"。还分析了党人的分布，党人的出身，论述了党人的政治主张。③ 陈启云《关于东汉史的几个问题——清议、党锢与黄巾》指出党锢的迫害促使了士大夫的结合，黄巾军的发展和平息，和士大夫态度的转变有关。④ 王彦辉《东汉中后期改良思潮及改良活动浅议》指出"党人"的抗争是东汉后期改良思潮和改良活动的深化和发展。⑤ 朱子彦《论东汉党锢的缘起与党人失败原因》从党人缺乏雄才大略的角度分析了党人失败的原因。⑥ 其他还有侯林莉《党锢之祸与知识分子气节》⑦、马良怀《论东汉后期的党锢之祸》⑧、秦蓁《溯源与追忆：东汉党锢新论》⑨ 等。

日本学者川胜义雄《六朝贵族制社会の研究》认为甘陵不是党锢之祸的起源地，党锢之祸的发生，是清流士大夫面对遭到扭曲的国家形态，需要用一种正常的国家意志进行斗争——用礼来维持国家秩序，在具有这样一种共同的理念下，清流和浊流产生了冲突。⑩ 增渊龙夫《新版古代中国の社会と国家》其中第三章专门讨论了党锢之祸，认为"清议"是由于知识阶层对当时选举腐败不满，对宦官势力进行批判而产生的。并

---

① 朱顺玲：《东汉后期士大夫社会拯救活动述论》，《郑州大学学报》2005 年第 3 期。
② 张继刚：《曹操"挟天子以令士人"论》，《西北师大学报》2013 年第 1 期。
③ 金发根：《东汉党锢人物的分析》，《"中研院"历史语言研究所集刊》第 34 本下册，1963 年。
④ 陈启云：《关于东汉史的几个问题——清议、党锢与黄巾》，载《燕园论学集：汤用彤先生九十诞辰纪念》，北京大学出版社 1984 年版。
⑤ 王彦辉：《东汉中后期改良思潮及改良活动浅议》，《东北师大学报》1992 年第 2 期。
⑥ 朱子彦：《论东汉党锢的缘起与党人失败原因》，《史学集刊》2012 年第 2 期。
⑦ 侯林莉：《党锢之祸与知识分子气节》，《历史教学》1999 年第 2 期。
⑧ 马良怀：《论东汉后期的党锢之祸》，《华中师院学报》1983 年第 4 期。
⑨ 秦蓁：《溯源与追忆：东汉党锢新论》，《史林》2008 年第 3 期。
⑩ 川胜义雄：《六朝贵族制社会の研究》，岩波书店 1982 年版。

认为党锢之祸是清流官僚与宦官集团之间的冲突而导致的。① 以上这两种观点虽不无道理，但都从士大夫和宦官之间冲突的角度考察党锢之祸，而忽视了党锢之祸中士大夫和皇权之间的冲突问题。安部聪一郎《党锢の「名士」再考——贵族制成立过程の再检讨のために》认为清流士大夫具有一定的自律性。他根据记载党锢名士称号的历史文献的产生时代，得出东晋时期名士的称号才被整理定型的结论；而党锢名士官位的高低对其称号的排序有重大影响。② 这些观点都是值得借鉴的。

从以上成果可以看出，学界已经认识到了士大夫与汉王朝兴衰的紧密关系，有些成果还注意到了士大夫对汉代政权的基础性作用，如钱穆、许倬云、唐长孺等。同时，一些文章还讨论了士大夫的政治权力基础，以及士大夫和汉魏政权的互动关系。

士大夫与汉魏国家政权的关系有很多成果围绕党锢之祸展开，一般从士大夫势力的膨胀和士大夫集团与宦官之间的冲突论述，并讨论了党锢之祸对汉魏之际政治走向的影响，一般认为东汉的衰亡与党锢之祸对士大夫的残杀、贬黜有一定的关系。其中影响最为深远的是余英时《士与中国文化》，认为党锢之祸是士大夫群体意识觉醒之后与宦官集团之间的斗争所产生的，这是很有创见的。

除以上研究成果之外，士大夫与皇权之间的关系问题也颇受学界重视。

刘泽华、孙立群等著的《士人与社会》（秦汉魏晋南北朝卷）认为随着汉代的"表章《六经》"和把儒术作为政治中的一个组织部件，大部分儒士逐渐失去了独立意识而进一步臣仆化。③ 阎步克《秦政、汉政与文吏、儒生》认为在儒士参政之后，士大夫与皇权之间的冲突逐渐显现。④

高兵《东汉末皇权对三大政治集团的态度》指出桓、灵时期皇帝可以运作皇权，达到外戚、宦官、官僚士大夫三大政治集团鼎足而立保持

①　增渊龙夫：《新版古代中国の社会と国家》，岩波书店 1996 年版。
②　安部聪一郎：《党锢の「名士」再考——贵族制成立过程の再检讨のために》，《史学杂志》第 111 编第 10 号，2002 年。
③　刘泽华、孙立群等：《士人与社会》（秦汉魏晋南北朝卷），天津人民出版社 1992 年版。
④　阎步克：《秦政、汉政与文吏、儒生》，《历史研究》1986 年第 3 期。

政治均势和相互制衡的效果。① 郝虹《汉魏之际忠君观念的演变及其影响》认为桓、灵之后士人忠君观念逐渐淡化，导致的结果是魏晋以降君权的衰落。② 张保同《略论两汉士大夫的异同》指出西汉士大夫忠君意识淡漠，而东汉士大夫则忠君意识强化，缺乏独立的政治人格。③ 李军《论东汉士人阶层的政治权力基础》注意到了士人阶层与皇权之间的对立。④ 朱顺玲《论东汉中后期士大夫对皇权的制衡》认为士大夫与皇权之间存在既相互依存又相互矛盾的关系。⑤

从以上所列成果来看，学界论述了士大夫逐渐对皇权的屈从，并注意到士大夫与皇权之间的冲突问题，只是对这种冲突，并没有展开系统深入的讨论。

（二）士大夫成为一个群体和阶层的问题

刘显叔《东汉魏晋的清流士大夫与儒学大族》认为在反对宦官运动中兴起的士大夫阶层是一个意志社团，其组成分子均具有澄清天下的抱负，而形成的士大夫社会是超地域的结合，各地以清流自诩的士人之间有一体感与党类感意识。且士大夫社会不是某一个社会阶级单独构成的，是集合了各阶层中有共同心志的人士集团。⑥ 可见刘显叔认为共同的心志是形成士大夫阶层的重要条件。许倬云在《西汉政权与社会势力的交互作用》中提出了"士大夫阶级"的概念。⑦ 毛汉光《中国中古社会史论》成书于 1986 年，指出汉代扮演中间角色的士大夫构成了一个"特殊的团体和社会阶层"⑧，但对这个特殊的社会阶层，毛汉光并无更深入的讨论。余英时《士与中国文化》成书于 1987 年，认识到了汉代士大夫群体意识

---

① 高兵：《东汉末皇权对三大政治集团的态度》，《齐鲁学刊》1998 年第 5 期。

② 郝虹：《汉魏之际忠君观念的演变及其影响》，《山东大学学报》1999 年第 3 期。

③ 张保同：《略论两汉士大夫的异同》，《史学月刊》2006 年第 9 期。

④ 李军：《论东汉士人阶层的政治权力基础》，《浙江大学学报》2001 年第 3 期。

⑤ 朱顺玲：《论东汉中后期士大夫对皇权的制衡》，《许昌学院学报》2005 年第 3 期。

⑥ 刘显叔：《东汉魏晋的清流士大夫与儒学大族》，载台湾简牍学会编《简牍学报》第五期，1977 年。

⑦ 许倬云：《西汉政权与社会势力的交互作用》，载氏著《求古编》，联经出版事业公司1982 年版。

⑧ 毛汉光：《中国中古社会史论》，上海书店出版社 2002 年版。

的形成，在学界最早提出士大夫群体意识的问题。① 但他在"士大夫群体意识"上着墨并不多，没有展开论证。许倬云在《汉代农业：早期中国农业经济的形成》一书中认为，西汉后半叶不同的社会集团相互融合，产生出了一个富豪、学者和权贵三位一体的单独的社会阶层。② 许倬云提出了这样一个社会阶层，不足之处是没有进行更深的论述。刘蓉《汉魏名士研究》认为名士们以自身特有的文化、政治性格而自成一阶层，在同外戚宦官的斗争中，党锢名士逐渐凝聚成为有着高度自觉性的集团。③

马植杰《试论东汉的士风》中第二部分使用了"士大夫阶层"的概念，指出东汉时期士大夫阶层逐渐壮大。④ 阎步克《士大夫阶层的形成》明确提出了"士大夫阶层"的概念，从儒生和文吏关系的演变论述了士大夫阶层的形成，但对"阶层性"并没有进行论述。⑤ 阎步克《士·事·师论——社会分化与中国古代知识群体的形成》认为等级分化使"士"成为一个特殊等级，功能分化使"士"摆脱了"事"，特别地以"师"为任而形成知识群体，新的整合中这一群体再度入仕任"事"，最终形成了典型形态的士大夫阶层。⑥ 张保同《东汉的私学与党人》认为东汉的私学兴盛推动了儒学的社会化进程和士大夫群体的形成。⑦ 马亮宽《汉代士人与社会结构》指出士人作为一个社会阶层在汉代是不可忽视的社会力量。⑧

牟发松有两篇文章分别论述了名士群体，《侠儒论：党锢名士的渊源与流变》指出汉末士大夫形成了侠气张扬的婞直士风，并成为号为"侠儒"的党锢名士群体。⑨《范晔〈后汉书〉对党锢成因的认识与书写——党锢事件成因新探》认为学中谣语标志着全国性士林舆论的形成，并且

　　① 余英时：《士与中国文化》，上海人民出版社 2003 年版。
　　② 许倬云，*Han Agriculture：The Formation of Early Chinese Agrarian Economy，206 B. C. -A. D. 220*，Washington，1980。
　　③ 刘蓉：《汉魏名士研究》，中华书局 2009 年版。
　　④ 马植杰：《试论东汉的士风》，《河北省历史学会第三届年会史学论文集》，1983 年。
　　⑤ 阎步克：《士大夫阶层的形成》，《文史知识》1989 年第 9 期。
　　⑥ 阎步克：《士·事·师论——社会分化与中国古代知识群体的形成》，《北京大学学报》1990 年第 2 期。
　　⑦ 张保同：《东汉的私学与党人》，《南都学坛》2005 年第 2 期。
　　⑧ 马亮宽：《汉代士人与社会结构》，《社会科学》1994 年第 2 期。
　　⑨ 牟发松：《侠儒论：党锢名士的渊源与流变》，《文史哲》2011 年第 4 期。

党锢名士已经组织化，名士群体有自律秩序和社会权威。①

学者们已经注意到汉代士大夫阶层的存在，并在研究中使用了这一概念，如许倬云、毛汉光、阎步克、刘显叔等学者。有些学者甚至还认为这一群体已经组织化，有一体感与党类感意识，且有一定的自律秩序。这些成果推动了对汉代士大夫的深入研究，这是值得肯定的。

（三）士大夫精神层面和行为风气的研究

1. 士风方面

20 世纪 80 年代以后，士风研究受到重视。目前专著有李磊的《六朝士风研究》，论述了汉魏之际士大夫士风从"婞直之风"到"大直若屈"再到玄风的演变，分析了南朝和北朝士风的不同之处。②

关于士风的论述还有金发根《东汉党锢人物的分析》指出很多清流士大夫党人都品德高尚，学问很好，党人对不好学的权豪世家是看不起的，论述了党人的清议、交游和标榜的风气。③ 马植杰《试论东汉的士风》认为士大夫阶层壮大之后，士大夫具有忠、义的士风，这些士风对反对官宦、影响朝廷用人等方面都有积极作用。④ 牟发松、李磊《东汉后期士风之转变及其原因探析》指出东汉士风经历了"保身怀方"向"婞直之风"再向"退身穷处""大直若屈"的转变。⑤ 王继训《两汉之际士人与士风》论述从西汉初年到东汉士风由崇尚利禄到隐逸之风再到趋向利禄的转变。⑥ 吴桂美《从东汉士人的遗令和敕子书看东汉士风》认为东汉士人以明哲保身的生存原则告诫后人，体现了东汉士人与皇权的疏离。⑦ 鲁红平《论汉末士风的嬗变——从"婞直"到新人格的追求》指

---

① 牟发松：《范晔〈后汉书〉对党锢成因的认识与书写——党锢事件成因新探》，《华东师大学报》2012 年第 6 期。

② 李磊：《六朝士风研究》，武汉出版社 2008 年版。

③ 金发根：《东汉党锢人物的分析》，《"中研院"历史语言研究所集刊》（第 34 本下册），1963 年。

④ 马植杰：《试论东汉的士风》，《河北省历史学会第三届年会史学论文集》，1983 年。

⑤ 牟发松、李磊：《东汉后期士风之转变及其原因探析》，《武汉大学学报》2003 年第 3 期。

⑥ 王继训：《两汉之际士人与士风》，《齐鲁学刊》2000 年第 5 期。

⑦ 吴桂美：《从东汉士人的遗令和敕子书看东汉士风》，《西华师范大学学报》2007 年第 3 期。

出党锢之祸后士人开始寻求更安全、更个人性的道路。① 以上文章主要论述了士大夫士风的演变，普遍认为东汉时期士大夫读经习礼、砥砺品行，士大夫气节高涨，并讨论了东汉士大夫"婞直之风"的形成、转变及其原因。然而论述重点在东汉后期，对两汉之际和东汉前期的士风论述较少。

2. 士大夫精神状态

有些学者还注意到士大夫的精神状态问题，如王晓毅《汉魏之际士族文化性格的双重裂变》认为汉代的士大夫具有儒道并存的双重性格。② 孔毅《汉晋名士价值观念的演变》指出汉晋之际士大夫价值观念向尊重个性、任性放达、追求享乐转变。③ 徐国荣《汉魏名士的人格萎缩和通脱之风》认为东汉后期士大夫逐渐迷茫彷徨，士大夫群体精神逐渐萎缩。④ 黄宛峰《东汉党人与士大夫精神》论述了东汉士大夫心系天下、奋发进取的文化精神。⑤ 李磊《汉魏之际节义观的变化与士大夫的精神出路》认为汉魏嬗代摧毁了士大夫"国身通一"的精神世界，曹魏士大夫以开辟形上空间为精神出路。⑥ 孙立群《论魏晋士人的"觉醒"》指出魏晋士人开始寻求自身的安全和生活的适意，自我意识开始觉醒。⑦ 以上这些文章主要讨论了士大夫不畏强权的精神和汉魏之际士大夫精神状态的衰落。士大夫的精神状态虽然受到了一定的关注，但仅仅是受到个别学者的重视，如黄宛峰、李磊、孔毅等人，这方面还没有系统的专著出现，对士大夫群体精神状态的研究存在不足。

日本学者也关注士大夫的精神问题。吉川忠夫《六朝精神史研究》其序章部分便是《六朝士大夫の精神生活》，讨论了六朝士大夫的"容纳佛教""隐逸思想""山水思想"等问题，涉及汉魏之际士大夫的精神问

---

① 鲁红平：《论汉末士风的嬗变——从"婞直"到新人格的追求》，《中南大学学报》2010年第6期。

② 王晓毅：《汉魏之际士族文化性格的双重裂变》，《史学月刊》1994年第6期。

③ 孔毅：《汉晋名士价值观念的演变》，《齐鲁学刊》1995年第2期。

④ 徐国荣：《汉魏名士的人格萎缩和通脱之风》，《学术月刊》1997年第8期。

⑤ 黄宛峰：《东汉党人与士大夫精神》，《人文杂志》2000年第1期。

⑥ 李磊：《汉魏之际节义观的变化与士大夫的精神出路》，《历史教学问题》2009年第1期。

⑦ 孙立群：《论魏晋士人的"觉醒"》，《聊城师范学院学报》2001年第1期。

题，① 但该书主要偏重于六朝思想史的研究。森三树三郎《六朝士大夫的精神》主要讨论了六朝和北朝时期士大夫的精神风尚，对汉魏之际也有涉及。②

3. 士大夫心态研究

心态史学近些年在西方很受重视，心理传记学获得很好的发展，如埃里克·埃里克森《甘地的真理——好战的非暴力起源》，从心理的角度研究历史人物。③ 国内较早研究士大夫心态的有罗宗强《儒学的式微与士人心态的变化》注意到汉代儒学式微、正统观念淡化之后对士人心态产生的影响。④ 葛荃《中国传统的制衡观念与士人的政治心态》认为中国传统的制衡观念是以"道义"制约权力，这便决定了中国古代士人的从属参与型政治心态。⑤

1992 年，国内的心态史学进一步受到重视，彭卫《历史的心镜——心态史学》出版，这是国内第一次全面阐述历史心理分析体系。⑥ 接着李旭《把人作为历史研究的中心——〈历史的心镜——心态史学〉评介》对彭卫的观点进行了肯定。⑦ 此后学界也有一些相关成果问世，但总体来说重视程度还是不够，尤其是汉魏之际士大夫的心态问题。目前的研究成果有：

李军《汉魏士人心态与正始玄学的文化生成》论述了士人主体人格之自觉和独立、士人重情的群体心理与正始玄学形成的关系。⑧ 张涛《经学与汉代士人心态》认为受经学的影响，汉代士人心态可分为崇拜权力、积极入世、讲求名节三种。⑨ 孙明君《从"国家"到"天下"——汉魏

---

① 吉川忠夫：《六朝精神史研究》，同朋社 1984 年版。

② 森三树三郎：《六朝士大夫的精神》，同朋社 1986 年版。

③ Erik Erikson, *Gandhi's Truth: On the Origins of Militant Nonviolence*, W. W. Norton & Company, 1993.

④ 罗宗强：《儒学的式微与士人心态的变化》，《中国文化》1989 年第 1 期。

⑤ 葛荃：《中国传统的制衡观念与士人的政治心态》，《学术月刊》1990 年第 5 期。

⑥ 彭卫：《历史的心镜——心态史学》，河南人民出版社 1992 年版。

⑦ 李旭：《把人作为历史研究的中心——〈历史的心镜——心态史学〉评介》，《史学月刊》1993 年第 5 期。

⑧ 李军：《汉魏士人心态与正始玄学的文化生成》，《中国哲学史》1993 年第 3 期。

⑨ 张涛：《经学与汉代士人心态》，《山东大学学报》1996 年第 2 期。

士大夫文学中的政治情感考察》指出汉魏之际士大夫政治情感经历了从"国家"到"天下"的心路历程。① 张峰屹《政治、经学的衰变与西汉后期士人心态的走向》认为受经学衰变的影响，西汉后期士人们出现隐退潮流，有道家思想回归的趋势。② 陶贤都《汉魏皇权嬗代与士人心态》认为汉魏皇权嬗代中士人表现出了支持、反对、由不适应转向适应三种心态。③ 罗宗强《玄学与魏晋士人心态》分析玄学产生前后士人心态的变化。④

以文学角度的研究成果，大多论述了汉代士大夫矛盾与困惑的心态。主要有王燕《两汉对问体赋的士人心态研究》⑤、张克峰《论汉代辞赋中的悲士不遇主题及士人心态》⑥、宋圆圆《汉魏髑髅赋所反映的士人心态》⑦ 等。

目前士大夫心态的研究已经取得了一定的成果，主要论述了士大夫矛盾与困惑的心态，讨论了汉魏之际政局演变对士大夫心态转变的影响。认为士大夫心态受经学的影响较大，在经学的影响下，士大夫积极入世、追求名节，而经学的衰微，则又影响到他们归隐的心态；同时讨论了士大夫心态的转变对玄学形成的影响。但国内心态史研究并不成体系，且在士大夫的心态、士大夫群体心态方面，尚有很大的研究空间。

4. 士大夫的隐逸

伴随着汉魏之际政局的演变，士大夫还表现出了隐逸的一面，这方面的研究成果有：

王仁祥《先秦两汉的隐逸》讨论了隐士的类型、社会对隐士的评价、怎样和上层互动等，认为在不同的政治环境中，隐士的形态和隐士思想不同。⑧ 韩兆琦《中国古代的隐士》论述隐士隐逸的缘由、类型以及隐士

① 孙明君：《从"国家"到"天下"——汉魏士大夫文学中的政治情感考察》，《社会科学战线》2001 年第 5 期。

② 张峰屹：《政治、经学的衰变与西汉后期士人心态的走向》，《南开学报》2001 年第 2 期。

③ 陶贤都：《汉魏皇权嬗代与士人心态》，《南都学坛》2003 年第 5 期。

④ 罗宗强：《玄学与魏晋士人心态》，天津教育出版社 2005 年版。

⑤ 王燕：《两汉对问体赋的士人心态研究》，《中国文学研究》2004 年第 2 期。

⑥ 张克峰：《论汉代辞赋中的悲士不遇主题及士人心态》，《甘肃社会科学》2007 年第 1 期。

⑦ 宋圆圆：《汉魏髑髅赋所反映的士人心态》，《内蒙古农业大学学报》2011 年第 6 期。

⑧ 王仁祥：《先秦两汉的隐逸》，台湾大学出版委员会，1995 年。

与现实政治的关系和隐士的文化生活。① 文青云《岩穴之士——中国早期隐逸传统》认为隐逸成为一种哲学上的可能，依赖于孔子时代多国政治体制的存在；隐士是普通民众与精英文化之间的一个主要链接，是扩散精英价值与理想的重要途径。②

黄宛峰《论东汉的隐士》指出中国古代知识分子的人格、尊严，主要体现在隐士的言行上。③ 齐涛《论东汉隐士》认为东汉隐士的价值取向是"归于富厚"，作者对东汉的隐士持否定态度。④ 胡志宏《东汉文人士子的出仕与归隐》论述东汉名士的隐逸之风。⑤ 高敏《我国古代的隐士及其对社会的作用》认为研究古代隐士的清高风范、淡泊美德，有益于世风之淳朴。⑥ 刘厚琴《儒学与后汉士人的归隐之风》论述儒学对归隐之风形成的影响。⑦ 孙立群《魏晋隐士及其品格》认为魏晋隐士分为山林之隐、朝隐、田园之隐三种隐逸方式，而不同的隐逸方式表现了士人不同的品格和追求。⑧ 胡秋银《汉魏士人隐逸观》分析了汉魏之际不同时期士人隐逸观的变化。⑨ 王子今《论申屠蟠"绝迹于梁砀之间"——兼说汉代"处士"的文化表现与历史形象》论述了处士"崛然独立"的精神。⑩ 牛润珍、王磊《进取时代的退却与守望——论汉代士人的隐逸之风》认为汉代隐逸群体在推动文化发展、砥砺社会风习及改良政治等方面都发挥了巨大作用。⑪ 聂济冬《东汉士人隐逸的类型、特征及意义》指出东汉的隐士以著书立说的方式关心政治、关注社会民生。⑫

① 韩兆琦：《中国古代的隐士》，商务印书馆1996年版。
② 文青云：《岩穴之士——中国早期隐逸传统》，山东画报出版社2009年版。
③ 黄宛峰：《论东汉的隐士》，《南都学坛》1989年第3期。
④ 齐涛：《论东汉隐士》，《安徽史学》1992年第1期。
⑤ 胡志宏：《东汉文人士子的出仕与归隐》，《南都学坛》1992年第4期。
⑥ 高敏：《我国古代的隐士及其对社会的作用》，《社会科学战线》1994年第2期。
⑦ 刘厚琴：《儒学与后汉士人的归隐之风》，《齐鲁学刊》1995年第3期。
⑧ 孙立群：《魏晋隐士及其品格》，《南开学报》2001年第5期。
⑨ 胡秋银：《汉魏士人隐逸观》，《中国社会科学院研究生院学报》2003年第5期。
⑩ 王子今：《论申屠蟠"绝迹于梁砀之间"——兼说汉代"处士"的文化表现与历史形象》，《中州学刊》2009年第6期。
⑪ 牛润珍、王磊：《进取时代的退却与守望——论汉代士人的隐逸之风》，《山东大学学报》2009年第1期。
⑫ 聂济冬：《东汉士人隐逸的类型、特征及意义》，《民俗研究》2011年第1期。

除齐涛的《论东汉隐士》之外，其他的成果对汉魏之际士大夫的隐逸基本持肯定态度，大多从儒学、政治、隐士类型、社会影响的角度论述士大夫的隐逸，认为隐士的品格和隐士的社会活动对社会风俗影响深远，然而从社会学角度对隐逸的论述则显得不足。

（四）士大夫个案研究

1. 人物

汉魏之际，荀彧是一个颇具争议的人物，所以围绕荀彧的研究比较多。田余庆《秦汉魏晋史探微》指出："在对待东汉朝廷和汉献帝的问题上，他（荀彧）自觉不自觉地保留着大族名士的感情。他劝迎天子，更多地是为了'乃心王室'而不是着眼于壮大曹操势力。"强调荀彧辅佐曹操是为了维护汉献帝。① 薛贻康《三国时期著名的谋略家——荀彧》认为曹操的事业和荀彧密不可分，且荀彧亡身殉节。② 尚志迈《评荀彧在曹操统一北方过程中的作用》肯定了荀彧在曹操统一北方中的重要作用，并认为曹操统一北方正是荀彧谋略的实现。③ 宫少华、倪长平《荀彧在曹操势力发展中的地位和作用》肯定了荀彧对曹操势力壮大的重要作用。④ 王永平《论荀彧——兼论曹操与东汉大族的关系》指出荀彧在汉魏之际的半个多世纪中是一位关键性人物，曹操的强大有赖于荀彧的谋略。⑤ 孙明君《荀彧之死》认为荀彧具有困惑、矛盾的心态。⑥ 孟祥才《论荀彧》认为曹操统一北方的过程中荀彧立下了首功，荀彧因维护献帝而死。⑦ 何兹全《读〈三国志〉札记：荀彧之死》充分肯定了荀彧的功绩。⑧ 有关荀彧的文章都围绕荀彧在曹操统一北方过程中的历史作用、荀彧是否是为汉而死等问题展开讨论。关于荀彧之死，普遍的观点是荀彧心怀匡复之志、荀彧死汉室，何兹全、田余庆等都持这种观点。

对其他士大夫的个案研究。柳春新《崔琰之死和毛玠之废》认为崔

① 田余庆：《秦汉魏晋史探微》，中华书局2004年版。
② 薛贻康：《三国时期著名的谋略家——荀彧》，《辽宁师范大学学报》1989年第1期。
③ 尚志迈：《评荀彧在曹操统一北方过程中的作用》，《内蒙古大学学报》1989年第3期。
④ 宫少华、倪长平：《荀彧在曹操势力发展中的地位和作用》，《南都学坛》1996年第4期。
⑤ 王永平：《论荀彧——兼论曹操与东汉大族的关系》，《扬州大学学报》1997年第3期。
⑥ 孙明君：《荀彧之死》，《东南大学学报》2001年第3期。
⑦ 孟祥才：《论荀彧》，《史学月刊》2001年第1期。
⑧ 何兹全：《读〈三国志〉札记：荀彧之死》，《文史知识》2003年第9期。

琰之死是因为冀州政治群体对曹操的忤逆所致。① 李乐民《崔琰被杀原因考辩——兼论曹操的用人》指出崔琰之死与曹操的背汉有关。② 赵剑敏《孔融与曹操的士人意识及其冲突》认为官渡之战胜利后，曹操对孔融的需要逐渐淡化，而孔融仍然以名士自居对曹操进行批判，双方必然陷入无可挽回的冲突。③ 胡秋银《试论郭泰之不仕不隐》认为郭泰的不仕不隐缘于他济世行义之志与乱世生存欲望的冲突。④ 李俊恒《试论贾诩在曹魏时期的历史地位》指出贾诩为人重谋而轻德。⑤ 其他还有杨天宇《郑玄生平事迹考略》⑥、景蜀慧《王粲典定朝仪与其家世学术背景考述》⑦、孟祥才《论张俭其人》⑧、陈启云《崔寔政治思想渊源新论》⑨ 等，由于篇幅限制，不再详述。这些文章讨论了士大夫与汉魏政权的关系，论述了士大夫个人在汉魏之际历史演变中的深远影响，如荀彧、崔琰、王粲、孔融、郑玄、崔寔、郭泰、管宁等人，分别在政治、文化等方面在当时都影响巨大。士大夫的个案研究主要集中在荀彧、崔琰等少数几个人身上，其他的士大夫个案研究较少，且比较零散。

2. 士大夫家族

王伊同《五朝门第》初版于 1943 年 11 月，是论述世家大族的经典著述，虽然论述的是晋、宋、齐、梁、陈士族高门的历史变迁及其文化风貌，但对很多大族的论述都涉及汉魏时期。⑩ 陈启云《荀悦与中古儒学》论述了颍川荀氏家族对东汉魏晋王朝的兴替和中国中古士族政治发展的影响。⑪

刘静夫《颍川荀氏研究——魏晋南北朝士族门阀个案研究之一》通

① 柳春新：《崔琰之死和毛玠之废》，《武汉大学学报》1997 年第 2 期。
② 李乐民：《崔琰被杀原因考辩——兼论曹操的用人》，《史学月刊》1991 年第 2 期。
③ 赵剑敏：《孔融与曹操的士人意识及其冲突》，《学术月刊》2002 年第 2 期。
④ 胡秋银：《试论郭泰之不仕不隐》，《安徽大学学报》2002 年第 1 期。
⑤ 李俊恒：《试论贾诩在曹魏时期的历史地位》，《河南大学学报》2008 年第 6 期。
⑥ 杨天宇：《郑玄生平事迹考略》，《河南大学学报》2001 年第 5 期。
⑦ 景蜀慧：《王粲典定朝仪与其家世学术背景考述》，《四川大学学报》2003 年第 4 期。
⑧ 孟祥才：《论张俭其人》，《齐鲁学刊》2006 年第 5 期。
⑨ 陈启云：《崔寔政治思想渊源新论》，《史学月刊》2012 年第 6 期。
⑩ 王伊同：《五朝门第》，中华书局 2006 年版。
⑪ 陈启云：《荀悦与中古儒学》，高专诚译，辽宁大学出版社 2000 年版。

过对荀氏家族成员的才行、声誉、仕宦、婚姻、社会关系、政治活动等方面的研究，考察了荀氏的兴衰演变。① 谢文学《颍川长社钟氏家族研究》论述从东汉后期到唐代九百余年颍川钟氏家族的盛况，并论述这一家族的学风和家风。② 黄宛峰《弘农杨氏、汝南袁氏述评——兼论东汉的累世经学》论述两族对待政治的不同态度，并认为累世经学不一定会形成累世公卿。③ 胡秋银《汝南袁氏的发展与东汉社会之变迁》认为汝南袁氏家风由积极入世向消极避世的转变，集中体现了东汉一朝政治、文化的变迁。④ 其他还有刘静夫《京兆杜氏研究——魏晋南北朝士族门阀个案研究之二》⑤、唐燮军《论吴兴沈氏在汉晋之际的沉浮》⑥、陈勇《汉唐之间袁氏的政治沉浮与籍贯更迭——谱牒与中古史研究的一个例证》⑦ 等。

士大夫家族的研究，主要围绕汉魏之际影响最大的几大家族展开，如汝南袁氏、颍川荀氏、弘农杨氏等，这些大家族的成员见诸史册的动辄达百余人，其共同特征是族大人众、累世经学、累世官宦，所以从几大家族的兴衰，也可以略窥汉魏政局的演变，以小见大。而几大家族的兴衰沉浮对汉魏之际的历史发展也有着深远的影响，所以对汉魏之际大家族更进一步的研究是很有必要的。

3. 特定区域

曹操曾对荀彧说："汝、颍固多奇士"⑧，汉魏之际有些特定区域的士大夫在汉魏政局的演变中显得异常活跃，对于这种现象，学界也有一定的关注。胡宝国《汉晋之际的汝颍名士》指出东汉顺帝以后汝颍名士乘

① 刘静夫：《颍川荀氏研究——魏晋南北朝士族门阀个案研究之一》，《南充师院学报》1987 年第 3 期。

② 谢文学：《颍川长社钟氏家族研究》，《许昌师专学报》1991 年第 2 期。

③ 黄宛峰：《弘农杨氏、汝南袁氏述评——兼论东汉的累世经学》，《南都学坛》1991 年第 1 期。

④ 胡秋银：《汝南袁氏的发展与东汉社会之变迁》，《许昌师专学报》1998 年第 1 期。

⑤ 刘静夫：《京兆杜氏研究——魏晋南北朝士族门阀个案研究之二》，《许昌师专学报》1993 年第 3 期。

⑥ 唐燮军：《论吴兴沈氏在汉晋之际的沉浮》，《宁波大学学报》2006 年第 1 期。

⑦ 陈勇：《汉唐之间袁氏的政治沉浮与籍贯更迭——谱牒与中古史研究的一个例证》，《文史哲》2007 年第 4 期。

⑧ 《三国志》卷 14《魏书·郭嘉传》，中华书局 1982 年版，第 431 页。

时而起,雄居士林之首,党锢之祸后由自信转变为谨慎,入晋而衰。① 王晓毅《东汉安顺之际的汝颖名士》认为反抗外戚宦官带来的黑暗政治,是汝颖名士形成统一战线的共同政治基础,汝颖名士具有反对虚伪、追求真实的执着精神。② 薛海波《东汉颍川豪族的官僚化和士族化》指出颍川豪族逐渐士族化,并在东汉中后期渐居于全国士大夫豪族的核心位置,领士风之潮流。③ 黄宛峰《东汉颍川、汝南、南阳士人与党议始末》认为颍川、汝南、南阳三郡士人是党人的核心和中坚。④ 刘蓉《党锢源起汝南的历史原因探析》从经济、文化教育、士人热衷政治以及士人与皇权的关系几方面讨论党锢源起汝南的原因。⑤ 这些成果主要围绕汝颖地区的士大夫展开论述,认为东汉安顺以后汝颖名士逐渐兴起,该地区士大夫交游、品评之风盛行,而在党锢之祸中,最主要的党人和党人领袖都出自颍川、汝南、南阳。然而对其他地区的士大夫论述则较少。

（五）关于豪族的研究

学界关于汉代社会势力阶层的研究,由于近年来主要集中于"豪族"相关问题的讨论;又因为"豪族"所涵盖的部分内容与本文的研究有关联,所以一些重要的以"豪族"为题的研究成果,也进行列举。

这些成果都不同程度地注意到了汉代社会势力阶层的发展演变。其中杨联陞《东汉的豪族》一文认为豪族是"以一个大家族为中心,而有许多家或许多单人以政治或经济的关系依附着它。这样合成一个豪族单位"⑥。文章从豪族的形成、豪族与经济、豪族与政治、外戚豪族与宦官豪族、清流豪族、豪族内争与党锢之祸展开论述。何兹全在《两汉豪族发展的三个时期》一文中认为,"两汉的豪族,是一股强大的社会势力"。豪族包括官僚、贵族和富商大贾,他们"构成社会上和皇权对抗的不安因素"。⑦ 崔向东在《汉代豪族研究》一书中认为,西汉中期尤其是武帝

① 胡宝国:《汉晋之际的汝颖名士》,《历史研究》1991 年第 5 期。
② 王晓毅:《东汉安顺之际的汝颖名士》,《山东大学学报》1992 年第 2 期。
③ 薛海波:《东汉颍川豪族的官僚化和士族化》,《文史哲》2006 年第 6 期。
④ 黄宛峰:《东汉颍川、汝南、南阳士人与党议始末》,《中国史研究》1995 年第 4 期。
⑤ 刘蓉:《党锢源起汝南的历史原因探析》,《青海社会科学》2009 年第 4 期。
⑥ 杨联陞:《东汉的豪族》,《清华学报》1936 年第 4 期。
⑦ 何兹全:《两汉豪族发展的三个时期》,《秦汉史论丛》第三辑,第 96 页。

以后，各种社会势力与权力结合，逐渐转变为豪族。崔文认为在昭、宣以后，一个以官僚身份为主要特征的地主、官僚、士人等多位一体的豪族阶层便形成了。① 崔向东以"社会势力—豪族—士族"这一发展轨迹来研究汉代的豪族。马彪在《秦汉豪族社会研究》一书认为，秦汉豪族分为三大成分："素封"——富商大贾阶层；"秩禄之奉"的官僚，包括文吏和儒宗，认为儒宗通过"通经—入仕—致富"而成为官僚豪族；"爵邑之人"的贵族，包括宗室、外戚、恩宠。该文还从地域、精神等角度论述了两汉的豪族。② 虽然该书中所研究的都是豪族，但这些豪族之间显然还存在差异性，而对这种差异性的研究，目前是不足的。

学界对豪族的士族化与官僚化的研究，成果颇丰。

刘增贵在其博士学位论文《汉代豪族研究——豪族的士族化与官僚化》中论述了"豪族"标准的多样性，认为在汉代，找出符合所有标准的豪族是很难的；该文认为，在汉代的社会势力逐渐走向凝结的过程中，各类豪族都向士族官僚转化，逐渐凝成中古士族的雏形。③ 王彦辉在《汉代豪民研究》第九章"豪民社会地位的提高及其与士族的逐步合流"中，主要论述了汉代豪民在汉代的发展演变，其研究范围相对于"豪族"的概念来说缩小了许多。该文中论述了豪民怎样融入汉代政权、逐渐成为官僚世家、并演变为魏晋门阀的。王彦辉在《汉代豪民与乡里政权》一文中认为乡里豪民"从乡里政权入手，再出仕郡县右职，进而和士大夫集团结为一体，构筑起牢固的地方权力格局。……士族—豪民一体化的局面基本形成"④，认为在西汉后期，豪民在地方特别是乡里的势力日益强大，他们不仅有效地控制了乡里政权，而且左右选举，垄断郡县的辟吏权，进而蜕变为官僚之家，豪民逐渐同官宦之家合流，从而演变为魏晋门阀。卜宪群在《秦汉社会势力及其官僚化问题——以商人为中心的探讨》一文中认为商人通过"某些特殊政策需要商人来执行""以訾为郎"与"以财贾官""买爵而为官""通过明经或吏道而入仕"这四种方

---

① 崔向东：《汉代豪族研究》，崇文书局 2003 年版，第 124—125 页。

② 马彪：《秦汉豪族社会研究》，中国书店 2002 年版。

③ 刘增贵：《汉代豪族研究——豪族的士族化与官僚化》，博士学位论文，台湾大学，1986 年。

④ 王彦辉：《汉代豪民与乡里政权》，《史学月刊》2000 年第 4 期。

式实现其官僚化。① 该文主要论述商人的问题。薛海波《东汉颍川豪族的官僚化和士族化》一文通过对颍川"豪族"在汉代的任官数量、所占比例和全国的分布得出颍川豪族处于东汉全国豪族网的核心位置，认为颍川豪族的官僚化和士族化程度最高，在东汉中后期居于士大夫豪族的核心位置。② 该文主要讨论颍川地方的"豪族"，用"豪族"的概念来涵盖汉代颍川的士大夫，最后也不得不使用"士大夫豪族"的概念，这就说明作者对于"豪族"统摄士大夫的用法也是不完全同意的。崔向东在《汉代豪族的儒化与士族化》一文中认为豪族与权力结合，实现了官僚化和世族化；豪族与文化结合，就逐渐儒化并士族化。③ 该文讨论了豪族的世族化与士族化，但对这"两化"之后的结果与影响并没有涉及。陈苏镇的《东汉的豪族与吏治》一文论述两汉之际豪族的特征和结构，认为豪族是一种强大的社会势力，刘秀通过裁减地方吏职、废罢郡国兵、放免奴婢、强化吏职等方式抑制豪族这种社会势力。④ 张欣的博士学位论文《汉代豪族入仕问题研究》，对豪族的入仕问题则作了专门的研究。

学界对豪族问题研究之丰富，可见一斑。这些成果从宏观的角度对豪族进行论述，取得了重大的成就，并推进了秦汉史研究的进程。

但以"豪族"一词概括所有的社会势力，虽然有其必要性，却也有不足之处⑤。这种研究视角虽然注意到了汉代社会势力的共同性，却忽视了社会势力之间的差异性。"豪族"所强调的是汉代社会势力的宗族势力，其特点是"豪"，但忽视了社会势力的"阶层性"及其影响的问题。

（六）存在的问题及不足

汉魏时期的士大夫受到学界长期以来的关注，在士大夫与汉魏国家

---

① 卜宪群：《秦汉社会势力及其官僚化问题——以商人为中心的探讨》，《江苏行政学院学报》2006 年第 5 期。

② 薛海波：《东汉颍川豪族的官僚化和士族化》，《文史哲》2006 年第 6 期。

③ 崔向东：《汉代豪族的儒化与士族化》，《社会科学战线》2011 年第 1 期。

④ 陈苏镇：《东汉的豪族与吏治》，《文史逝》2010 年第 6 期。

⑤ 刘增贵将汉代的豪族分为四类，分别是豪强类、大姓类、名族类、豪富类，认为要找出同时符合四类标准的豪族是很难的。所以，以豪族来进行的宏观研究，而不是有区别的研究，得出的结论就会有偏差。另外，单家出身的士大夫或者家族势力不大的名士，有时候很难用豪族来概括。同时，出身世家大族的士大夫还会举荐一些出身低微的有才能者进入国家政权，这些身份低微者也无法用豪族来界定。

政权的关系等诸方面都取得了丰硕的成果，推动了汉魏之际历史研究的深入开展。但还是存在一些不足，大体有以下几点：

汉魏时期是士大夫阶层演变的重要历史时期，但由于学界历来着重于豪族的研究（如杨联陞、何兹全、刘增贵、崔向东、马彪以及日本学者西嶋定生、宇都宫清吉、宫崎市定、谷川道雄等学者都对豪族做了一定的研究），对汉魏时期士大夫的研究也就相对有所忽略。

关于汉魏时期的士大夫研究，整体上看来比较琐碎化，呈现出比较零散的特征，宏观性的系统论著较少（目前汉魏时期士大夫研究的两部宏观性著作，余英时的《士与中国文化》和阎步克的《士大夫政治演生史稿》各有其侧重点，前者从文化史和思想史的角度展现士大夫阶层的精神风貌，后者侧重于士大夫政治演生的文化动因）。从研究角度看，偏重政治史的研究，社会史、心态史等方面的研究存在不足，同时，把士大夫作为一个社会群体对其进行社会史的研究和群体心态的研究，少有涉及者。士大夫社会史和心态史的研究，对汉魏之际历史研究的深入，应该是很有裨益的。

关于士大夫的"阶层性"问题，许多学者认为在西汉中后期形成了士大夫这一比较特殊的社会阶层，注意到汉代士大夫阶层的存在，并认为对汉代政权产生了重大影响。不足之处是前人的研究对汉代士大夫阶层虽有涉及，但仅仅是在文章中提到"士大夫阶层"这一概念，对士大夫的"阶层性"论述不够，没有对这一阶层进行论证和概述。

关于士大夫与汉魏时期政权的关系问题，学界已经注意到了士大夫对汉代政权的基础性作用。目前的研究主要集中于党锢之祸的论述，对于这一问题，大多数学者是从士大夫和宦官关系的角度论述的，但这样的论述角度过于偏狭，无法更加透彻分析党锢之祸。同时，有些学者已经注意到了士大夫与皇权之间的矛盾问题，但目前的研究仅从部分士大夫和个别皇帝的矛盾来论述，而不是从整个士大夫阶层和皇权之间进行纵向研究其冲突问题。虽然有些学者已经认识到党锢之祸是士大夫群体意识产生的后果，但并没有从士大夫群体和皇权关系的角度去论述党锢之祸。以纵向的角度、从士大夫群体和专制皇权之间的关系去论述党锢之祸，尚有讨论的空间。所以，把士大夫作为一个社会阶层，讨论这个阶层与汉魏之际政权和皇权之间的关系问题，深入和系统的论述有待展开。

士大夫的精神状态虽然受到了一定的关注，但仅仅是受到个别学者的重视，如黄宛峰、李磊等人，士大夫精神状态的研究存在不足。士大夫精神状态随着汉魏政局的演变而波动，且与汉魏历史的诸多方面有着密切的关系，如党锢之祸对士大夫精神状态的影响等，所以对士大夫精神状态的研究，有助于汉魏时期诸多历史问题的深入研究。而士风方面，研究重点在东汉后期，对两汉之际及东汉前期论述较少。

总的来说，目前的研究对士大夫群体在汉魏时期历史地位的认识还不够。横向对士大夫群体的阶层性缺乏深入研究。同时，把士大夫放在一个发展的空间之中，进行纵向的群体研究，目前的研究还比较薄弱。关于汉魏之际的士大夫，尚存一定的研究空间。

汉代社会是一个在先秦贵族制度瓦解之后，各种社会势力重新洗牌、组合进而实现结合的过程。在这个过程中，士大夫阶层的演变占据了主要的内容，各种社会势力向士大夫阶层演变并成为两汉政权统治的主要依赖力量。本书所要研究的，就是对汉代士大夫作为一个阶层的系统研究以及其发展演变对两汉历史的重大影响。

三　中坚社会势力概述

（一）问题的提出

西嶋定生在《中国古代帝国形成史论》一文中认为，秦汉时期形成了"个别人身的支配"的统治模式，"我认为，这个时代的基本阶级关系，是皇帝与人民"，皇帝通过赐爵形成礼的秩序，皇帝是礼的秩序的规定者，"国家权力介入农民的再生产，表现为礼的世界的扩延与爵制秩序的形成"。"'武断乡曲'的豪族，从国家权力的角度来看，其身份与贫苦的农民也没有差别，不过都是'编户'之民的一个人而已。"① 西嶋定生通过对秦汉爵制的研究，得出了很多值得学习的结论，但其"个别人身的支配"理论，似乎是一种比较感性的认识，是一种理论上的存在，而在实际的统治中，事实恐怕并非如此。这种看法也忽视了秦汉时期社会

---

① 西嶋定生：《中国古代帝国形成史论》，载刘俊文主编《日本学者研究中国史论著选译》（第二卷），第48—86页。

阶层的存在。

毛汉光在《中国中古社会史论》中提出了这样一个问题："统治阶层既不能由多数人参与，则如何能得到多数人的支持呢?"① 这个问题也正是笔者的疑问，也是本书将要论述的。同时，在秦汉时期，社会中遍布着各种复杂的社会势力集团，如上田早苗所言"国家与豪族相互作用，皇帝单方面的支配体制难以成立"②。如何对待这些社会势力并使其安于王朝的统治，也是专制王朝所面临的一个难题。专制统治者为了维持长久的专制统治，既不能由多数人参与专制统治，又要得到多数人的支持。要解决这样一个矛盾的问题，最有效的办法就是利用中间阶层，以达到对多数人的统治。

在汉代的专制统治中，专制皇权与个别的民众之间，存在着一个中间社会阶层。关于中间阶层的存在，学者已有所论及，如毛汉光就认为："以农业生产为主的社会中，拥有土地者常常又是拥有社会势力者，故地方豪族成为被吸收的对象。一端是代表政治力的皇帝；一端是代表社会势力的地方豪族；二者间的结合需要透过某些媒介，而这种媒介的存在，又必须在政治社会领域中完成重要的功能，才能长久。官僚与士大夫是居于这二极之间的媒介人物，在两汉三百年来大致安定的政治社会中，他们一直扮演着中间角色的功能，长期间的发展，使这些中间人构成一个特殊的团体与社会阶层。"③ 即毛汉光先生认为，士大夫构成了汉代政治社会的中间媒介，形成了一个特殊的社会阶层。马彪认为："所谓的士大夫的平衡调节机制，简单地说就是指他们那种具有沟通君主与平民这汉代的两大社会的机制：他们既是下层平民的代表，又是朝廷皇帝的依靠力量。这是一种沟通两端的中介社会层。"④

这种中间阶层的存在，能够缓和最高统治者和下层被统治者之间的矛盾，维持社会的稳定。汉武帝与秦始皇相比，其暴政有过之而无不及，但秦二世而亡，汉却持续四百年，这恐怕与秦实行直接的"个别人身支

① 毛汉光：《中国中古社会史论》，第4页。
② 上田早苗：《巴蜀的豪族与国家权力》，转引自崔向东《汉代豪族研究》，第41页。
③ 毛汉光：《中国中古社会史论》，第78—79页。
④ 马彪：《论秦汉异同与士大夫的社会平衡机制》，载牟发松主编《社会与国家关系视野下的汉唐历史变迁》，第315页。

配"而缺少中间阶层有关。

统治者通过对社会势力的整合，在最高统治者与下层广大的被统治者之间，形成一个中间阶层，当这个阶层不仅出任该政权体系的官僚，忠于君主，而且对下层社会存在极大影响，成为维护该政权的社会势力。这样的中间阶层就构成了专制政权的社会基础，成为专制政权的中坚社会势力，专制统治者就可以通过对中坚社会势力的利用而达到对全国有效的统治。

（二）何谓中坚社会势力？

"中坚"一词始用于将军的称号。《汉书·翟方进传》载："莽闻之，大惧，乃拜其党亲轻车将军成武侯孙建为奋武将军……中少府建威侯王昌为中坚将军。"[1] "杜茂字诸公，南阳冠军人也。初归光武于河北，为中坚将军，常从征伐。"[2] "（张辽）从讨袁谭、袁尚于黎阳，有功，行中坚将军。"[3] 魏晋时期"中坚将军"的称号还很多。

"中坚"一词，《辞源》解释为："古代主将所在的中军部队，是全军的主力，称中坚。也泛指骨干力量。"[4]

搜寻史料可知，"中坚"一词作为军队主力或者某集团的骨干力量来讲，出现在东汉初年，《后汉书·光武帝纪》载："光武乃与敢死者三千人，从城西水上冲其中坚。"[5] 李贤注曰："凡军事，中军将最尊，居中以坚锐自辅，故曰中坚也。"可见，《辞源》的第一种解释源自李贤的注解。其他相关史料还有，《三国志》注引《英雄记》曰："绍自往征瓒，合战于界桥南二十里。瓒步兵三万余人为方阵，骑为两翼，左右各五千余匹，白马义从为中坚，亦分作两校，左射右，右射左，旌旗铠甲，光照天地。"[6] 可见，"中坚"一词，在汉代主要用于指代部队的主力部分。

"中坚"作为骨干讲，最早见于《东观汉记》："光武赐陈俊绛衣三

① 《汉书》卷84《翟方进传》，中华书局1962年版，第3427页。

② 《后汉书》卷22《杜茂传》，中华书局1965年版，第776页。

③ 《三国志》卷17《魏书·张辽传》，第517页。

④ 《辞源》（修订本），商务印书馆1998年版，第87页。

⑤ 《后汉书》卷1《光武帝纪》，第8页。

⑥ 《三国志》卷6《魏书·袁绍传》注引《英雄记》，第193页。

百领，以衣中坚同心之士也。"①

上文梳理了"中坚"一词在汉代史籍中的运用，可知"中坚"一词作为主力、骨干的含义在汉代已经存在，尤其是在军队中，中坚部队是部队的主力部分。那么，社会势力有没有中坚部分呢？"中坚"能否和社会势力相联系？其实，这方面的论述，也不是没有。

陈启云就提到了"中坚分子"的说法，在《汉晋六朝文化·社会·制度——中华中古前期史研究》一书中谈到东汉灭亡时提到，"在政治、经济、文化各方面作为中坚分子的大小官吏，上中下层知识分子，和大小地主势力膨胀，逐渐形成多元性的力量与以刘氏帝室为中心的单元力量分庭抗礼，甚至公开对抗"。② 陈先生提到的"中坚分子"包括大小官吏，上、中、下层知识分子，包括为官者和不仕者，这些人构成了汉代政治、经济、文化的中坚分子。毛汉光则认为："士族是中古政治社会的中坚力量。"③ 葛荃《权力宰制理性——士人、传统政治文化与中国社会》一书的第二章题为"作为治世中坚的士人"，虽然没有对士人成为中坚势力进行更多的论述，但至少在标题上注明了士人是治世的中坚。以上这些文章中都用到了"中坚"一词，所以将"中坚"一词运用到秦汉史的研究中，并非笔者的独创。

历史上每个政权都不可能凭空构架于其社会之上，都有维系其存在的凭借；其制度的推行、权力的运作和意识形态的推广都要依靠一定的社会势力。这种作为政权统治凭借的社会势力就是这个政权的中坚社会势力。所谓的中坚社会势力，是指相对于一般民众而言支持某个王朝政权存在的拥有强大的经济势力和社会势力的中间势力阶层或势力集团。这种势力阶层不仅是王朝统治的支持力量，而且在意识形态上与统治者也保持高度的一致。中坚社会势力是一个社会中社会势力的一部分，是对政权存在起最主要影响的社会势力，它是构成一个政权最基本的统治势力或支持力量，是一种根植于社会基层的统治势力。当然，所谓的

---

① 刘珍等撰，吴树平校注：《东观汉记·陈俊传》，中州古籍出版社1987年版，第344页。

② 陈启云：《汉晋六朝文化·社会·制度——中华中古前期史研究》，新文丰出版公司1998年版，第55页。

③ 毛汉光：《中国中古社会史论》，第54页。

"中坚社会势力",是站在统治政权的角度上来说的。

这种势力是根植于社会的,在政府与社会的互动中逐渐形成。在政府与社会的互动关系中,除了政府的行政机构和暴力机构外,还有更重要的官员及其家族、社会关系撒向社会并形成社会势力,就如崔向东在《汉代豪族研究》中所言:"政治上有权势的豪族在地方上又是强大的宗族,拥有经济势力。"① 已存在的社会势力又向政府渗透,形成根植于社会的统治势力。在这种国家与社会的互动中,政府与社会势力之间就会形成共同的利益,在这两种方向上发展的社会势力就会逐渐演变为中坚社会势力。简言之,社会势力如地方豪强大族向政府渗透,成为汉政权的官僚;同时官僚与士大夫掌握权力之后,又会向社会渗透,成为新的社会势力。两种方向的渗透以士大夫为融合点,形成士大夫阶层。这种与权力关系紧密的、掌握有一定土地的、拥有强大社会关系的且在意识形态上与统治政权保持一致的社会势力,就是这个政权的中坚社会势力。

中坚社会势力也可以说是在皇权之下,根植于社会的统治阶层。中坚社会势力的形成显然比暴力机构更加重要,政府不可能长期利用暴力机构监督、控制人民。两汉时期国家的统一、疆域的空前辽阔,使得刚刚构建起来的中央王朝很难实现对全国的有效统治,按照马克斯·韦伯的话来说,"中国行政里中央集权的程度非常有限"②。中央政权要实现长久的、安定的统治,就需要中坚社会势力的配合。

"从汉唐的历史演进来看,社会是一只看不见的手,它在历史重大转折之际往往左右着国家的选择,社会是一江外表波澜不惊而底流深沉、潜力强劲的水,它托载着有时又试图颠覆航行其上的国家之舟。"③ 两汉时期是中国历史发展承上启下的关键时期,是汉民族形成的关键时期,对此后中华民族的精神风貌、国家的政治模式都有着深远的影响。而中坚社会势力的发展演进,则构成了两汉社会发展的重要内容。

---

① 崔向东:《汉代豪族研究》,第56页。

② 马克斯·韦伯:《中国的宗教——儒教与道教》,康乐、简惠美译,广西师范大学出版社2010年版,第87页。

③ 牟发松:《传统中国的"社会"在哪里》,载牟发松主编《社会与国家关系视野下的汉唐历史变迁》,华东师范大学出版社2006年版,第6页。

第 一 章

秦汉之际的中坚势力略论

秦亡之因，前辈学者论述很多，似乎已无讨论之必要。但以本书的论述视角，笔者尚有几点想法。六国旧贵和秦吏分别是秦统治全国最主要的敌对势力和最主要的依靠力量。秦统一之初，六国旧贵和秦吏是关系秦朝稳定的重要因素，探讨这两种社会群体在秦亡前后所处的状况及其活动，是探究秦亡原因的重要线索之一。

第一节　秦亡原因之我见

一　关于秦亡原因的讨论

秦始皇统一六国，但秦帝国却仅仅维持了十五年，短命而亡。从汉初开始，秦朝速亡的原因就成为一个重要的讨论议题。贾谊《过秦论》认为秦亡是因为"仁义不施而攻守之势异也"[1]。其实贾谊为了让汉王朝接受儒家思想，有过分夸大秦法治亡国的嫌疑。[2] 贾山认为秦亡是因为"秦王贪狼暴虐，残贼天下，穷困万民，以适其欲也。"[3] 吾丘寿王也说："废王道，立私议，灭《诗》《书》而首法令，去仁恩而任刑戮"[4]，这几个观点相似，认为是暴政导致秦亡。王夫之则认为秦亡的主要原因是秦始皇的用人不当，"秦始皇之宜短祚也不一，而莫甚于不知人。非其不察

---

① 《史记》卷6《秦始皇本纪》，中华书局1959年版，第282页。
② 黄宛峰：《从东巡看秦始皇对统治思想的探索》，《南都学坛》1995年第4期。
③ 《汉书》卷51《贾山传》，中华书局1962年版，第2332页。
④ 《汉书》卷64上《吾丘寿王传》，第2796页。

也，惟其好谀也。托国于赵高之手，虽中主不足以存，况胡亥哉。"①

钱穆认为："秦代政治的失败，最主要的在其役使民力之愈量。"② 林剑鸣总结秦亡的原因认为："最根本原因，在于秦王朝政权掌握在以秦始皇为首的军功地主手里，其施行的统治特别残暴。"③ 顾颉刚认为"修筑长城，北逐匈奴，南伐百越……但这对于秦帝国的生命说，不能不说是种种的削弱工作。"再加上修建陵墓、阿房宫，严刑峻法，使得人民流离转徙、饥死道边，"这更是始皇自己斫丧秦帝国的元气"。④ 吕思勉认为："秦人致败之由，在严酷，尤在淫侈。"⑤ 高敏认为"秦自商鞅变法之后，对广大劳动者的徭役剥削是十分残酷的，而且'戍徭无已'和'戍、漕、转、作事苦'，是酿成秦末农民起义的重要原因"⑥。总结以上诸位学者之观点，秦主要亡于残暴的统治。还有一些其他文章大致也认为秦亡于暴政。⑦ 综观各家之言，秦亡于暴政是较为普遍的看法。⑧

秦始皇的暴政是不可否定的，但汉武帝的"暴政"和秦始皇比有过

---

① 王夫之：《读通鉴论》卷1，中华书局1975年版，第3页。

② 钱穆：《国史大纲》，商务印书馆1996年版，第127页。

③ 林剑鸣：《秦汉史》，上海人民出版社1989年版，第219页。

④ 顾颉刚：《秦始皇帝》，胜利出版社1946年版，第119—120页。

⑤ 吕思勉：《秦汉史》，上海古籍出版社2004年版，第14页。

⑥ 高敏：《秦汉史论集》，中州书画社出版1982年版，第74页。

⑦ 这方面的论述有王绍东《秦朝兴亡的文化探讨》（内蒙古大学出版社2004年版）、李福全《北伐匈奴是秦亡的重要原因》（《学术月刊》1985年第9期）、徐卫民《法家思想与秦王朝灭亡关系新论》（《西北大学学报》2005年第4期）、王占通《秦朝灭亡非法家思想之罪》（《古籍整理研究学刊》2012年第5期）等。吴刚、刘小洪《秦亡汉兴之因再探》（《学术月刊》1996年第8期）、朱维权《试论秦朝速亡的根本原因》（载《中国古代史论丛》第7辑，福建人民出版社1983年）两文认为秦亡与秦始皇推行治国措施的过于着急有关。

⑧ 也有学者从文化的角度论述秦亡的原因。余英时认为："知有政治秩序，不知有文化秩序，所以对大传统中的基本价值如父慈子孝之类往往置之不顾。一旦政治秩序面临崩溃的危机，秦吏自然便首当其冲，成为人民报复的对象。"（《士与中国文化》，上海人民出版社2003年版，第150页。）陈苏镇则认为秦朝失败的主要原因是"未能成功地实现对六国旧地特别是楚、齐、赵地的文化统一"。"文化的差异与冲突引起的楚人对秦政的反感，及齐、赵等地人民对楚人反秦战争的同情，是导致秦朝灭亡的重要原因。"（《〈春秋〉与"汉道"——两汉政治与政治文化研究》，中华书局2011年版，第8、37页。）刘文瑞认为："秦文化能够征服其他文化，却无力融合其他文化。文化上的剧烈冲突瓦解了政治上的高度统一，促成了秦王朝的迅速覆亡。"（《征服与反抗——略论秦王朝的区域文化冲突》，《文博》1999年第5期。）

之而无不及，① 可两者的结局却截然不同。秦始皇虽有暴政，但能够役使秦民、吞并六国，连续取得军事胜利达 37 年之久；在统一全国后，却不能统治六国之民，实现长治久安。故秦始皇的"暴政"似乎不能说明所有问题。②

所以，在讨论秦亡原因的时候，是否可以不用过分强调暴政？宫崎市定在谈到隋亡原因时说："正面与贵族对立，仅此一点就足以让隋朝面临灭亡的危险。后世的史学家把隋朝灭亡的原因全都归咎于第二代炀帝的暴政，但我以为其根源在更深层的地方。"③ 或许，秦始皇和汉武帝两种不同的结局还有更深层次的原因值得发掘。

如果换一种思维方式去思考，是不是说秦朝没有暴政就不会很快灭亡了呢？不一定。

关于秦亡的原因，其复杂性自不待言。但从目前的研究状况看来，对六国旧贵和秦吏在秦亡前后所处的状况以及对秦亡造成的影响，学界关注不够。④

二　六国旧贵

秦从军事进攻向社会控制的转变过程中，并没有解决好出现的新问题，尤其是统一后对旧贵族的安置问题。

---

① 汉武帝暴政的结果是"天下虚耗，人复相食"（《汉书》卷24 上《食货志上》卷24 上，第1137 页）、"海内虚耗，户口减半"（《汉书》卷7《昭帝纪》，第233 页），并导致了多次地方叛乱，规模不比陈胜的小。故司马光曰："孝武穷奢极欲，繁刑重敛，内侈宫室，外事四夷，信惑神怪，巡游无度，使百姓疲敝，起为盗贼，其所以异于秦始皇者无几矣。"（《资治通鉴》卷22，中华书局 1956 年版，第747 页。）

② 陈苏镇也提到，关中秦人在这场反秦战争中则明显站在秦朝一边，从陈胜起兵一直到子婴出降，关中始终未发生反秦暴动。当楚人高喊"天下苦秦久矣"时，秦人并无同样的感受。"天下苦秦"有夸张之嫌。（《〈春秋〉与"汉道"——两汉政治与政治文化研究》，第16—28 页。）杜正胜指出："山东丁壮戍边，秦人亦戍边；山东有刑徒徭作，秦人亦有刑徒徭作；山东齐民负担的赋役，秦人也同样负担。"（《编户齐民——传统政治社会结构之形成》，联经出版事业公司 1991 年版，第421 页。）

③ 宫崎市定：《九品官人法研究》，韩昇、刘建英译，中华书局 2008 年版，第340 页。

④ 从吏治角度的论述有：王子今《秦王朝关东政策的失败与秦的覆亡》（《史林》1986 年第2 期）、王绍东《论统一后秦吏治败坏的原因及与秦朝速亡之关系》（《咸阳师范学院学报》2007 年第3 期）、于振波《秦代吏治管窥——以秦简司法、行政文书为中心》（《湖南大学学报》2013 年第3 期），以上诸文主要考察吏治，对秦吏本身的讨论不多。

（一）秦攻取六国过程中对六国贵族的处置措施及存在的问题

纵观统一六国的过程，秦始皇对六国旧贵所采取的处置措施主要有：

第一，诛杀。检索秦灭六国的过程，只看到置郡和斩首多少。

秦王政十七年（前230年），"内史腾攻韩，得韩王安，尽纳其地，以其地为郡，命曰颍川"。①

秦庄襄王二年（前248年），"秦拔赵榆次三十七城，秦置太原郡。"②秦王政十九年（前228年），"王翦、羌瘣尽定取赵地东阳，得赵王。引兵欲攻燕，屯中山。秦王之邯郸，诸尝与王生赵时母家有仇怨，皆坑之。……赵公子嘉率其宗数百人之代，自立为代王，……（二十五年）还攻代，掳代王喜"。③

秦王政二十一年（前226年），"王贲攻蓟。乃益发卒诣王翦军，遂破燕太子军，取燕蓟城，得太子丹之首。燕王东收辽东而王之。……二十五年，大兴兵，使王贲将，攻燕辽东，得燕王嘉"。④

秦王政五年（前242年），"秦拔我二十城，以为秦东郡"。二十二年（前225年），灭魏，"遂灭魏以为郡县"。⑤

秦王政二十三年（前224年），灭楚，"虏楚王负刍，灭楚名为楚郡云"。《史记集解》注引孙检曰："秦虏楚王负刍，灭去楚名，以楚地为三郡。"⑥

秦始皇二十六年（前221年），灭齐，"遂灭齐为郡"。⑦

秦统一战争中，先后诛杀了160多万名六国士卒。如秦昭襄王三十三年（前274年），秦大败魏军，斩首十五万；秦昭襄王四十七年，白起坑

---

①　《史记》卷6《秦始皇本纪》，第232页。

②　《史记》卷34《燕召公世家》，第1560页。

③　《史记》卷6《秦始皇本纪》，第233—234页。

④　《史记》卷6《秦始皇本纪》，第233—235页。

⑤　《史记》卷44《魏世家》，第1863—1864页。

⑥　《史记》卷40《楚世家》，第1737页。周群认为："孙检所言秦以楚地为三郡或不误，但从《史记·楚世家》这句话来看，秦当置有楚郡，或包含在孙检所言三郡之中。则秦有楚郡之置。"（周群：《秦代置郡考述》，《中国史研究》2016年第4期。）辛德勇认为："实际根本不存在所谓'楚郡'。"认为全祖望和钱穆的观点有误，赞同孙检的说法。（辛德勇：《秦汉政区与边界地理研究》，中华书局2009年版，第6—7页。）

⑦　《史记》卷46《田敬仲完世家》，第1902页。

杀赵俘四十五万人；秦昭襄王五十一年，秦攻韩，斩首四万人，攻赵，斩首九万人；秦王政三年，秦攻魏，斩首三万人；秦王政十三年，秦攻赵，斩首十万人。

在秦统一过程中，六国贵族也被诛杀，如刘向《列女传》中可见一例："魏节乳母者，魏公子之乳母。秦攻魏，破之，杀魏王瑕，诛诸公子，而一公子不得。令魏国曰：'得公子者赐金千镒，匿之者罪至夷。'节乳母与公子俱逃。……秦军追见争射之，乳母以身为公子蔽，矢着身者数十，与公子俱死。"① 这段文字记述了秦亡魏，诛杀魏王及诸公子，又追杀公子魏节一事。由此可以想见秦灭六国后，对诸公子全部诛杀，不放过一人。除了诛杀贵族，对六国名士也实施抓捕，"秦灭魏数岁，已闻此两人魏之名士也，购求有得张耳千金，陈馀五百金"。②

当然，秦也不可能对六国诸公子诛杀殆尽，后魏公子魏豹、魏咎也都参加了反秦战争。信陵君之孙逃难于泰山，"至昭王彤，生公子无忌，封信陵君。无忌生闲忧，袭信陵君。秦灭魏，闲忧子卑子逃难于泰山"。③ "法雄字文强，扶风郿人也，齐襄王法章之后。秦灭齐，子孙不敢称田姓，故以法为氏。"④

第二，迁徙六国贵族，降低六国贵族的社会身份。

迁徙六国贵族。齐国，"秦掳王建，迁之共"。⑤

韩国，"秦掳王安，尽入其地，为颍川郡。韩遂亡"。⑥ 根据《睡虎地秦墓竹简·编年纪》载："廿年，……韩王居□山。廿一年，韩王死。昌平君居其处，有死□属。"⑦ 韩王被徙引发了韩人的反秦斗争，这一斗争又促成了韩王之死。《古今姓氏书辨证》载："（平姓）出自韩侯少子

---

① 张敬注译：《列女传今注今译·魏节乳母》卷五，台湾商务印书馆1994年版，第196页。

② 《史记》卷89《张耳陈馀列传》，第2572页。

③ 邓名世撰，王力平点校：《古今姓氏书辩证》卷14，江西人民出版社2006年版，第206页。

④ 《后汉书》卷38《法雄列传》，中华书局1965年版，第1276页。

⑤ 《史记》卷46《田敬仲完世家》，第1902页。

⑥ 《史记》卷45《韩世家》，第1878页。

⑦ 陈伟主编：《秦简牍合集》（壹），《睡虎地秦墓竹简上·编年纪》，第12页。

婼，食采平邑。秦灭韩，因徙下邑，氏焉。"①

楚国，"秦将王翦、蒙武遂破楚国，掳楚王负刍，灭楚名为楚郡云"。②"秦灭楚，徙楚严王之族于此，故谓之严道。"③"班氏之先，与楚同姓，令尹子文后也。……秦之灭楚，迁晋、代之间，因氏焉。"④"楚怀王子兰为上官邑大夫，因氏焉。秦灭楚，徙陇西之上邽。"⑤楚国贵族被迁徙至蜀、晋代之间、陇西等地。

魏国，"（冯魴）其先魏之支别，食采冯城，因以氏焉。秦灭魏，迁于湖阳，为郡族姓"。⑥赵国，"以王迁降"。《史记集解》引《淮南子》云："赵王迁流于房陵，思故乡，作为山水之讴，闻之者莫不流涕。"⑦可知赵国被灭后赵王被流放，且思乡心切，境遇很不好。

在被迁徙的同时，六国贵族的社会地位大大降低。如楚国贵族已经沦落到为人牧羊，社会地位极低。项梁"乃求楚怀王孙心民间，为人牧羊，立以为楚怀王"⑧。魏国贵族被废为庶人，"秦灭魏，迁咎为家人"。⑨秦灭魏后，魏咎被废为庶人。"其兄魏咎，故魏时封宁陵君，秦灭魏，为庶人"。⑩齐国贵族的遭遇也是一样，"田横，齐王建之亲族也，秦灭六国，田氏悉为庶人。"⑪"秦灭周，姬氏降为庶人，或为王氏。"⑫根据以上史料，秦灭六国后，废六国贵族为庶人应该是普遍情况。

六国被灭之后，六国贵族或被诛杀，或被迁徙，或被废为庶人。王夫之认为："秦之所殄灭而降辱者，六王之后也。"⑬由于社会地位的骤

---

① 邓名世撰，王力平点校：《古今姓氏书辨证》卷16，第229页。

② 《史记》卷40《楚世家》，第1737页。

③ 李昉等：《太平御览》166《州郡部·雅州》引《蜀记》，中华书局据上海涵芬楼影印宋本复制重印1960年版，第809页。

④ 《汉书》卷100上《叙传上》，第4197页。

⑤ 林宝撰：《元和姓纂》卷7，中华书局1994年版，第1082页。

⑥ 《后汉书》卷33《冯魴列传》，第1147页。

⑦ 《史记》卷43《赵世家》，第1832页。

⑧ 《史记》卷7《项羽本纪》，第300页。

⑨ 《史记》卷90《魏豹彭越列传》，第2589页。

⑩ 《汉书》卷33《魏豹传》，第1845页。

⑪ 李昉等：《太平御览》卷570《乐部·歌一》，第2577页。

⑫ 邓名世撰，王力平点校：《古今姓氏书辨证》卷16，第55页。

⑬ 王夫之：《读通鉴论》卷1，第6页。

降，六国旧贵的生存状况堪忧。

有条史料，能反映出秦灭六国后六国旧贵所处的境况。"有一母见信饥，饭信，竟漂数十日。信喜，谓漂母曰：'吾必有以重报母。'母怒曰：'大丈夫不能自食，吾哀王孙而进食，岂望报乎！'"关于"王孙"，《史记索隐》引刘德曰："秦末多失国，言王孙、公子，尊之也。"① 《汉书·韩信传》注引苏林曰："王孙，如言公子也。"② 根据这条史料可知，六国被灭后，有很多六国旧贵生活潦倒，甚至吃饭都成了问题，就连漂母也为王孙们的遭遇感到可怜和表示同情。又从漂母所言可知，王孙流浪乞食的现象应该不是个别的。

六国贵族社会地位骤降，衣食无着，必然会对秦有极大的怨恨。而这样的境遇，六国旧贵愤然反秦就不难理解了。

从目前可见的有关史料中可知，秦没有对六国贵族采取恰当的安置措施，这为秦政权的稳定留下了极大的隐患。

（二）秦统一后六国旧贵的情况

正是因为对六国旧贵没有采取恰当的安置措施，所以秦统一后便不时有六国旧贵试图起事。

秦灭六国后，各国的贵族聚集，以图再起。即墨大夫劝齐王时说："……夫三晋大夫皆不便秦，而在阿、鄄之间者百数，……鄢、郢大夫不欲为秦，而在城南下者百数。"③ 三晋、楚被攻破后，为数不少的六国旧贵，聚集在齐地，至少说明两个问题，其一，他们"不便于秦""不欲为秦"，他们在等待起事的时机；其二，面对这种情况，秦并没有对这些人采取恰当的安置措施，致使他们变成了一种潜在的隐患。这样，六国虽灭，但六国旧贵却作为一种社会势力游离于秦政权之外。

也有六国旧贵企图杀掉秦始皇，如张良为韩国贵族，"韩破，良家僮三百人，弟死不葬，悉以家财求客刺秦王，为韩报仇，……东见仓海君。得力士，为铁椎重百二十斤。秦皇帝东游，良与客狙，击秦皇帝博浪沙

---

① 《史记》卷92《淮阴侯列传》，第2609页。

② 《汉书》卷34《韩信传》，第1862页。

③ 刘向辑录，范祥雍笺证：《战国策》卷13《齐策六》，上海古籍出版社2006年版，第742页。

中，误中副车"。① 秦始皇第四次东巡的前一年，东郡有陨石坠地，有人在陨石上刻了"始皇帝死而地分"，来诅咒秦朝灭亡，盼望恢复六国故土。又有人持玉璧拦住秦始皇使者，曰："今年祖龙死"，诅咒秦始皇。前216年，秦始皇带了四名士兵在咸阳微服夜行时，也遇到了强盗。楚国贵族项羽，早有取代始皇之心。"秦始皇帝游会稽，渡浙江，梁与籍俱观。籍曰：'彼可取而代也。'"② 这些仅是可见于史籍的情况，同类事例想必很多。可见从秦始皇统一六国伊始，六国旧贵就已经开始了反秦的活动，而不是等到秦始皇暴政之后，或者陈胜起义之后。

（三）秦始皇针对六国旧贵的反应与对策

实际上，秦王朝不是没有考虑过六国旧贵的问题。丞相卫绾等提出："诸侯初破，燕、齐、荆地远，不为置王，毋以填之。请立诸子，唯上幸许。"③ "不为置王，毋以填之"也是考虑到了如何控制六国旧贵的问题。秦始皇或许也认识到了这个问题，故"下其议于群臣，群臣皆以为便"。可见群臣皆以为六国旧贵不好控制。秦始皇死后，"丞相斯为上崩在外，恐诸公子及天下有变，乃秘之，不发丧"。④ 李斯对六国旧贵——"诸公子"也是有顾虑的。但秦始皇和李斯对如何安置六国旧贵，没有好的对策。

秦初针对六国旧贵的措施，主要有：

第一，"收天下兵，聚之咸阳，销以为钟鐻，金人十二"⑤。

第二，迁徙豪富，"徙天下豪富于咸阳十二万户"⑥，以便于控制。相关记载还有，如《华阳国志》载："秦惠文、始皇，克定六国，辄徙其豪侠于蜀。"⑦ "蜀卓氏之先，赵人也，用铁冶富。秦破赵，迁卓氏。""程郑，山东迁虏也，亦冶铸，贾椎髻之民，富埒卓氏，俱居临邛。""宛孔氏之先，梁人也，用铁冶为业。秦伐魏，迁孔氏南阳。"⑧ 卓氏、程郑、

① 《史记》卷55《留侯世家》，第2033—2034页。
② 《史记》卷7《项羽本纪》，第296页。
③ 《史记》卷6《秦始皇本纪》，第238—239页。
④ 《史记》卷6《秦始皇本纪》，第264页。
⑤ 《史记》卷6《秦始皇本纪》，第239页。
⑥ 《史记》卷6《秦始皇本纪》，第239页。
⑦ 常璩著，任乃强校注：《华阳国志校补图注》，上海古籍出版社1987年版，第148页。
⑧ 《史记》卷69《货殖列传》，第3277—3278页。

孔氏都是秦统一过程中被迁徙的六国豪富。

第三，始皇巡行以威服海内，刻石以谴责之。秦二世曾说："先帝巡行郡县以示强，威服海内。"① "秦始皇帝常曰：'东南有天子气'，于是因东游以厌之。"②

秦始皇第一次出巡选择陇西一带，以安定西部边疆。第二次出巡，从留下的三通刻石来看，此行主要目的是威服海内、歌功颂德，并没有提到六国旧贵。

始皇二十九年（前218年）第三次出巡，在博浪沙遇张良所募刺客的刺杀，这才引起了始皇对六国旧贵问题的重视，之罘刻石就体现出了始皇对六国旧贵的顾虑，"六国回辟，贪戾无厌，虐杀不已"。申明吞并六国的必要性，所以"皇帝哀众，遂发讨师，奋扬武德"。说明吞并六国是为民请命。东观刻石又强调："禽灭六王。阐并天下，灾害绝息，永偃戎兵。"③

三十二年（前215年），始皇第四次出巡，在碣石门刻石中声讨六国："遂兴师旅，诛戮无道，为逆灭息。武殄暴逆，文复无罪，庶心咸服。"④ 统一六年之后，始皇出巡刻石中还在指斥六国，隐隐体现出始皇对六国旧贵的忧虑。

三十三年（前214年）至三十六年（前211年），是始皇加强政治统治的几年，主要的政治活动有北击匈奴、修筑长城、四方移民、扩建陵墓、"焚书坑儒"、整治吏治，等等。

三十七年（前210年），始皇第五次出巡，会稽刻石中仍然在声讨六国："六王专倍，贪戾憯猛，率众自强。暴虐恣行，负力而骄，数动甲兵。……义威诛之，殄熄暴悖，乱贼灭亡。"⑤ 统一六国十一年之后，始皇还在声讨六国，始皇对六国旧贵的顾虑之心一目了然。

五次出巡共七篇刻石，后三次出巡的四篇刻石中都体现了始皇对六国旧贵的顾虑。但时至三十七年（前210年），始皇似乎还没有找到彻底

---

① 《史记》卷6《秦始皇本纪》，第267页。
② 《史记》卷8《高祖本纪》，第348页。
③ 《史记》卷6《秦始皇本纪》，第249—250页。
④ 《史记》卷6《秦始皇本纪》，第252页。
⑤ 《史记》卷6《秦始皇本纪》，第261页。

解决六国旧贵的办法。

以上三种对待六国旧贵的策略，效果并不好。兵器虽然销毁，但人却不能得到很好的控制。"徙天下豪富"，并不是完全针对六国旧贵的措施，何况秦统一后六国旧贵社会地位急剧下降，已经不在豪富之列了。而巡行效果更不好，他只能通过刻石来谴责六国旧贵，别无大的影响。

通过以上的梳理可知，秦始皇并没有对六国旧贵采取恰当的安置措施。

而汉高祖却不同，他采用刘敬的建议，对六国旧贵进行了安置。"十一月，徙齐楚大族昭氏、屈氏、景氏、怀氏、田氏五姓关中，与利田宅。"① 刘邦的策略，不仅是迁徙六国旧贵十余万口于关中，而且"与利田宅"，使其安心，对六国旧贵进行了安置。这比秦始皇的策略要好得多。《东观汉记》载："及汉初兴，上稽旧章，合符重规，徙齐诸田，楚昭、屈、景，燕、赵、韩、魏之后，以稍弱六国强宗。邑里无营利之家，野泽无兼并之民，万里之统，海内赖安。……强干弱枝，本支百世之要也。"②

诛杀和贬低地位不是解决六国旧贵主要的办法，恰当的安置才是正确的选择。六国旧贵作为一种潜在的暴动势力，秦并没有对其采取恰当的安置措施，将他们纳入统治体系，而是将其视作为敌对势力进行预防和处置。正如王子今所说："关于秦始皇陵兵马俑的主题尚有争论，但秦始皇时代所经营的这一规模宏大的军阵模型是以东方武装集团作为假设敌的事实是毋庸置疑的。这也说明秦始皇的统治思想尚未完成应有的时代性转变。"③

（四）亡秦过程中六国旧贵的情况：合纵攻秦的实现

二世元年（前209年）七月，陈胜、吴广起义爆发，六国纷纷复国。"武臣自立为赵王，魏咎为魏王，田儋为齐王。沛公起沛。项梁举兵会稽郡。"④"燕、赵、齐、楚、韩、魏皆立为王，自关以东，大氐尽畔秦吏应

---

① 《汉书》卷1下《高帝纪》，第66页。
② 刘珍等撰，吴树平校注：《东观汉记校注》卷14，中华书局2008年版，第529页。
③ 王子今：《秦王朝关东政策的失败与秦的覆亡》，《史林》1986年第2期。
④ 《史记》卷6《秦始皇本纪》，第269页。

诸侯，诸侯咸率其众西乡。"①

六国旧贵纷纷参与了亡秦战争。刘邦的属下中就有很多六国旧贵，汉初的功臣集团中六国旧贵占到了28%。② 其他可见于史籍参加反秦战争又不在汉初功臣集团的六国旧贵有：赵国贵族赵歇、陈馀、司马卬、韩广，魏国公子魏豹、魏咎，韩国有韩王成，齐国贵族田儋、田荣、田安、田假、田角、田间、田市、田都、田横等，楚国贵族项梁、项羽、景驹、共敖、楚怀王、宋义等。

在亡秦战争中，六国旧贵能够合力对抗秦军，是能够取得亡秦战争的重要原因，如项羽与刘邦约定兵分两路进攻关中，在一定程度上分散了秦军的兵力，刘邦避秦主力，拿下了秦都咸阳；项梁与齐田荣、司马龙且联军大破秦军于东阿；巨鹿之战，宋义想等秦赵互争，以取渔人之利，但项羽却认为应该联合，勠力攻秦，"夫以秦之强，攻新造之赵，其势必举赵。赵举而秦强，何弊之承！"③ 杀掉宋义，进军救赵，攻破王离军。巨鹿之战后，"项羽由是始为诸侯上将军，诸侯皆属焉。"④ 至此，以项羽为中心，联合六国诸侯，实现了合纵攻秦的策略。项羽入关，所带所谓四十万大军，正是六国军队的联合，并非全是楚军，如"（魏）豹下魏二十余城。立豹为魏王。豹引精兵从项羽入关"⑤。六国旧贵的反秦与联合，是秦亡的重要原因之一。

三 秦吏

秦吏是秦统治全国最主要的依靠力量。但秦吏的处境并不好，秦律对官吏的要求非常严苛。

汉七科谪因于秦，《汉书·食货志》注引应劭曰："秦时以谪发之，名谪戍。先发吏有过及赘婿、贾人，后以尝有市籍者发，又后以大父母、

---

① 《史记》卷6《秦始皇本纪》，第273页。

② 详见拙论《两汉中坚社会势力略论——以士大夫阶层为中心的研究》，博士学位论文，南开大学，2013年，第38—46页。

③ 《史记》卷7《项羽本纪》，第305页。

④ 《史记》卷7《项羽本纪》，第307页。

⑤ 《史记》卷90《魏豹列传》，第2590页。

父母尝有市籍者。"① 七科谪,第一便是吏有罪。秦对吏犯罪惩罚很严苛,秦吏犯罪要和赘婿、贾人一起被征发去戍守边疆或远征。"三十四年,谪治狱吏不直者,筑长城及南越地。"② 三十五年,侯生、卢生逃亡后,"益发谪徙边"③。治狱不公正的官吏,要被贬谪到边疆去筑长城或者戍守南越。

关于对秦吏严苛的要求,出土秦简中有详细的规定,以下列举几条:

睡虎地秦简中有良吏和恶吏的区别,对良吏的要求是:"凡良吏明灋(法)律令,事无不能殹(也);有(又)廉絜(洁)敦愨而好佐上,以一曹事不足独治殹(也),故有公心;有(又)能自端殹(也),而恶与人辨治,是以不争书。"④ 要求秦吏应通晓法令,廉洁诚实,不独断专行,与同僚能协调办理公务。睡虎地秦简中《为吏之道》、岳麓秦简《为吏治官及黔首》、北大藏秦简《从政之经》、王家台秦简《为政之常》等训吏教材对吏也有详尽的要求。

秦吏若违反秦律,惩罚严厉。

"甲徙居,徙数谒吏,吏环,弗为更籍,今甲有耐、赀罪,问吏可(何)论?耐以上,当赀二甲。"⑤ 吏不为民办理迁移户籍手续,罚赀二甲。

"仓鼠穴几可(何)而当论及谇?廷行事鼠穴三以上赀一盾,二以下谇。鼶穴三当一鼠穴。"⑥ 对粮仓中老鼠的洞穴也有明确的规定,鼠穴超过三个就要对仓吏罚缴一副铠甲,两个及两个以下斥责。鼶指一种小鼠,并且规定小鼠的三个洞顶一个大老鼠的洞。可见秦律是非常细密的。

"害盗别徼而盗,驾(加)皋(罪)之。"负责追捕罪犯的小吏如果执法犯法,自己盗窃,是要比照"群盗"罪去处理的,而秦律对"群盗"罪的量刑是重于普通盗窃罪的。五人以上即为群盗,"五人盗,臧(赃)

---

① 《汉书》卷24《食货志》,第1126—1127页。

② 《史记》卷6《秦始皇本纪》,第253页。

③ 《史记》卷6《秦始皇本纪》,第258页。

④ 陈伟主编:《秦简牍合集》(壹),《睡虎地秦墓竹简(上)·语书》,武汉大学出版社2016年版,第33页。

⑤ 陈伟主编:《秦简牍合集》(壹),《睡虎地秦墓竹简(上)·法律答问》,第238页。

⑥ 陈伟主编:《秦简牍合集》(壹),《睡虎地秦墓竹简(上)·法律答问》,第239页。

一钱以上，斩左止，有（又）黥以为城旦。"① 群盗罪，赃一钱以上就要斩去左脚，还要黥刑并罚做苦役。这条简文体现了对秦吏的轻罪重罚。

"吏有故当止食，弗止，尽禀出之，论可（何）也？当坐所赢出为盗。"② 吏多领取了官府提供的口粮，也要按照盗窃罪处理。秦律对秦吏监守自盗的量刑是非常严酷的，对多领口粮也可看作是盗窃罪。

秦律对饲养马、牛、羊不善者，也有惩罚措施。"蔫马……马备，乃遴从军者，到军课之，马殿，令、丞二甲；司马赀二甲，灋（废）。"③ "蔫马"指供骑乘的军马，如果被遴选到军队后考核为最后的，县令、丞罚二甲；司马除罚缴两副铠甲外，还要革职。这种惩罚是很重的。

就连牛、羊繁殖的数量达不到要求，也有惩罚的规定。"牛大牝十，其六毋（无）子，赀啬夫、佐各一盾。·羊牝十，其四毋（无）子，赀啬夫、佐各一盾。·牛羊课。"④ 成年母牛十头中有六头没生小牛、成年母羊十只中四只没有生小羊，相关负责人要受到惩罚。

其他秦吏违反秦律赀一甲、赀二甲或其他形式的惩罚，在出土秦简中比比皆是，不再详列。如于振波认为："在已公布的约 2600 枚里耶秦简中，迁陵县各级、各部门官吏被处以赀甲、盾者如此之多，足以表明当时吏治之严，绝非纸上谈兵，而是落到实处。"⑤

秦律还有职务连坐之法，一人犯罪会连及上司或下属。《睡虎地秦墓简牍·效律》中规定："司马令史掾苑计，计有劾，司马令史坐之，如令史坐官计劾然。"⑥ "有劾"即犯了罪。这条简文说下属官吏尉计和尉犯了罪，上司县令、县丞要连坐。从"如它官然"可以看出，秦代其他官府的官吏之间都有连坐的规定。

同时秦律又规定，官吏犯罪，荐举他的官员也要承担法律责任。"秦

---

① 陈伟主编：《秦简牍合集》（壹），《睡虎地秦墓竹简（上）·法律答问》，第 181 页。

② 陈伟主编：《秦简牍合集》（壹），《睡虎地秦墓竹简（上）·法律答问》，第 240 页。

③ 陈伟主编：《秦简牍合集》（壹），《睡虎地秦墓竹简（上）·秦律杂抄》，第 161 页。

④ 陈伟主编：《秦简牍合集》（壹），《睡虎地秦墓竹简（上）·秦律杂抄》，第 170—171 页。

⑤ 于振波：《秦代吏治管窥——以秦简司法、行政文书为中心》，《湖南大学学报》2013 年第 3 期。

⑥ 陈伟主编：《秦简牍合集》（壹），《睡虎地秦墓竹简（上）·效律》，第 153 页。

之法，任人而所任不善者，各以其罪罪之。"① 睡虎地秦简《编年纪》记载："【五十二】年，王稽、张禄死。"② 张禄即范雎，"魏人郑安平闻之，乃遂操范雎亡，伏匿，更名姓曰张禄。"③ 王稽，是范雎入秦的引荐人。"王稽为河东守，与诸侯通，坐法诛。"④ 由于秦昭王的保护，范雎没有因为郑安平牵连致罪，但由睡虎地秦简可知，范雎还是因王稽牵连致死。"《编年纪》提供了很重要的消息，反映了秦推行法治比较坚决。"⑤

可见一人犯法，举荐者、上级官吏、属官等一大批官员要连坐。这种迫使秦吏互相监视、人为地制造利害关系以加强统治的做法，必然使秦吏处于一种不适、恐惧的状态之中。

传统文献有一条史料值得重视。"（夏侯）婴已而试补县吏，与高祖相爱。高祖戏而伤婴，人有告高祖。高祖时为亭长，重坐伤人，告故不伤婴，婴证之。移狱覆，婴坐高祖系岁余，掠笞数百，终脱高祖。""重坐伤人"颜师古注引如淳曰："为吏伤人，其罪重。"⑥ 可见秦时，为吏伤人是重罪。刘邦作为吏伤人是重罪，夏侯婴为开脱刘邦，自证刘邦没有伤害自己，竟然坐狱岁余，被掠笞数百！刘邦之事，可见秦律对秦吏的轻罪重罚和执行之严苛、彻底。

秦律之严密，从出土秦简中也可以得到印证。《岳麓书院藏秦简》"暨过误失坐官案"记载，暨因工作上的过错，以及因上司或属下而连坐，先后被"八劾"，其中八月辛未一天当中就有"二劾"。"暨坐八劾：小犯令二，大误一，坐官、小误五。"暨为自己申辩说："不幸过误失，坐官弗得，非敢端犯法令，赴隧以成私殴（也）。"⑦ 这些过失不是暨故意为之，都是不经意间触犯了秦律，可见秦吏触犯秦律真是防不胜防。

秦律对秦吏轻罪重罚，要求严苛，又有职务连坐之法，法网细密，稍有过失便会触犯法律，从刘邦之事来看，秦律的执行既严苛又彻底。

① 《史记》卷79《范雎列传》，第2417页。
② 陈伟主编：《秦简牍合集》（壹），《睡虎地秦墓竹简（上）·编年纪》，第11页。
③ 《史记》卷79《范雎列传》，第2401—2402页。
④ 《史记》卷79《范雎列传》，第2417页。
⑤ 陈伟主编：《秦简牍合集》（壹），注引整理者言，第21页。
⑥ 《汉书》卷41《夏侯婴传》，第2076页。
⑦ 陈松长：《岳麓书院藏秦简》（壹—叁）（释文修订本），上海辞书出版社2018年版，第151页。

在这么繁密而严苛的秦律之下，秦政权维持统治主要的依靠力量秦吏一直处于一种紧张、恐惧之中，处境很不好。

六国地域上秦吏——新地吏，所处状况更不好。"廿六年十二月癸丑朔庚申，迁陵守禄敢言之：沮守瘳言：课廿四年畜息子得钱殿。沮守周主。为新地吏，令县论言史（事）。·问之，周不在迁陵。敢言之。·以荆山道丞印行。"（Ⅳ8—1516）①

关于"新地吏"，于振波认为是秦在新占领地区所任命的官吏。② 这段简文中记录的是，沮县守周，在"畜息子得钱"的考核中排名最后一等，因此被任为新地吏。

"以上及唯（虽）不盈三，一岁病不视事盈三月以上者，皆免。病有瘳，令为新地吏及戍如吏。有适过，废，免为新地吏。"（276/1865）③ 此简说的是，官吏在一年中因生病不能正常办公达三个月以上的，要被免职，而且病愈后要被任命为新地吏或派去戍边，同因为犯有过错被免职、废黜而任为新地吏的官吏一样。

"诸吏为非以免去吏者，卒史丞尉以上，上御史，属、尉佐及乘车以下，上丞相。丞相、御史先予新地远爨（？）"（1866）④ 这条律令中说，因"为非"被免职的官吏，卒史以上由御史大夫处理，属、尉佐以下由丞相处理。根据后半部分简文，这些被免职的官吏，可能被任命为"新地吏"了。

而被任命为新地吏，是一种类同于"赀二甲"的处罚。"令曰：御史节发县官吏及丞相、御史、执法发卒史以下到县官佐、史，皆毋敢名发。其发治狱者官必遣尝治狱二岁以上。不从令，皆赀二甲，其丞、长史、正、监、守丞有（又）夺各一攻（功），史与为者为新地吏二岁。"（1689＋1914）⑤ 此条律令中，触犯法令的参与者要被罚"为新地吏二岁"。

据上述简文可知，工作考核为最后一等的官吏、因身体有病患三个

---

① 陈伟主编：《里耶秦简牍校释》卷1，武汉大学出版社2012年版，第343页。
② 于振波：《秦律令中的"新黔首"与"新地吏"》，《中国史研究》2003年第3期。
③ 陈松长主编：《岳麓书院藏秦简》（伍），上海辞书出版社2017年版，第190页。
④ 于振波：《秦律令中的"新黔首"与"新地吏"》，《中国史研究》2003年第3期。
⑤ 陈松长主编：《岳麓书院藏秦简》（伍），第110页。

月以上不能正常办公的官吏、有过错被免职或者被废黜的官吏，都要被派到六国旧地去任职。这种政策，其一，不仅对身体不好的官吏缺乏人文关怀，而且还要被惩罚性地任命为新地吏；其二，新地吏的政治地位和社会地位要比故秦地官吏低，"言及新地吏，亦带有很强贬黜意味，甚至与'戍边'相及"。① 这些官吏到了新地，必然对秦廷心存怨恨，更遑论地方的有效治理了。

秦在新征服地区还会逐渐任命当地人为吏，"可以推测在迁陵乃至所有新地，秦吏的数量应以地方政权建立初期为多。此后将逐渐减少，培训和选拔本地人为吏则相应增多"。② 这些新任命的本地人更加难以适应秦繁密而严苛的法律。

可见，秦律对秦吏的处罚，是重于普通平民的。秦律对秦吏轻罪重罚，要求严苛，且有罪的秦吏和赘婿、贾人等一样，要被谪发去远征或戍边；又有职务连坐之法，法网细密，稍有不慎便会触犯法律；就连因身体有病不能正常办公的官吏也要被罚作新地吏；从刘邦之事来看，秦律的执行既严苛又彻底、坚决。在新征服的地域上，新地吏的政治地位和社会地位很低，所处状况更不好。在这么繁密而严苛且缺乏人文关怀的秦律之下，秦政权维持统治主要的依靠力量秦吏一直处于一种紧张、恐惧之中，处况很不好。

秦朝对自己政权的构成人员秦吏过于严苛，致使秦吏的国家归属感不强，秦吏是慑于刑杀才去做官吏的。侯生、卢生相与谋曰："上乐以刑杀为威，天下畏罪持禄，莫敢尽忠。"③ 莫敢尽忠是秦亡之前官员的普遍情况。劳榦先生也认识到了秦吏这一问题，他认为，在秦朝君权的不测之威下，"使群臣失掉良心上的责任感，而只是被迫的互相欺诈。对于国家的前途仍然是危险的"。④

---

① 张梦晗：《"新地吏"与"为吏之道"——以出土秦简为中心的考察》，《中国史研究》2017 年第 3 期。

② 张梦晗：《"新地吏"与"为吏之道"——以出土秦简为中心的考察》，《中国史研究》2017 年第 3 期。

③ 《史记》卷 6《秦始皇本纪》，第 258 页。

④ 劳榦：《秦的统一与其覆亡》，《"中研院"历史语言研究所集刊论文类编·秦汉卷》，中华书局 2009 年版，第 1712 页。

　　果然，各地起义爆发之后，很多秦吏对秦朝并无忠心，要么参与反秦战争，要么投降。刘邦功臣集团中参与反秦战争的秦吏有刘邦、张苍、叔孙通、萧何、曹参、郦食其、夏侯婴、陈婴、周昌、周苛、任敖、申屠嘉、吴芮等，其中张苍就是不堪吏治严苛，从秦廷逃跑跟随刘邦起事的。"张苍，阳武人也，好书律历。秦时为御史，主柱下方书。有罪，亡归。"①

　　又如周昌、周苛，"（周昌）沛人也。其从兄苛，秦时皆为泗水卒史。及高祖起沛，击破泗水守监，于是苛、昌以卒史从沛公"②。任敖，"沛人也，少为狱吏。……及高祖初起，敖以客从为御史，守丰二岁"③。"叔孙通，薛人也。秦时以文学征，待诏博士。……乃亡去之薛，薛已降楚矣。"④ 后跟随项梁、刘邦。这些都是秦吏反秦的例子。

　　秦吏在刘邦功臣集团中占总数的13%⑤，"从数量上看，在楚汉战争中，旧秦国籍士卒，已经构成了汉军的主要部分"。⑥

　　其他不在功臣集团中反秦的秦吏还有会稽守殷通、沛令等。"秦二世元年七月，陈涉等起大泽中。其九月，会稽守通谓梁曰：'江西皆反，此亦天亡秦之时也。吾闻先即制人，后则为人所制。吾欲发兵，使公及桓楚将。'"⑦ 会稽守殷通准备反秦，后被项羽所杀。"诸郡县皆多杀其长吏以应陈涉。沛令恐，欲以沛应涉。"⑧

　　除了反秦的秦吏，还有很多秦吏投降。南阳守齮投降刘邦，被封为殷侯，引起了连锁反应，众多秦吏放弃抵抗，投降刘邦。"七月，南阳守齮降，封为殷侯，封陈恢千户。引兵西，无不下者。……还攻胡阳，遇

　　① 《汉书》卷42《张苍传》，第2093页。

　　② 《汉书》卷42《周昌传》，第2094页。

　　③ 《汉书》卷42《敖传》，第2098页。

　　④ 《汉书》卷43《叔孙通传》，第2124页。

　　⑤ 详见拙论《两汉中坚社会势力略论——以士大夫阶层为中心的研究》，博士学位论文，南开大学，2013年，第47页。

　　⑥ 李开元：《汉帝国的建立与刘邦集团——军功受益阶层研究》，生活·读书·新知三联书店2000年版，第171页。

　　⑦ 《史记》卷7《项羽本纪》，第297页。

　　⑧ 《史记》卷8《高祖本纪》，第349页。

番君别将梅鋗，与偕攻析、郦，皆降。"① 高祖西攻秦，秦吏放弃抵抗的为数不少。

这些秦吏一方面恐惧秦律，另一方面也想得到刘邦的封侯。秦吏为利而降的事例还有，如刘邦率军入武关后，在峣关遇到秦军的抵抗，刘邦欲以两万兵击之，张良说："秦兵尚强，未可轻。臣闻其将屠者子，贾竖易动以利。"遂遣郦食其"持重宝"贿赂秦将，"秦将果畔，欲连和俱西袭咸阳。"② 陈苏镇指出："当关东诸侯入关亡秦时，秦军将领多有降者，而下层吏卒却多不愿降。"③ 武臣攻赵地，"武信君从其计，因使蒯通赐范阳令侯印。赵地闻之，不战以城下者三十余城。"④ "武臣以车百乘，骑二百，侯印迎徐公。燕赵闻之，降者三十余城，如通策焉。"⑤ 因为赐予范阳令侯印，赵地不战而降的竟然有三十余城，可见秦吏贪利之情势。宛守和范阳令的情况相似，都引起了秦吏大面积的投降。

秦统一六国后，主要的敌对势力六国旧贵没有得到很好的安置，仍然游离于秦的统治体系之外，且其社会地位骤降，社会境况极差，生存状况堪忧，对秦怀有强烈的怨恨，随时准备反秦。而秦维持统治主要的依赖力量秦吏的境况却又不好，严苛而繁密的秦律使得秦吏处于紧张和恐惧之中，国家归属感不强，在亡秦战争中要么参与反秦、要么投降，促使了秦的快速灭亡。贾谊认为："自君卿以下至于众庶，人怀自危之心，亲处穷苦之实，咸不安其位，故易动也。"⑥ 六国旧贵和秦吏"不安其位"，遂形成了"土崩"之势。⑦ 不管秦暴政与否，秦的社会内部确实存在不稳定的因素，这些不稳定因素对秦的灭亡产生了重大影响。

秦始皇"续六世之余烈，振长策而御宇内，吞二周而亡诸侯，履至尊而制六合，执棰拊以鞭笞天下，威振四海。南取百越之地，以为桂林、象郡，百越之君俯首系颈，委命下吏。乃使蒙恬北筑长城而守藩篱，却

① 《汉书》卷1《高帝纪上》，第20页。
② 《史记》卷55《留侯世家》，第2037页。
③ 陈苏镇：《〈春秋〉与"汉道"——两汉政治与政治文化研究》，第27页。
④ 《史记》卷89《张耳陈馀列传》，第2575页。
⑤ 《汉书》卷45《蒯通传》，第2160页。
⑥ 《史记》卷6《秦始皇本纪》，第284页。
⑦ 徐乐上书武帝："臣闻天下之患，在于土崩，不在瓦解，古今一也。何为土崩？秦之末世是也。"（《汉书》卷64《徐乐传》，第2804页。）

匈奴七百余里，胡人不敢南下而牧马，士不敢弯弓而报怨"①。秦吞灭六国，北逐匈奴、南伐百越；统一文字、度量衡、钱币，是何等之气势，始皇真乃千古一帝！"始皇以过人的天才，凭着几世的经营，遇见非常的时势，得到空前的成功。"② 秦取得了空前的成功，在统一全国后，建立了一套相对完善的统治体系，创建三公九卿制度，地方施行郡县制。这套制度，在历史上影响之深远毋庸多说，以历史的眼光看来，也是比较先进的。但秦帝国为何仅仅维持十五年，却短命而亡？是兵革不利、城池不坚？非也。"一夫作难而七庙堕，身死人手，为天下笑者，何也？"③

秦始皇的暴政是不可否定的，但中国历史上另外一个著名的皇帝汉武帝，其暴政也不比始皇差。汉武帝个人过着穷奢极欲的生活："武帝'外事征伐，内事兴作'，耗费了巨量的资财"④，他北击匈奴、开拓西域、开发西南夷、征服南越，战争延续不断，哪次不是民众流离转徙、饥死道边？征大宛时，"天下骚动，传相奉伐宛"⑤，汉武帝为取得善马不惜"益发戍甲卒十八万酒泉、张掖北，置居延、休屠以卫酒泉，而发天下七科谪，及载糒给贰师。转车人徒相连属至敦煌。而拜习马者二人为执驱校尉，备破宛择取其善马云。"⑥ 仅仅是伐大宛就如此劳师动众，更何况北伐匈奴？他还随意屠杀丞相；任人唯亲，卫青、霍去病、李广利全是外戚；打击豪强，"积骸满阱，漂血十里"⑦；推行算缗、告缗，"商贾中家以上大率破"⑧；迷信术士，花费靡多，屡次被骗也不悔改。武帝暴政的结果是"天下虚耗，人复相食"⑨，"海内虚耗，户口减半"⑩。武帝的暴政直接导致了地方多次的叛乱，"南阳有梅免、白政，楚有殷中、杜少，齐有徐勃，燕赵之间有坚卢、范生之属。大群至数千人，擅自号，

---

① 《史记》卷6《秦始皇本纪》，第280页。
② 劳榦：《秦汉史》，中国文化服务社1947年版，第7页。
③ 《史记》卷6《秦始皇本纪》，第282页。
④ 林剑鸣：《秦汉史》，第374页。
⑤ 《史记》卷123《大宛列传》，第3176页。
⑥ 《史记》卷123《大宛列传》，第3176页。
⑦ 《后汉书》卷77《酷吏列传》，第2487页。
⑧ 《史记》卷30《平准书》，第1435页。
⑨ 《汉书》卷24上《食货志上》，第1137页。
⑩ 《汉书》卷7《昭帝纪》，第233页。

攻城邑，取库兵，释死罪，缚辱郡太守、都尉，杀二千石，为檄告县趣具食；小群以百数，掠卤乡里者，不可胜数也"。① 为数众多的起义，不比陈胜吴广起义规模小。可问题是，武帝时如此之规模的起义并未能撼动汉王朝的统治地位，而陈胜率九百戍卒振臂高呼却致使秦亡！笔者以为问题不在于起义者规模的大小，秦和汉两种不同的结果还有更深层次的原因值得发掘。

宫崎市定在谈到隋亡原因时说："正面与贵族对立，仅此一点就足以让隋朝面临灭亡的危险。后世的史学家把隋朝灭亡的原因全都归咎于第二代炀帝的暴政，但我以为其根源在更深层的地方。"② 而笔者以为，秦亡也有其更深层的原因。一个能够统一六国的王朝在新兴之初就经受不住农民起义所引起的混乱局面，而迅速灭亡，这是另有原因的。汉武帝时期农民起义的规模不比陈胜吴广的规模小、汉武帝之糜费不比秦始皇的少，而秦亡汉存的不同结果，有其社会内在的原因。再者，秦始皇虽有暴政，却能够役使秦民、吞并六国；但在统一六国后，却不能统治六国之民，实现长治久安。

始皇的最大失误在于没有把各类社会势力很快地纳入秦帝国的统治体系中去，没能形成支持秦王朝的社会势力。秦王朝统一六国之后，在六国土地上架构了一套完整的统治体系，而这套体系，除了秦本土之外，并没有融入其他六国的社会之中，六国之社会势力仍然游离于秦政权之外。始皇之失误在于没能处理好这一问题。"自君卿以下至于众庶，人怀自危之心，亲处穷苦之实，咸不安其位，故易动也。"③ 秦朝各阶层都"不安其位"，各种社会势力没有融入秦王朝的统治体系中去，这是秦帝国由陈涉发难而转瞬崩溃的根本原因。

除了六国旧贵，士人也没有融入秦帝国的统治体系。秦始皇焚书坑儒，大失士人之心。孔鲋就说："秦非吾友。"④ 许倬云认为："然而秦并未有妥当的方法，使'士'成为秦帝国权力结构的一部分，也没有在以

---

① 《史记》卷122《酷吏列传》，第3151页。
② 宫崎市定：《九品官人法研究》，韩昇、刘建英译，第340页。
③ 《史记》卷6《秦始皇本纪》，第284页。
④ 《资治通鉴》卷7，中华书局1956年版，第244页。

政治与生产两极相契的秦社会结构中，为'士'留下一个自由发展的活动空间。"① 这也就是说，不但"秦非吾友"，并且秦王朝没有把"士"这种社会势力纳入自己的统治体系之中，秦王朝与士之间也没能形成紧密的联系。怪不得陈胜起义后孔鲋会追随起义军；叔孙通曾是秦朝待诏博士，见秦大势已去，从而去秦投奔义帝，后跟随了刘邦。"当此时也，世非无深虑知化之士也，然所以不敢尽忠拂过者，秦俗多忌讳之禁，忠言未卒于口而身为戮没矣。故使天下之士，倾耳而听，重足而立，钳口而不言。是以三主失道，忠臣不敢谏，智士不敢谋，天下已乱，奸不上闻，岂不哀哉。"② 秦朝的统治体系中基本上没有士人的地位，作为一种社会势力，士并没有得到应有的位置，并没有融入秦帝国的社会结构中。潜藏在"黔首"中的士在陈胜起义后纷纷获得了活动空间，参与了亡秦的战争。

秦代政治制度缺少相应的社会结构作支撑，即缺乏社会势力的支持与维护。"战国以降，随着封建制的确立，世族政治为官僚政治所代替，而官僚政治的基本原则之一，即以功授官。"③ 以功授官的结果是官员与最高统治者之间（或者与政府之间）形不成牢固而紧密的关系，以功授官仅仅是商业交易模式的一种简单模仿。"廉颇之免长平归也，失势之时，故客尽去。及复用为将，客又复至。廉颇曰：'客退矣。'客曰：'吁。君何见之晚也？夫天下以市道交，君有势，我则从君，君无势则去，此固其理也，有何怨乎？'"④ 而秦王朝正是建立在这种"天下以市道交，君有势，我则从君，君无势则去"的信念之上，王朝与官员之间、与社会势力之间根本没有形成紧密的联系。这样，帮助秦国兴盛的客、以功得官的官僚，并不能保证在秦衰亡时能抛弃个人利益而继续为秦出力。"为统一事业做出贡献的文臣武将，……亦非秦国人，而皆'出于客'，也就不难理解了。所以，罗大经《鹤林玉露》卷十三指出'秦固以客兴'，是很有道理的。"⑤ 因此秦聚集了六国之杰出人才，成就了秦的伟

① 许倬云：《秦汉知识分子》，载《求古编》，联经出版事业公司1982年版，第484页。
② 《史记》卷6《秦始皇本纪》，第278页。
③ 黄留珠：《秦汉仕进制度》，西北大学出版社1985年版，第20页。
④ 《史记》卷81《廉颇蔺相如列传》，第2448页。
⑤ 黄留珠：《秦汉仕进制度》，第44—45页。

业，"皆委国而听之不疑，卒之所以兼天下者，诸人之力也"。① 但客的特点是"君有势，我则从君，君无势则去"。正是客的这种特点，给秦的速亡埋下了隐患。客虽然在秦廷为官，并获得极大荣耀，但除了在政治上、军事上发挥作用外，并未完全融入秦帝国的社会中，并没有成为维护秦朝的社会势力。

秦始皇死后，客的隐患就显现了出来。协助始皇吞并天下的李斯，不仅在始皇死后没有辅助公子扶苏，而是与赵高狼狈为奸，且为了一己之私，阿谀二世，竟给二世献上亡国的"督责之术"，让二世"穷乐之极"，"然后能灭仁义之涂，掩驰说之口，困烈士之行，塞聪掩明，内独视听，故外不可倾以仁义烈士之行，而内不可夺以谏说忿争之辩。故能荦然独行恣睢之心而莫之敢逆"②。王夫之感叹道："苟非二世之愚，即始皇之骄悖，能受此言而不谴乎？斯抑谓天下后世之不以己为戎首而无所恤乎？无他，畏死患失之心迫而有所不避耳。……为导谀劝淫之术也。"③此等之人，如何能辅佐国君，传至"万世"呢？

维系秦帝国与官僚、客之间关系的是秦帝国的赏赐和酷密的法律，而非共同的利益。这种脱离社会的官僚只是一种暴力工具，而不能形成一种维护秦帝国的社会势力。

各类社会势力都没有融进秦帝国的统治体系与社会结构，所以秦也就没有形成一定的统治基础。正如许倬云所言，"驰道四达，终究挡不住阿房一炬的结局。此无他，为了秦政权缺乏社会基础而已"。④ 林剑鸣也认为，"实际掌权的只是极小一部分秦国的军功地主，不仅广大劳动人民，就是六国的豪族地主和普通地主也处于被压迫的地位。……秦王朝政权的阶级基础非常狭窄，它将愈来愈多的人推向与自己敌对的地位"。⑤

秦朝不仅没有将各种社会势力纳入其统治体系，而且试图建立一套专制政策，直接凌驾于小农之上，把复杂的社会势力简单化。徐复观先生认为："他们（秦始皇、李斯）所希望的社会，是由'端直敦忠'的

---

① 洪迈：《容斋随笔》卷2"秦用他国人"条，中华书局2005年版，第23页。
② 《史记》卷87《李斯列传》，第2557页。
③ 王夫之：《读通鉴论》卷1，第4—5页。
④ 许倬云：《西汉政权与社会势力的交互作用》，载《求古编》，第453页。
⑤ 林剑鸣：《秦汉史》，第219页。

农民、工人所组成的小所有者的生产社会。……法家和始皇及李斯们，认为只有把专制政治建立在这种阶级上面，才不会遇到知识与暴力的反抗，可以长治久安下去。"① 马彪认为："秦始皇把自己的国家共同体成员，简单地设定为皇帝＋官僚＋劳力者（'黔首''什伍'）的单一格局：战国以来曾经作为时代趋势而蓬勃发展起来的民间社会被人为地简化为单纯的劳力者阶级。这一特点在最新出土的里耶秦简中也有着同样的反映。所以，我认为社会结构上所致的严重缺陷正是造成秦速亡的重要原因。"② 以上两种观点都认为，秦想建立的国家是朝廷—小民的单一的社会结构，秦的社会结构过于简单化。在这种社会结构中，秦帝国时的各种复杂的社会势力也就会被简单化。这种把社会势力简单化的做法，致使战国以来各种复杂的社会势力横亘于秦帝国的广大疆域上，成为阻碍秦帝国统治的最大威胁。一旦秦帝国严酷的统治出现缝隙，这些社会势力就会汹涌而起，彻底摧毁秦帝国。这种简单的社会模式，使得秦帝国统治者高高在上，殊不知其地位越高，就越难实现对下层的统治，更何况这中间还缺少社会势力作为其统治基础并协助其实现对全国的统治。

　　以上表明，秦王朝的统治并没有将各种社会势力纳入统治体系中，秦只是把复杂的社会势力简化为固定在土地上的农民，并任其役使。但是，在那个"王侯将相宁有种乎"的时代，在陈涉发难之前，项羽就曾有"彼可取而代之"的壮志；刘邦逃亡山泽等待时机、张良与力士伏击始皇，这一切表明秦统一后各种社会势力仍然游离于秦的统治体系之外，在看似平静的"黔首"中隐藏着强大的社会势力的波涛汹涌。秦始皇吞并六国的成就遮蔽了这一残酷的现实，使得始皇没有认识清楚并采取必要的措施。观此，始皇统一之气度无人能比，但要治国，则显得稍逊一筹。

　　秦的政治制度相对来说是比较先进的。"早在基督教时代开始之时，中华帝国就已显示了众多与二十世纪的超级国家的类似之处了"，"在由中央集权的官僚政府加以管理之上，中国远远超过了罗马帝国，并且超

　　① 徐复观：《两汉思想史——周秦汉政治社会结构之研究》，华东师范大学出版社 2001 年版，第 89 页。

　　② 马彪：《论秦汉异同与士大夫的社会平衡机制》，载牟发松主编《社会与国家关系视野下的汉唐历史变迁》，华东师范大学出版社 2006 年版，第 314 页。

过了近代以前所有可比的国家"。① "秦始皇'振长策而御宇内''履至尊而制六合',庞大政府中的各级训练有素的吏员,有效地担负起了兵刑钱谷、考课铨选等等事务,管理着数以千万计的小农。在当时的科技和通讯水平之下。这是一个巨大的历史成就。"②

但无论秦王朝的政治制度在历史上是怎样的先进,简单的社会模式却使得秦帝国没有赖以运行的社会基础。阎步克也认为:"而'秦政'的文吏政治,兴盛一时而又二世而亡,说明片面发达、片面分化的官僚体制,并不足以整合整个社会。"③ 秦王朝缺乏统治基础,更缺乏社会势力来充实其用军事建立起来的政治体系的外壳,秦王朝的政治体系没有与社会真正地结合。秦统一全国后,秦始皇试图将一套完整的官僚体制凌驾于新征服的六国土地之上;却忽视了刚刚统一的秦帝国,各种复杂的社会势力并没有融入这一统治体系中,尤其是没有融入秦的官僚体系中去的现实,而是继续推行暴力统治,最终由陈涉发难,六国旧贵跟进,导致亡国。秦王朝的盲目自大,从而把各种社会势力置于自己的对立面,自然就不可能确立自己的统治基础,怎能不亡?

现在再回到汉武帝的暴政问题。章太炎就认为秦始皇要比汉武帝贤:"由是言之,秦皇之与孝武,则犹高山之与大湫也。其视孝文,秦皇犹贤也。"④ 武帝之统治不可谓不暴,那为何秦之暴政导致亡国而汉没有?武帝时汉王朝没有走向败亡的结局,最大的原因是汉朝的统治在经过汉初七十年发展后已经趋于稳定,在汉初的政策(如休养生息、恢复生产,分封诸侯王的过渡性措施,打击豪强,推恩令,察举制度等)的影响下,各种社会势力已逐渐融入汉朝的统治体系之中。

吾丘寿王也对秦始皇暴政与汉武帝暴政不同的结果做了思考,认为始皇、武帝不同结果的原因在于汉"务在敦厚",武帝能够任用士:

---

① H. G. Creel, "The Beginning of Bureaucracy in china: The Origin of the Hsicn", 转引自阎步克《士大夫政治演生史稿》,北京大学出版社 1996 年版,第 239 页。

② 阎步克:《士大夫政治演生史稿》,第 239 页。

③ 阎步克:《士大夫政治演生史稿》,第 21 页。

④ 章太炎:《太炎文录初编》卷 1《秦政记》,《章太炎全集》(四),上海人民出版社 2017 年版,第 72 页。

骠骑将军霍去病征匈奴，立克胜之功，寿王作士大夫之论。称武帝之德，曰："士或问于大夫曰，侧闻强秦之用兵也，南不逾五岭，北不渡大河，海内愁怨，以丧其国。汉兴六十余载矣，命将帅以抗愤，用干戈于四荒，南排朱崖，北建朔方，东越沧海，西极河源，拓地万里，海内晏然。鄙人不识，敢问其踪。"大夫曰："昔秦之得天下也，以力而不以德，以诈而不以诚。内用商鞅、李斯之谋，外用白起、王翦之兵，窥间伺隙，既并海内之后，以威力为至道，以权诈为要术，遂非唐笑虞，绝灭旧章，防禁文学，行是古之戮，严诽谤之谋，十余年遂滂沲而盈溢。是故皇天疾灭，更命大汉反秦政，务在敦厚，至今六世，可谓富安。天子文明，四夷向风，徒观朝廷下傔门户之士，谋如涌泉，动如骇机，皆能安中国，吞四夷，君臣若兹，何虑而不成，何征而不克？虽拔泰山，填苍海，可也。"①

司马光在《资治通鉴》中也对这一问题作了探讨："孝武穷奢极欲，繁刑重敛，内侈宫室，外事四夷，信惑神怪，巡游无度，使百姓疲敝，起为盗贼，其所以异于秦始皇者无几矣。然秦以之亡，汉以之兴者，孝武能尊先王之道……晚而改过，顾托得人，此其所以有亡秦之失而免亡秦之祸乎！"②阎步克认为："'先王之道'，当然是指儒术而言的。……对于君主之权势欲、奢侈欲和官僚帝国的扩张倾向较之黄老道术，儒术显然构成了更强有力的制衡。儒生的参政，导致了由'秦政'转变为'汉政'的深刻变迁。"③

以上三家之论，大致认为始皇、武帝不同结局的原因是武帝对儒士的任用。

李开元曾说："多年以前，我在考察刘邦集团的时候，曾经提出'共天下'的理念，即共同所有、公平分配天下权益的意识，是刘邦集团的原则和共识；刘邦集团之所以能够取得天下，新建的西汉王朝之所以能

① 严可均辑：《全汉文》卷 27《吾丘寿王·骠骑论功论》，商务印书馆 1999 年版，第277 页。

② 《资治通鉴》卷 22，第 747—748 页。

③ 阎步克：《士大夫政治演生史稿》，第 343 页。

够克服秦始皇的绝对专制皇权，发展出一种新型的有限皇权，其思想根源就在这里。"① 正是这种"共天下"的理念，使得汉王朝能够克服"家天下"的狭隘意识和专制集权的思想，并能够将各种社会势力纳入汉王朝的统治体系中。经过汉初的发展，在汉武帝时期汉王朝已经有了维护王朝继续存在的社会势力，纵使有部分小规模的起义，也不会因此动摇汉帝国的统治；东汉的延续不能说与此没有关系。

所以说，关于秦亡之因，暴政不是关键问题，而维持统治的社会势力的缺失才是关键问题，即秦缺乏中坚势力以支持其对全国的统治。

秦王朝建立了中央集权的大一统国家，历行法制，以崭新的气象施行在先秦多国范围上的统治，仅此，是具有划时代意义的；秦王朝也结束了先秦贵族的统治。但是，中央的高度集中，先秦长时间存在的贵族势力的骤然消失，使得秦王朝与基层平民之间缺少了一种缓冲势力，同时，秦王朝也就无法利用中坚势力来实现对社会的真正统治。所以，当秦末农民起义爆发的时候，各种社会势力纷纷反秦，而秦王朝却没有多少可控制的社会力量，没有中坚势力的支持，秦帝国迅速灭亡。

秦在中国古代社会的转型阶段，完全抛弃了先秦的宗法制，用法的形式迅速地建立起中央集权国家，这是具有伟大意义的。但这种快速的而不是渐进的变革，导致了秦的中坚势力的真空，秦王朝缺少社会力量的支持。就如宫崎市定所说："曹操为了收拾后汉末期的混乱局势而建立的官僚军阀集团，无疑威力强大，但是，它虽然一时显示出巨大的破坏力和建设力，却缺乏持续力。这个集团是短跑选手而不是长跑选手。"② 而秦帝国因为缺乏中坚势力的支持，也是这种短跑选手。在一定程度上，可以这样说，秦亡于中坚势力的缺失。

始皇之政，何太急也！欲以一人之力，成百年之功。向使始皇无急功近利，适时、缓和地推行其措施，待政治体系完全融入社会中，形成其政权的社会基础，形成其中坚势力，到那时，政权自然就巩固了。由此，我们也可以看到西汉统治者的智慧。自然，历史不可假设；但历史可以总结，可以吸取教训。

---

① 李开元：《复活的历史——秦帝国的崩溃》，中华书局 2007 年版，第 49 页。
② 宫崎市定：《九品官人法研究》，韩昇、刘建英译，第 329—330 页。

第二节　汉初对中坚势力的弥补

刘邦建立西汉之后，陆贾向刘邦称说《诗》《书》："高帝骂之曰：'乃公居马上得之，安事《诗》《书》。'贾曰：'马上得之，宁可以马上治乎？且汤武逆取而以顺守之，文武并用，长久之术也。昔者吴王夫差、智伯极武而亡；秦任刑法不变，卒灭赵氏。乡使秦以并天下，行仁义，法先圣，陛下安得而有之？'高帝不怿，有惭色，谓贾曰：'试为我著秦所以失天下，吾所以得之者，及古成败之国。'贾凡著十二篇。每奏一篇，高帝未尝不称善，左右呼万岁，称其书曰《新语》。"① 《新语》的著成，表明汉王朝已经开始吸取秦亡的教训，关注汉王朝长治久安的问题了。然而，汉王朝的长治久安不仅仅是如陆贾所说的"行仁义"那么简单，面对汉初社会中存在的大量秦时期遗留下来的各种复杂的社会势力，汉王朝必须要采取一定的措施。

秦的速亡，使其继承者汉不得不思考如何实现长治久安的问题。汉初统治者的共识就是要轻徭薄赋、与民休息，实行休养生息的措施。同时，在对待残留下来的复杂的社会势力，汉王朝也采取了温和的手段，或者封王，或者封侯，或使其进入汉政权。各种手段的实行，使得汉政权有一个缓和的环境去施行休养生息的措施，以逐渐巩固汉政权。秦帝国庞大躯体的轰然倒塌，使得汉王朝不得不思考依靠谁来实现对全国的有效统治。所以在汉初，汉王朝也对其中坚势力进行了弥补。

一　"共天下"

刘邦起自一介平民，却忽至帝位，一时之间，很难服众。"吕后与审食其谋曰：'诸将故与帝为编户民，北面为臣，心常鞅鞅。'"② 众臣与刘邦曾经同为编户民，而刘邦忽至帝位，想实现皇权专制，一时恐难成真，所以这便有了与他人"共天下"的情况。

---

① 《汉书》卷43《陆贾传》，第2113页。
② 《汉书》卷1下《高帝纪下》，第79页。

刘邦能够夺得天下，并且能够稳定汉初的局面，一个主要的原因是其与天下社会势力之"共天下"。其实，在刘邦还在与项羽争夺天下时，就已经开始和诸侯共天下了。张良最早向刘邦提出"共天下"的理念："楚击汉军，大破之。汉王复入壁，深堑而守。谓张良曰：'诸侯不从，奈何？'良对曰：'楚兵且破，未有分地，其不至固宜。君王能与共天下，可立致也。……今能取睢阳以北至谷城皆以王彭越，从陈以东傅海与齐王信，信家在楚，其意欲复得故邑。能出捐此地以许两人，使各自为战，则楚易败也。'于是汉王发使使韩信、彭越。至，皆引兵来。"① 张良"共天下"理念的提出，解决了如何对待秦亡以后客观存在着的各种复杂的社会势力的问题，消除了有我无他的狭隘思想。这种理念对刘汉政权平稳过渡和西汉王朝此后的统治方式都产生了深远的影响。我们看到，西汉皇帝在实行专制统治的同时，又对士大夫所提出的各种问题不得不有所听从，而不是像始皇那样的专制。这种统治模式源于张良所提出的"共天下"的理念。而"共天下"的实施，也扭转了刘邦在楚汉之争中的被动局面。

在与项羽争夺天下的过程中，刘邦就开始了对诸侯王的分封，实践与异姓诸侯王的共天下。

表1-1　　　　　　　　　　　　异姓诸侯王

姓　名	诸侯名称	封地	起止时间
韩信	齐王	齐地	高祖四年（前203年）十月—十二月
	楚王	楚地，都下邳	高祖四年正月—六年十二月
	淮阴侯	淮阴	高祖六年十二月—高祖十一年正月
臧荼	燕王	燕地	高祖五年二月—七月
张耳	赵王	赵地	高祖四年十一月封为赵王，五年十月薨，张敖嗣立，高祖九年被废为宣平侯

---

① 《汉书》卷1下《高帝纪下》，第49页。

续表

姓 名	诸侯名称	封地	起止时间
韩王信	韩王	王颖川,都阳翟	高祖五年(前202年)
	代王	王太原以北,都晋阳,治马邑	高祖六年正月至九月九月降胡,高祖十一年被杀
英布	淮南王		高祖四年七月至高祖十二年十月(前195年)兵败被杀
彭越	梁王	都定陶	高祖五年正月至高祖十一年三月被吕后族灭
卢绾	燕王	燕地	高祖五年九月至高祖十二年四月高祖崩,卢绾亡入匈奴
吴芮	长沙王	都临湘	高祖五年二月至文帝后元七年(前157年),无子,国除

图1-1 高祖五年异姓诸侯王形势①

---

① 图1-1引自周振鹤、李晓杰、张莉《中国行政区划通史·秦汉卷》,复旦大学出版社2016年版,第125页。

异姓诸侯王的存在，始于高祖四年（前203年）十月，止于高祖十二年（前195年）（除长沙王至文帝后元七年外），在这刘邦建国、稳定政权的八年之中，刘邦与异姓诸侯王是共天下的。

从表1-1和图1-1中可以看出，高祖五年的时候，楚、淮南、长沙、赵、燕、梁、韩等七异姓诸侯王占据着全国大部分的土地，而汉王朝实际控制的地域则仅限于关中、河南、陇西、北地等区域，异姓诸侯王与汉王朝形成了共天下的局面。

对异姓诸侯王的分封，刘邦的目的很明确，就是为了在与项羽的对抗中取得优势。而也正是这种"共天下"，才使得刘邦能够战胜项羽、成就汉帝国，并保证了汉政权在汉初的平稳过渡。待汉政权稳定之后，才逐个歼灭了诸侯，确立了刘汉天下。假若刘邦没有与各路诸侯共天下，诸侯并立，则焉有刘氏天下？

刘邦能够听取张良"共天下"的理念，与异姓诸侯王共存，这与刘邦年轻时的游侠生活不无关系。刘邦从小生活在民间，没有受到先秦贵族、秦王朝专制思想的影响；同时他能和朋友们共患难，这些生活环境，对刘邦"共天下"之理念有重大影响。"共天下"的理念，使得汉王朝能够在一定程度上克服"家天下"的狭隘思想和专制集权的观念，并能够将各种社会势力纳入汉王朝的统治体系之中。

刘邦不仅与异姓诸侯"共天下"，而且是与天下人"共天下"，"与天下同利"。

> 高祖置酒洛阳南宫。高祖曰："列侯诸将无敢隐朕，皆言其情。吾所以有天下者何？项氏之所以失天下者何？"高起、王陵对曰："陛下慢而侮人，项羽仁而爱人。然陛下使人攻城略地，所降下者因以予之，与天下同利也。……"高祖曰："公知其一，未知其二。夫运筹策帷帐之中，决胜于千里之外，吾不如子房。镇国家，抚百姓，给馈饷，不绝粮道，吾不如萧何。连百万之军，战必胜，攻必取，吾不如韩信。此三者，皆人杰也，吾能用之，此吾所以取天下也。项羽有一范增而不能用，此其所以为我擒也。"[1]

---

① 《史记》卷8《高祖本纪》，第380—381页。

刘邦与群臣讨论得天下之原因，刘邦认为他之所以得天下是因为能用萧何、张良、韩信三人，而高起、王陵则认为是因为刘邦能够"与天下同利"。但其实，刘邦之"与天下同利"是更为关键的因素，正是因为与天下人同利，萧何、张良、韩信等人，尤其是韩信才能为刘邦所用。高祖十二年下诏说："吾立为天子，帝有天下，十二年于今矣。与天下之豪士贤大夫共定天下，同安辑之。"① 李开元认为："诏书表明，天下乃是刘邦与刘邦集团的所有成员共同打下来，共同所有的，当然应该共同公平地分配。这就是所谓共同打天下，共同坐天下，共同创业，共同所有之'共天下'的理念。"② 关于"共天下"的理论，李开元已做了详尽的论述，③ 此处不再赘述。

所以，"共天下"的理念、与天下人同利，使得刘邦能利用一切能够利用的社会势力，战胜了项羽，确保了刘氏天下的建立。

二　新贵族的"引入"

刘邦与异姓诸侯王"共天下"建立汉政权之后，如何以及靠什么力量来实现对全国大范围疆域上的有效统治，成为最关键的问题。

秦始皇建立了一个全国统一的帝国，废除了裂土封建制，企图实现在全国大范围疆域上的法制统治，但同时出现了比较大的问题，即贵族势力撤出后，国家政权的统治基础出现了真空，国家根本无法控制先秦遗留下来的各种复杂的社会势力。

西汉从高祖五年开始了对异姓诸侯王的诛杀。随着异姓诸侯王的诛灭，刘邦也开始面临这一问题。徐复观先生认为："一旦凭'皇帝'的政治绝对优越性，以运用其诈术，很快地便把异姓的诸侯王剪灭掉了。每剪灭一处，即形成统治上的虚脱地带。刘邦没有可以信任的异姓之臣，连萧何、樊哙等与他有特深私人关系的人，也几乎不免；而郡县的地方制度，虽然尚在维持，但其守长的统治威望尚未能建立。换言之，朝廷的神经中枢，还没有把它的神经末梢伸入全国，这不能不使刘邦内心有

---

① 《汉书》卷1下《高帝纪下》，第78页。
② 李开元：《汉帝国的建立与刘邦集团——军功受益阶层研究》，第140页。
③ 详见李开元《汉帝国的建立与刘邦集团——军功受益阶层研究》。

由虚脱而来的恐惧。其封同姓时封域之所以特大，并给以与朝廷相同的制度，也是为了填补此种广大的政治虚脱地域而来。"① 而刘邦由虚脱而来的恐惧，正是由于刘氏政权没有可以依赖的社会势力而引起的。在全国空前广大的领土上，充斥着各种复杂的社会势力，"汉承战国余烈，多豪猾之民。其并兼者则陵横邦邑，桀健者则雄张闾里"。② 面对这种情况，刘邦自然会有恐惧感，并不得不思考如何维持其统治，刘邦的方法之一就是新贵族——同姓诸侯王的"引入"。

> 汉兴之初，海内新定，同姓寡少，惩戒亡秦孤立之败，于是剖裂疆土，立二等之爵。功臣侯者百有余邑，尊王子弟，大启九国。自雁门以东，尽辽阳，为燕、代。常山以南，太行左转，度河、济，渐于海，为齐、赵。谷、泗以往，奄有龟、蒙，为梁、楚。东带江、湖，薄会稽，为荆吴。③

表 1-2 对西汉初期所封的同姓诸侯王予以列举：

表 1-2　　　　　　　　　西汉初同姓诸侯王

姓名	身世关系	诸侯国名	封地	起止时间
高 祖 直 系				
刘贾	高帝从父子	荆王	东阳郡、鄣郡、吴郡五十三县	高祖六年（前201年）正月至六年十二月为英布攻杀
刘交	高帝弟	楚王	砀郡、薛郡、郯郡三十六县	高祖六年正月至孝景三年（前154年）
刘喜	高帝兄	代王	云中、雁门、代郡五十三县	高祖六年正月至七年为匈奴所攻，弃国

① 徐复观：《两汉思想史——周秦汉政治社会结构之研究》，第99页。
② 《后汉书》卷77《酷吏列传·序》，第2487页。
③ 《汉书》卷14《诸侯王表》，第393—394页。

姓名	身世关系	诸侯国名	封地	起止时间
刘肥	高帝子	齐王	胶东、胶西、临淄、济北、博阳、城阳郡七十三县	高祖六年正月传至孝文十五年
刘如意	高帝子	赵隐王	赵地	高祖九年四月至孝惠元年
刘恒	高帝子	代王	都中都	高祖十一年至高后八年（前 180 年）为皇帝
刘长	高帝子	淮南王	淮南	高祖十一年传至武帝元狩元年（前 122 年）
刘恢	高帝子	赵共王		高祖十一年封为梁王，高后七年徙赵，同年自杀
刘友	高帝子	赵幽王		高祖十一年封为淮阳王，后徙赵，高后七年自杀。孝文元年（前 179 年），友子遂封，孝景三年，反，诛
刘建	高帝子	燕灵王		高祖十二年至高后七年
刘濞	刘仲之子	吴王	东阳郡、鄣郡、吴郡五十三县	高祖十二年至孝景前三年
刘泽	高帝从祖昆弟	燕敬王		高后七年为琅琊王，孝文元年徙燕，武帝元朔二年（前 127 年），国除。

续表

姓名	身世关系	诸侯国名	封地	起止时间
刘章	刘肥子，高帝孙	城阳王	城阳郡	孝文前二年至王莽篡汉
刘兴居	刘肥子，高帝孙	济北王	济北郡	孝文前二年至文帝三年
刘将闾	刘肥子，高帝孙（分齐为六国）	齐王	齐地	孝文十六年至武帝元朔二年
刘志	刘肥子，高帝孙	菑川王	菑川	孝文前十六年为济北王，孝景四年徙菑川，至王莽篡位后废
刘辟光	刘肥子，高帝孙	济南王	济南	孝文前十六年至孝景三年反，被诛
刘贤	刘肥子，高帝孙	菑川王	菑川	孝文前十六年至孝景三年反，被诛
刘卬	刘肥子，高帝孙	胶西王	胶西	孝文前十六年至孝景三年反，被诛
刘熊渠	刘肥子，高帝孙	胶东王	胶东	孝文前十六年至孝景三年反，被诛
刘赐	刘长子，高帝孙	衡山王	衡山	孝文前十六年至武帝元狩元年（前122）
刘勃	刘长子，高帝孙	济北王	济北	孝文前十六年至后元二年，勃孙宽自杀
刘辟	刘友子，高帝孙	河间文王	河间	孝文二年至孝文十五年

姓名	身世关系	诸侯国名	封地	起止时间
		孝 文 直 系		
刘揖	文帝子	梁怀王		孝文二年至孝文十一年
刘武	文帝子	梁孝王		孝文二年立为代王，后徙为梁王至玄孙之曾孙刘音，王莽篡汉后废
刘明	梁孝王子，文帝孙（分梁为五国）	济川王	陈留、东郡之间	孝景中六年（前144年）至建元三年
刘彭离	梁孝王子，文帝孙	济东王	济东（后之东平国）	孝景中元六年至武帝元鼎元年
刘定	梁孝王子，文帝孙	山阳王	山阳郡	孝景中元六年至武帝建元五年（前136年）
刘不识	梁孝王子，文帝孙	济阴王	济阴	孝景中元六年至景帝后元元年（前143年）
刘参	文帝子	代孝王		孝文二年立，武帝元光三年（前132年）刘义嗣，徙为清河王，其后至王莽篡汉后废
		孝 景 直 系		
刘德	景帝子	河间献王	都乐城	孝景二年至元帝建昭元年（前38年）
刘阏	景帝子	临江哀王	都江陵	孝景二年至孝景四年
刘余	景帝子	鲁共王		孝景二年立为淮阳王，二年，徙鲁至公元前五年

续表

姓名	身世关系	诸侯国名	封地	起止时间
刘非	景帝子	江都易王	江都	孝景二年至王莽篡汉
刘彭祖	景帝子	赵敬肃王		孝景二年至王莽篡汉
刘发	景帝子	长沙定王	长沙	孝景二年至王莽篡汉
刘端	景帝子	胶西于王	胶西	孝景三年至成帝绥和元年（前8年）
刘胜	景帝子	中山靖王	中山	孝景三年至王莽篡汉
刘越	景帝子	广川惠王	都信都	孝景中二年至王莽篡汉
刘寄	景帝子	胶东康王	胶东，都即墨	孝景中二年至王莽篡汉
刘庆	康王子，景帝孙	六安王	衡山国故地	武帝元狩三年至王莽篡汉
刘乘	景帝子	清河哀王	清河郡	孝景中三年至武帝建元五年（前136年）
刘舜	景帝子	常山献王	常山国	孝景中五年至武帝元鼎三年
刘平	常山献王子，景帝孙	真定王	真定	武帝元鼎三年至王莽篡汉
刘商	常山献王子，景帝孙	泗水王	泗水	武帝元鼎三年至王莽篡汉

伴随着对异姓诸侯王诛杀的是对同姓诸侯王的分封，使刘氏宗亲由普通编户民摇身一变成为新贵族。高祖六年（前201年）封刘贾为荆王、刘交为楚王、刘喜为代王、刘肥为齐王。"刘邦之分封同姓王，为的是确立新兴的刘氏家族的世袭王权，因此之故，笔者将因血缘分封的同姓诸

侯王政权，称为新贵族王政。"① 至刘邦死，西汉存在同姓九王，再加上长沙王，共计十王。这十王是以新贵族的身份来藩卫新生的西汉政权的，新贵族代替了六国旧贵对六国旧地的统治，以为西汉王朝完全实现对全国的统治争取时间。

新贵族的引进，确保了汉政权的稳定过渡。而这种对新贵族的引进，不得不说是因为汉政权鉴于秦"子弟为匹夫，内无骨肉根本之辅，外无尺土藩翼之卫"② 的前车之鉴，而对其中坚势力的弥补。就如司马迁所说："以海内初定，子弟少，激秦之无尺土封，故大封同姓，以填万民之心。"③

新贵族对刘氏政权稳定的重要性，刘邦在分封之初已经充分认识到了。刘邦在封刘濞为吴王的同时，感叹道："汉后五十年东南有乱，岂若邪？"可见刘邦在分封之时已经预测到了刘濞会反叛，那么为什么刘邦还要冒险将刘濞分封为吴王呢？这是因为，刘邦"患吴、会稽轻悍，无壮王以填之，诸子少，乃立濞于沛为吴王"④，为了控制吴、会稽，刘邦别无选择。在刘邦看来，引进新贵族以控制地方、巩固新生的政权要比将来诸侯王是否反叛更为重要，巩固新生政权是当前最紧迫的问题，以致刘邦不再顾忌立刘濞为王存在的隐患。刘邦分封刘濞也是无奈之举，为了"填万民"不得已而为之。

诸侯王对西汉政权的维护作用，在吕后死后，得到了很好的印证。吕禄、吕产准备谋反，首先起兵反对的，是齐王刘肥的两个儿子，正是齐王刘襄的发兵西向、刘章诛杀吕产，这才有了对吕氏的迅速诛灭。班固论曰："虽然，高祖创业，日不暇给，孝惠享国又浅，高后女主摄位，而海内晏如，亡狂狡之忧，卒折诸吕之难，成太宗之业者，亦赖之于诸侯也。"⑤ 可见在距六国争霸不远的历史环境中，分封诸侯王这种主动的将贵族引进汉代社会作为中坚势力的做法，对汉政权的稳定起到了积极的作用。而宋昌在劝文帝即帝位时就说：

---

① 李开元：《汉帝国的建立与刘邦集团——军功受益阶层研究》，第91页。
② 《汉书》卷14《诸侯王表》，第393页。
③ 《史记》卷52《齐悼惠王世家》，第2012页。
④ 《史记》卷106《吴王濞列传》，第2821页。
⑤ 《汉书》卷14《诸侯王表》，第394页。

"高帝王子弟，地犬牙相制，所谓盘石之宗也。"① 可见汉初新贵族的引进，至文帝继位时，已经形成了犬牙相制的局面，成为汉政权的磐石之基。

诸侯王的犬牙盘踞，从图1-2上可以明确看出。文帝时期诸侯王犬牙盘踞在汉王朝的大部分土地上。所以作为新贵族的诸侯王是保证汉初政权稳定和政权更迭的重要力量，可以说，汉初的诸侯王构成了汉政权的中坚力量。

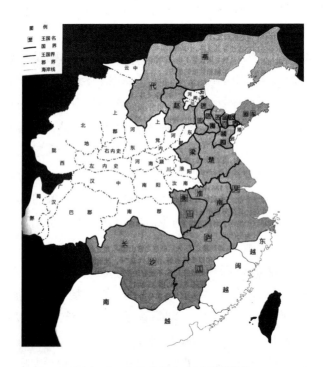

图1-2　文帝末年十七王国形势②

陈苏镇认为："郡国并行的本质可能是东西异制，主要意义则是允许东方王国在一些方面和一定程度上从俗而治。如果是这样，郡国并行便是汉初特有的东方政策，是汉初统治者在承秦立汉过程中为避

① 《汉书》卷4《文帝纪》，第106页。
② 引自周振鹤、李晓杰、张莉《中国行政区划通史·秦汉卷》，第149页。

免重蹈覆辙而采取的一种对策。"① 这种对策是汉政权能够融合东方社会势力采取的缓冲的办法，利用诸侯王国以加强汉政权对全国地方的控制。

　　其实汉初同姓诸侯王与汉皇帝也是共天下的。秦进才认为，诸侯王在官制上与皇帝"等齐"、分封疆域辽阔、财政经济独立、有自己纪年和军队，这样，就形成了汉初皇帝与诸侯王共天下的局面。"汉初诸侯王的确是名副其实的'人君'。"② 此间诸侯王的变迁过程，李开元《汉帝国的建立与刘邦集团——军功受益阶层研究》中有详细的论述，笔者不再赘述。需要说明的是，笔者之所以要罗列西汉初期的诸侯王，只是要说明在西汉政权的过渡中，汉政权引进的盘踞在全国各地的新贵族——诸侯王，在与汉王朝共天下的同时，也构成了汉政权能够平稳过渡的主要依靠力量，成为汉政权的中坚势力。

　　经过汉初一段时间的休养生息，社会逐渐恢复生产，汉政权也逐渐稳固，并且随着汉政权对社会势力特别是对东方各种社会势力的融合，诸侯王存在的必要性就逐渐减弱了。

　　所以，当汉政权逐渐取得巩固，且诸侯王也日益骄恣之时，汉政权就开始了对诸侯王的歼灭。"文帝采贾生之议分齐、赵，景帝用晁错之计削吴、楚。武帝施主父之册，下推恩之令，使诸侯王得分户邑以封子弟，不行黜陟，而藩国自析。自此以来，齐分为七，赵分为六，梁分为五，淮南分为三。皇子始立者，大国不过十余城。长沙、燕、代虽有旧名，皆亡南北边矣。景遭七国之难，抑损诸侯，减黜其官。武有衡山、淮南之谋，作左官之律，设附益之法，诸侯惟得衣食税租，不与政事。"③ "自吴楚诛后，稍夺诸侯权，左官附益阿党之法设。其后诸侯唯得衣食租税，贫者或乘牛车。"④

　　李开元认为："经过中元年间的这次改革，汉朝政府不再主要依靠以亲制疏的办法，而是在诸侯王国领土缩小的基础上，进一步将王国之官制缩

---

① 陈苏镇：《〈春秋〉与"汉道"——两汉政治与政治文化研究》，第66页。
② 秦进才：《汉初与皇帝"共天下"的诸侯王》，《历史教学》2004年第4期。
③ 《汉书》卷14《诸侯王表》，第395页。
④ 《汉书》卷38《高五王传·燕灵王刘建传》，第2002页。

小，剥夺了诸侯王之任吏和治国权，从此以后，诸侯王国不再作为独立之王国存在，其职能已经完全相当于汉之郡。"① 在这种诸侯王国郡县化的过程中，中央对全国的控制力量也逐渐强化了，汉王朝的统治逐渐稳固。

汉初诸侯王的分封，并不是对周王朝的简单模仿，而仅仅是一个过渡措施。高祖六年所封的几个大国如荆、楚、齐、代，在武帝元光四年（前131年）之前基本就都灭国了，而不是诸侯王和汉王朝并行发展。可以说，到武帝时期，大的同姓诸侯王已经完成了维护汉王朝平稳过渡的任务。至西汉后期，诸侯王与富室同："至于哀、平之际，皆继体苗裔，亲属疏远，生于帷墙之中，不为士民所尊，势与富室亡异。"②

西汉大分封以历史发展的眼光来看，是一种历史的倒退，并且这种倒退很快让汉王朝尝到了苦果——七国之乱。虽然汉初的大分封遗留了严重的后患，但大分封也是汉王朝在建国之初的无奈之举，并取得了良好的效果——稳固新生的汉政权。王国制度最大的意义就在于给汉政权确立统治基础赢得了时间，避免了政权在尚未稳定时期倾覆。严耕望先生认为："然事势所迫，固颇行建王困敌之策，卒收一统之效。"③"（汉）恢复秦代所已扬弃之封建制度者，亦事势所迫，不得不尔，非汉室特意一反秦代郡县单轨行政制度，恢复郡县王国双轨并行之制也。……又鉴于周室虽乱而持久，秦室孤单而速亡，故芟除异姓即以同姓王代其地，藉资藩辅。"④ 我们也可以这样认为，西汉王朝的分封是为了巩固在全国范围内的统治，为了弥补其中坚势力的缺失，而重新引进了贵族势力。

在一个新兴王朝、一个空前规模的国家建立之初，面对复杂的社会环境，很难实现在全国广大土地上的有效统治。西汉建立初期，要预防六国贵族和其他反对势力可能的颠覆，要实现对全国稳定的统治，汉王朝不得不进行大分封，将刘汉王朝的触角伸向每个区域，以避免秦朝速亡的再次发生。所以从这方面来说，汉初分封是具有积极的历史意义的。

---

① 李开元：《汉帝国的建立与刘邦集团——军功受益阶层研究》，第103页。

② 《汉书》卷14《诸侯王表第二》，第396页。

③ 严耕望：《中国地方行政制度史·秦汉地方行政制度》，"中研院"历史语言研究所1990年版，第11页。

④ 严耕望：《中国地方行政制度史·秦汉地方行政制度》，第14页。

在"引入"新贵族充当汉政权的中坚势力的同时，西汉政权在建国过程中也吸收了另外一些社会势力进入其政权体系。

三　社会势力个别地进入汉政权

秦汉之际是中国历史上的一大变革时代，刘邦平民政权的建立，使得各种在先秦世卿世禄制压制下的社会势力获得了充分的发展空间。赵翼认为："盖秦、汉间为天地一大变局。自古皆封建诸侯，各君其国，卿大夫亦世其官，成例相沿，视为固然。……而数千年世侯、世卿之局，一时亦难遽变，于是先从在下者起。"[①] 随着刘邦战胜项羽，成功地由平民登为天子，各种下层的社会势力也纷纷进入汉统治阶层之中。陈苏镇在《〈春秋〉与"汉道"：两汉政治与政治文化研究》一书中写到刘邦再建帝业时认为，刘邦"据秦之地""用秦之人""承秦之制"[②]，才能据关中而建帝业。但他没有提到刘邦能够建立帝业的另外一个重要因素，那就是对各种社会势力的利用。刘邦利用各种社会势力，如秦吏御史张苍、待诏博士叔孙通、主吏掾萧何、狱掾曹参、狱吏任敖、卒史周苛、材官申屠嘉，平民陈平、王陵、陆贾、郦商、郦食其、夏侯婴，更有甚者，樊哙为屠夫、周勃为吹箫给丧事者、灌婴为贩缯者，娄敬为戍卒，等等。可见汉初，各种下层的社会势力通过功臣的身份纷纷进入汉政权的统治层，摇身一变，从社会最底层走向了统治最高层。这其中不仅仅是秦汉时期战争的一时际会问题，也是秦汉时期社会势力发展演变的问题，即通过战国时期的社会演变，至秦汉之际，社会势力已经获得了充分的发展，这才有了刘邦的称帝和各种下层社会势力进入汉政权成为统治阶层的结果。

高祖封功臣，侯者 143 人[③]，西汉政权由功臣集团主政。功臣集团构成复杂，代表各种社会势力进入了汉政权。先看表 1–3。

---

① 赵翼著，王树民校证：《廿二史札记校证》，中华书局 1984 年版，第 36 页。

② 陈苏镇：《〈春秋〉与"汉道"：两汉政治与政治文化研究》，中华书局 2011 年版，第 38—66 页。

③ 《汉书》卷 16《高惠高后文功臣表》，第 527 页。

表1-3　　　　　　　　刘邦功臣集团构成人员社会出身统计

序号	姓名	秦吏	士	平民	诸侯旧贵	其他	延续情况	备注
1	曹参	●					侯传至六世，征和二年完为城旦，哀帝时绍封	狱掾，为县豪吏
2	萧何	●					侯传至王莽败乃绝	沛主吏掾
3	靳歙					●	侯传至孝文后三年，国除，元康四年复家	以中涓从
4	夏侯婴	●					侯传至元鼎二年，元康四年复家	沛厩司御
5	王吸					●	绍封至宣帝时期，元康四年复家	以中涓从
6	傅宽				●		孝景四年，曾孙坐与淮南王谋反，诛。元康四年复家	以魏五大夫骑将从，为舍人
7	召欧					●	侯传至孝文七年，元康四年复家	以中涓从
8	薛欧					●	侯传至元封元年，元康四年复家	以舍人从
9	陈濞					●	侯传至孝景后元年，元康四年复家	以舍人从
10	陈婴	●					侯传至元鼎元年，元康四年复家	故东阳令史
11	陈平			●			侯传至元光五年，元康四年复家	少时家贫，好读书，有田三十亩
12	张良				●		侯传至孝文五年，元康四年复家	其先韩人也

续表

序号	姓名	秦吏	士	平民	诸侯旧贵	其他	延续情况	备注
13	刘缠				●		侯至孝惠三年	楚左令尹，本姓项
14	周勃			●			侯传至元鼎五年，元康四年复家，元始二年绍封	以织薄曲为生，常为人吹箫给丧事
15	樊哙			●			侯传至孝景中六年，元康四年复家	以屠狗为事
16	郦商			●			武帝时坐巫蛊国除，元康四年复家	陈胜起，商聚少年得数千人
17	灌婴			●			侯传至元朔五年，元康四年复家	贩缯者
18	周昌	●					侯传至建元元年，元康四年复家	泗水卒史
19	武虎①					●	元鼎五年失侯，元康四年复家	以谒者从击破秦
20	董渫					●	元狩三年失侯，元康四年复家	以舍人从
21	孔聚					●	元朔三年失侯，元康四年复家	以执盾从起砀
22	陈贺					●	侯传至景帝后元二年，元康四年复家	以舍人从
23	陈豨				●		封十年，反，十二年，诛	以特将从起宛朐②

---

① 《史记》卷18《高祖功臣侯者年表》作"武儒"，第897页。

② 宛朐在今山东菏泽，陈豨当为齐将。

续表

序号	姓名	秦吏	士	平民	诸侯旧贵	其他	延续情况	备注
24	周灶					●	孝景中元年失侯，元康四年复家	以卒从起砀
25	丁复①				●		孝景二年失侯，元康四年复家	以越将从起薛
26	吕青②				●		元鼎五年坐酎金免，元康四年复家	以令尹初从
27	郭蒙					●	孝景六年失侯，元康四年复家	以户卫起薛，入汉，为城将
28	雍齿				●		元鼎五年坐酎金免	以赵将从定诸侯侯
29	陈武				●		侯传至孝文后元年，元康四年复家	魏将
30	朱轸					●	侯传至孝景中元年，元康四年复家	以舍人从起沛
31	严不职③					●	元鼎二年失侯，元康四年复家	以舍人从起沛
32	傅胡害				●		元鼎元年失侯，元康四年复家	以越户将从破秦
33	摇母余				●		孝景中六年失侯，元康四年复家	以越队将从破秦

① 丁复，越人。《汉书》卷25下《郊祀志》颜师古注引应劭曰："丁夫人，其先丁复，本越人，封阳都侯。夫人其后，以诅军为功。"（第1246页）

② 《史记》卷7《项羽本纪》："楚兵已破于定陶，怀王恐，从盱台之彭城，并项羽、吕臣军自将之。以吕臣为司徒，以其父吕青为令尹。"《集解》引应劭曰："天子曰师尹，诸侯曰令尹，时去六国尚近，故置令尹。"瓒曰："诸侯之卿，唯楚称令尹。时立楚之后，故置官司皆如楚旧。"（第304页）是吕青以楚之令尹初从刘邦明矣。

③ 《史记》作"庄不识"。汉明帝名庄，因避讳，庄姓改为严姓，所以就有了《汉书》中的严不职，但不知名字为何有变？

续表

序号	姓名	秦吏	士	平民	诸侯旧贵	其他	延续情况	备注
34	宣虎				●		孝景中元年失侯，元康四年复家	以河南将军降晋阳
35	蔡寅				●		孝景元年失侯，元康四年复家	以魏太仆从破龙且及彭城
36	虫达			●			元鼎二年失侯，元康四年复家	以曲城户将卒三十七人初从起砀
37	陈涓					● 卒	孝文三年失侯，元康四年复家	以卒从项氏，后归为大将军
38	韩信			●			高祖十一年被诛	始为布衣时，贫无行；以卒从项梁
39	彨跖					● 门尉	元朔六年失侯	以门尉起砀
40	阎泽赤					●	元鼎五年坐酎金免，元康四年复家	以执盾从入汉
41	戎赐				●		孝景后元年失侯，元康四年复家	以连敖从入汉
42	周止					●	孝景三年失侯，元康四年复家	以舍人从起沛
43	缯贺	●					元光二年失侯，元康四年复家	以执盾从晋阳
44	工师喜					●	孝景中五年失侯	以舍人从破秦
45	奚涓					●	侯十九年	以舍人从起沛
46	尹恢					●	高后三年夺爵为关内侯，元康四年复家	以谒者从入汉

续表

序号	姓名	秦吏	士	平民	诸侯旧贵	其他	延续情况	备注
47	张越				●		高后三年失侯	以骑都尉从击燕、代
48	棘丘侯襄					●	高后元年免	以执盾从起砀
49	郭亭					●	元鼎五年坐酎金免，元康四年复家	以连敖从入汉
50	单究					●	元朔三年失侯	以舍人从入汉
51	丙猜					●	建元三年失侯，元康四年复家	以客从入汉
52	丁义					●	建元六年失侯，元康四年复家	以卒从入汉
53	华毋害					●	孝景四年失侯，元康四年复家	以越将从入汉
54	刘到	●					孝文十六年免，元康四年复家	以舍人从起砀①
55	唐厉					●	元鼎三年免，元康四年复家	以舍人从入汉
56	戴野					●	孝景三年失侯，元康四年复家	以舍人从起砀
57	王陵					● 县豪	元鼎五年坐酎金免，元康四年复家	始为县豪，高祖微时兄事陵
58	丁礼					●	元鼎四年失侯，元康四年复家	以中涓从起砀

----

① 李开元以为"齐将，田氏"。未知何故。

续表

序号	姓名	秦吏	士	平民	诸侯旧贵	其他	延续情况	备注
59	审食其					●	孝景二年失侯	以舍人从侍吕后、孝惠
60	周绁					●	元鼎三年失侯，元康四年复家	以舍人从高祖起沛
61	鄂秋					●	元狩元年失侯，元康四年复家	以谒者从
62	张苍	●					建元五年免，元康四年复家	秦时为御史
63	陈夫乞					●	孝文五年程嗣，薨，亡后	以卒从击项籍
64	爱类				●		孝文六年失侯，元康四年复家	以慎将元年从起留，入汉，以都尉守广武
65	刘它				●		元鼎五年坐酎金免，元康四年复家	诸项氏枝属①
66	陈胥					●	元狩二年免，元康四年复家	以卒从入汉
67	其石	●					征和三年失侯，元康四年复家	以中谒者从入汉，以郎中骑从定诸侯
68	许盎					●	元鼎二年失侯，元康四年复家	以骈邻从起昌邑
69	吕马童	●					元鼎五年坐酎金免，元康四年复家	以郎骑将从

① 见《史记》卷7《项羽本纪》。

续表

序号	姓名	秦吏	士	平民	诸侯旧贵	其他	延续情况	备注
70	杨喜①	●					元光二年免，元康四年复家	以郎中骑从
71	华寄					●	元朔二年免，元康四年复家	以舍人从起薛
72	杜得臣					●	元朔五年亡后	以卒从入汉
73	王翳	●					元狩五年免，元康四年复家	以中郎骑汉王二年从起下邳
74	吕腾②					●	孝文五年无后，元康四年复家	以骑士汉三年从出关
75	林挚					●	孝文五年失侯，元康四年复家	以客从起亢父
76	赵将夕				●		元朔五年失侯，元康四年复家	以赵将降属淮阴侯
77	温疥				●		侯至孝景四年，元康四年复家	以燕将军从破曹咎
78	程黑				●		孝景中元年免，元康四年复家	以赵卫将军汉王三年从
79	卫胠				●		孝景时期免，元康四年复家	汉七年以梁将军从
80	陈锴					●	元鼎五年坐酎金免，元康四年复家	高帝七年从击代

---

① 李开元在其《后期刘邦集团主要成员籍贯表》备注中也认为杨喜是"秦吏士"，见《汉帝国的建立与刘邦集团——军功受益阶层研究》，第165页。王竞、王翳、吕马童、杨喜等人是以秦吏的身份在汉二年刘邦组建骑兵时跟随刘邦的。

② 秦吏抑或汉兵？暂存疑。

续表

序号	姓名	秦吏	士	平民	诸侯旧贵	其他	延续情况	备注
81	许瘛				●		孝景中二年免，元康四年复家	以赵将从击定诸侯
82	陈遬					●	孝景四年失侯，元康四年复家	以舍人从起丰
83	室中同	●				弩将	元鼎五年坐酎金免，元康四年复家	以弩将初起，从入汉，以都尉击项羽
84	留肹					●	孝文五年免，元康四年复家	以客吏初起，从入汉，以都尉击项籍
85	秦同					●	孝景后元年免，元康四年复家	以卒从入汉
86	杨武	●					孝景后三年免，元康四年复家	以郎中骑将汉元年从起下邳
87	魏遬					●	孝文后四年免，元康四年复家	以舍人从砀
88	旅卿				●		孝景三年失侯，元康四年复家	以齐将从韩信定齐
89	旅罢师				●		孝文后四年，元康四年复家	以齐将从击项羽
90	冯解散						元鼎五年坐酎金免	以代大与①汉王三年降
91	张说				●		元鼎四年失侯，元康四年复家	以卒初属魏豹

---

① 《汉书》卷16《高惠高后文功臣表》师古注："大与，主爵禄之官。"（第592页）

续表

序号	姓名	秦吏	士	平民	诸侯旧贵	其他	延续情况	备注
92	纪通					●	侯至元封元年，元康四年复家	父纪成以将军从破秦
93	陈署					●	孝文后元年，免	以卒从霸上
94	张瞻师				●		元狩元年曾孙安国为人所杀。元康四年复家	以赵骑将从击诸侯
95	须无					●	元鼎五年坐酎金免，元康四年复家	
96	周成					●	元狩四年免，元康四年复家	父苛以内史从破秦
97	邓弱				●			以长沙将兵侯
98	吴郢				●		侯至高后七年	以长沙柱国侯
99	张敖					●游士	太初二年免，元康四年复家	其父张耳为游士
100	张相如					●	侯至建元元年，元康四年复家	高祖六年为中大夫，以河间守击陈豨
101	乐说					●舍人	元狩五年失侯，元康四年复家	为淮阴侯舍人，告淮阴侯信反
102	陶舍					●	元狩五年免，元康四年复家	以右司马汉王五年初从。《史记集解》以为陶舍本项氏亲。
103	公孙昔					●	孝文十四年失侯，元康四年复家	以卒汉王五年初从
104	孙赤					●	孝景中六年免，元康四年复家	以中涓从起沛

续表

序号	姓名	秦吏	士	平民	诸侯旧贵	其他	延续情况	备注
105	杜恬	●					元封三年免	汉王二年以御史从出关①
106	赵尧					●	高后元年免	以汉五年为御史，代周昌为御史大夫，从击陈豨
107	刘泽			●			高后七年为琅琊王	高祖从祖昆弟也
108	宣义					●	元朔二年免，元康四年复家	高祖六年为中地守，以廷尉击陈豨
109	任敖	●					元鼎二年免，元康四年复家	少为狱吏
110	赵衍					●	孝景五年免，元康四年复家	以谒者从
111	戚鳃					●	元鼎五年坐酎金免，元康四年复家	初从为郎
112	公上不害					●	元光五年失侯，元康四年复家	早年随吴芮，后归汉
113	吕臣					●	侯至建元五年，元康四年复家	以舍人从入汉
114	靳强					●	太始四年免，元康四年复家	以郎中骑千人前二年从起阳夏
115	秘彭祖					●	武帝后元元年免，元康四年复家	以卒从起沛

---

　　① 李开元也疑杜恬是秦之御史，见《汉帝国的建立与刘邦集团——军功受益阶层研究》，第 167 页。

续表

序号	姓名	秦吏	士	平民	诸侯旧贵	其他	延续情况	备注
116	翟盱				●		元朔元年免，元康四年复家	以汉王二年为燕令，以都尉下楚九城，坚守燕
117	昭涉掉尾				●		元狩五年免，元康四年复家	汉王四年，以燕相从击籍
118	单右车					●	元鼎五年坐酎金免，元康四年复家	以卒从沛
119	黄极忠				●		侯至元鼎元年，元康四年复家	以群盗长为临江将
120	周聚					●	孝景元年夺爵一级，元康四年复家	以卒从起丰
121	灵常				●		侯至孝文前十三年，元康四年复家	以荆令尹汉王五年初从
122	泠耳					●	侯至孝景三年	以客从起沛
123	王虞人	●					孝景三年失侯	以骑司马从
124	贲赫				●		侯至孝文十四年	淮南王英布中大夫
125	季必①	●					元狩五年失侯，元康四年复家	以都尉汉二年初起栎阳

---

① 关于季必，《史记》载"以都尉汉二年初起栎阳"，而《汉书》载："以骑都尉汉二年初起栎阳"，两书的记载存在都尉与骑都尉的差别。但又据《汉书·百官公卿表》记载："郡尉，秦官，掌佐守典武职甲卒，秩比二千石。有丞，秩皆六百石。景帝中二年更名都尉。"（第742页）可见汉都尉的出现是在景帝中二年之后，但在高祖二年两史中俱载为都尉，不知缘何？又《史记·秦本纪》载："二十三年，尉斯离与三晋、燕伐齐，破之济西。"《索隐》："尉，秦官。斯离，其姓名。"《正义》："尉，都尉。"（第212—215页）《史记·项羽本纪》载："项羽乃召英布、蒲将军计曰：'秦吏卒尚众，其心不服，至关中不听，事必危，不如击杀之，而独与章邯、长史欣、都尉翳入秦。'"（第310页）是斯离、董翳皆为秦之都尉。综上，笔者以为高祖二年之都尉者，非汉之都尉，而是秦之都尉。以此，笔者疑以为高祖二年之时，季必以秦之都尉从刘邦。

续表

序号	姓名	秦吏	士	平民	诸侯旧贵	其他	延续情况	备注
126	冯溪					●	建元四年侯偃嗣，元康四年复家	以卒从击项籍
127	许猜				●		元鼎五年坐酎金免，元康四年复家	以楚将降
128	奚意				●		建元元年失侯，元康四年复家	以魏郎从属彭越
129	刘襄				●		元鼎五年坐酎金免，元康四年复家	诸项氏枝属①
130	郦疥		●				元狩元年免，元康四年复家	其父郦食其好读书，家贫落魄，无衣食业
131	陈仓					●	孝景三年失侯，元康四年复家	以中涓从起丰
132	王竞	●					孝景十年免，元康四年复家	以车司马汉元年初从起高陵
133	毛释之					●	孝景中六年免，元康四年复家	以中涓从起丰
134	革朱				●		孝景中四年免，元康四年复家	以越连敖从击诸侯
135	朱濞					●	侯至孝文七年，元康四年复家	以卒从起丰

① 见《史记》卷7《项羽本纪》，第338页。

续表

序号	姓名	秦吏	士	平民	诸侯旧贵	其他	延续情况	备注
136	张平					●	孝文四年免,元康四年复家	以中尉从
137	高色					●	孝文后三年免,元康四年复家	以客从入汉

注: 表 1-3 根据《史记·高祖功臣侯者年表》《汉书·高惠高后文功臣表》制定,并参考了《文献通考·封建考》。"其他"一栏为史籍中没有明确记载其出身情况者。

在表 1-3 所载高祖封侯的功臣 137 人中,可明确身份者总共有 68 人,其中秦吏为 18 人,游士 1 人,士人 1 人,县豪 1 人(王陵),平民 8 人,诸侯旧贵 39 人。

秦吏在秦亡后大量进入汉政权。功臣中可大致确定为秦吏的有 18 人,占总数的 13%。秦吏不仅熟悉各种律令,而且,秦亡后散布于社会的各种秦吏也是一支不可忽视的社会力量。"从数量上看,在楚汉战争中,旧秦国籍士卒,已经构成了汉军的主要部分。"①

功臣集团中诸侯旧贵 39 人,大约占总数的 28%,可见诸侯旧贵进入新政权者较多。这就说明秦汉之际诸侯旧贵势力的强大,同时也印证了前文所论秦没有安置各种社会势力尤其是诸侯旧贵以致亡国。诸侯旧贵大量进入汉政权,说明刘汉王朝在这一点上是比秦明智的。将比较强大的社会势力——诸侯旧贵纳入汉政权,保证了西汉建立初期政权的稳定。

可明确其平民身份的有 8 人。

其他不明确出身的 69 人中,以中涓、客、卒、舍人从者,共 44 人,其中以中涓从起者 7 人,以舍人从起者 19 人,以卒从起者 14 人,以客从者 4 人。笔者以为这些以中涓、舍人、客、卒从高祖者,是六国旧贵的可能性较小,所以可以列入平民。先看中涓,《汉书·曹参传》颜师古注

---

① 李开元:《汉帝国的建立与刘邦集团——军功受益阶层研究》,第 171 页。

曰："涓，絜也，言其在内主知絜清洒扫之事，盖亲近左右也。"① 即为清扫宫室之人，可见其身份较为低下。"灌婴，睢阳贩缯者也。高祖为沛公，略地至雍丘，章邯杀项梁，而沛公还军于砀，婴以中涓从。"② 灌婴为贩缯者，以中涓从高祖。疑以中涓从高祖者，多为平民。再看舍人，《史记集解》引文颖曰："主厩内小吏官名。或云侍从宾客谓之舍人也。"③ 即侍者，身份自然也较低下。再看卒，在《汉书·高惠高后文功臣表》中称韩信"初以卒从项梁"④，而在《史记·淮阴侯列传》中记载："始为布衣时，贫无行"⑤，可见虽然在《高惠高后文功臣表》中说是以卒从项梁，但其实韩信的出身却是平民。西嶋定生甚至认为这些人的身份是奴隶："中涓、舍人、卒皆相当于家内奴隶，他们和集团首领刘邦之间，以一种父家长性的家内奴隶制方式相结合，组成了初期刘邦集团。"⑥ 笔者对此观点不做评判，但至少可以说明中涓、舍人、卒的地位是比较低下的。所以，将"以卒从""以中涓从""以舍人从"者列为平民出身，应该是问题不大的。

这样，平民出身的功臣总共有 52 人，大约占总数的 40%。大量平民身份的社会势力进入汉政权，使秦汉之际曾经游离于秦政权之外的社会下层人员，摇身一变，成为统治阶层中的一员，从而实现了秦汉之际社会势力的升降变迁。这一变迁，完全摆脱了先秦的贵族制度和秦的集权专制制度，找到了适合中国古代自身发展的统治模式，即下层社会势力向统治阶层的不断渗透，这种源源不断的渗透，是保证中国古代帝国长期延续的重要原因。当一个政权逐渐腐败并遭到下层社会不满的时候，就会出现下层社会的反抗，新建立的政权就会有很多下层社会势力进入，成为统治阶层；新建立的政权在统治过程中，还会有一定的政策、机制保证下层社会势力源源不断渗透到政权之中。正是这种下层社会势力对

---

① 《汉书》卷 39《曹参传》，第 2013 页。

② 《汉书》卷 41《灌婴传》，第 2080 页。

③ 《史记》卷 6《秦始皇本纪》，第 224 页。

④ 《汉书》卷 16《高惠高后文功臣表》，第 561 页。

⑤ 《史记》卷 92《淮阴侯列传》，第 2609 页。

⑥ 西嶋定生：《中国古代帝国形成考察之一——汉高祖与其功臣集团》，转引自李开元《汉帝国的建立与刘邦集团——军功受益阶层研究》，第 3 页。

统治政权的不断渗透机能，确保了统治阶层不会长久固定在某一些人中，确保了社会势力的不断升降变迁，这才有了中国古代帝国长期的延续。

士（知识分子）也进入汉政权。杨宽认为，"士"原是贵族的最低阶层，有一定数量的"食田"，受过"六艺"的教育，能文能武，战时可充当下级军官，平时可做卿大夫的家臣。到春秋后期，上层贵族已腐朽无能，只有士还能保持有传统的六艺知识。到春秋、战国之际，由于经济和政治的变革，文化学术相应地发生变革，得到进一步的发展，士就大为活跃起来。同时各国政府纷纷谋求改革，推行官僚制度，士的需要急增，于是平民中涌现出一批新的"士"，"士"逐渐成为知识分子的通称。① 在秦汉之际，士也是一种重要的社会势力。鉴于秦亡，汉政权建立之后已经开始注意将士人纳入汉政权，阎步克就说："朝廷再次设立了博士，诏令每下则付之讨论。知识分子，亦以不同方式进入汉政权。"② 虽然在功臣侯中可以划归士的只有 1 人，但在实际上还有很多士人进入了汉政权。如陆贾，以客从高祖定天下，为汉太中大夫，在高祖面前称颂《诗》《书》，并著《新语》，奠定了汉治理国家的基本方向。叔孙通，薛人，秦时为待诏博士，汉建立后为定朝仪，刘邦感叹道："吾乃今日知为皇帝之贵也。"③ 拜为奉常，后为太子太傅。刘邦在拜叔孙通为奉常的同时，还将叔孙通弟子全部封为郎，而叔孙通投汉，跟随的儒生弟子达百余人；后来汉王朝又征召鲁儒三十余人。这些儒生都进入了汉政权。可见汉初已经有不少的儒生进入汉统治机构，"高祖时之博士有叔孙通、随何，惠帝时有孔襄，文帝时博士有公孙臣、贾谊、晁错、申培、韩婴，景帝时博士有辕固生、张生、董仲舒、胡毋生。"④

综上，大致可明确出身的封侯功臣有 113 人，一时难以确定出身的尚有 24 人。其他这些不明出身的功臣，我们至少可以将其视为游离于秦政权之外的社会势力。

---

① 杨宽：《战国史》，上海人民出版社 1980 年版，第 400 页。
② 阎步克：《秦政、汉政与文吏、儒生》，《历史研究》1986 年第 3 期。
③ 《汉书》卷 43《叔孙通传》，第 2128 页。
④ 张汉东：《论秦汉博士制度》，转引自阎步克《士大夫政治演生史稿》，第 336 页。

这样，六国旧贵、秦吏、普通平民、士等社会势力（封侯功臣中还有县豪 1 人、游士 1 人），经过秦汉之际的社会大变动，纷纷进入新政权之中，结束了先秦之贵族制和秦之集权专制，开启了新的统治模式，形成了一种"新型的相对性有限皇权"①，汉政权利用各种社会势力实现对全国的统治。李开元认为："从高帝到文帝末年的近五十年间，汉初军功受益阶层支配着汉朝政权。其间，汉初军功受益阶层在三公九卿、王国相及郡太守三者之和中的占有率，均在 50% 以上，即高帝期的 97% 、惠吕期的 81% 、文帝期的 50% 。"② 所谓的军功阶层，是为随着汉政权的建立而进入国家政权的各种社会势力。也就是说，汉初进入汉政权的社会势力，成为汉政权的主要构成，成为汉王朝过渡期间主要依赖力量。

汉初各种社会势力以功臣的姿态进入新政权，成为统治势力，实现了秦汉之际社会势力的升降变迁。但是，新的社会势力的升降变迁并没有停止，不断有新的社会成员进入汉政权之中。随着汉政权的进一步稳固，旧的功臣势力集团也开始逐渐退出政权核心。先看功臣集团在汉初的失侯时间统计（见表 1 - 4）。

表 1 - 4　　　　　　　　汉初功臣集团失侯时间统计

皇帝	年号	失侯数量
高祖	（前206—前195）	2
孝惠	（前194—前188）	1
高后	（前187—前180）	7
文帝	（前179—前157）	16
景帝	（前156—前141）	31

① 李开元：《汉帝国的建立与刘邦集团——军功受益阶层研究》，第 143 页。
② 李开元：《汉帝国的建立与刘邦集团——军功受益阶层研究》，第 67 页。

续表

皇帝	年号	失侯数量
武帝	建元、元光（前140—前129）	9
	元朔、元狩（前128—前117）	18
	元鼎（前116—前111）	27
	元封（前110—前105）	3
	太初—后元（前104—前87）	6
	总计	63
宣帝		1

从表 1-4 的统计可以看出，汉初进入政权的社会势力，其失侯主要集中在景帝和武帝时期，数量分别为 31、63，占总数的 23% 和 46%，加上景帝之前失侯的，大约 88% 的功臣侯在武帝末时已经失侯了。值得注意的是，元鼎四年，因酎金而失侯者数量达到 27，而这次的失侯，则是武帝有意打击的结果。

经过以上的分析可知，至景帝、武帝时期，汉初的功臣集团就已经基本在政权中失势了，也可以说是逐渐退出权力机构了。据李开元的统计，"景帝期，军功受益阶层出身者已从郡太守一职中消失，从而可以推测，稍早于此，在文帝后期左右，他们就可能已经失去了对县及县以下的官职的支配"。① 李开元通过制作表格的方式得出，至文景时期到武帝末年，军功受益阶层在汉政权的官僚体系中逐渐消失了。"至乎孝武，元功宿将略尽。"②

到武帝末，汉初进入新政权的社会势力逐渐淡去；但是，这些军功受益者退出汉政权权力机构之后，其所留下的空缺由谁来填补？或者从另一个角度可以这样说，到武帝末时，已经有了新的社会成员进入汉代国家政权之中，填补了军功阶层所留下的巨大空缺，并成为汉政权的主要依靠力量。这就是本文下面将要论述的。

---

① 李开元：《汉帝国的建立与刘邦集团——军功受益阶层研究》，第 67—69 页。
② 《汉书》卷 18《外戚恩泽侯表第六》，第 677 页。

李开元认为，周亚夫的死，象征着汉初军功受益阶层的完全衰落和西汉专制皇权的正式形成：

> 伴随着周亚夫之死，宫廷皇权通过对于丞相的自由任命，已经完全控制和掌握了以丞相为中心的汉朝政府机构。……可以说，至景帝中元年间，白马之盟被废弃，诸侯王国已经等同于汉朝之郡县，以丞相为中心的汉朝政府也已经从属于宫廷，汉初以来的有限皇权已经不复存在。相对于此，汉帝国之再统一完成，凌驾于王国和政府之上的专制皇权成立。汉初以来的霸业政治最终结束，帝业政治再次完全复活。周亚夫的死，集中地反映了这一历史变化的完成。①

景帝时汉王朝完成了向帝国体制的转化。汉帝国体制虽然形成，但与秦帝国存在着巨大的不同，这个不同就在于汉帝国形成了一个社会势力的流动渗透机制，通过这个机制，各种社会势力不断融入汉政权，实现了向士大夫的转化，并形成了新的统治依靠力量。

---

① 李开元：《汉帝国的建立与刘邦集团——军功受益阶层研究》，第229页。

第 二 章

社会势力以士大夫为中心的转化

第一节　士大夫阶层概述

西汉时期政权中坚势力由新贵族、功臣集团向士大夫阶层的转化在汉武帝时期开始。随着汉武帝对诸侯王势力的打击、功臣集团的逐渐消退，这两股势力也完成了汉初巩固汉朝统治的历史任务，逐渐退出了历史舞台；同时在察举制度逐渐完善、"表章《六经》"施行的背景之下，继之而起的、填补汉代社会中坚势力的则是士大夫阶层。

一　"士大夫"之界定

士大夫作为中国古代社会一个独特的社会阶层，构成了中国古代历史文化的重要内容，在政治、经济、文化等各个方面都留下了绚丽的历史痕迹。"中国古代社会独特的政治形态，自汉代以后，也可以说特别地表现为一种'士大夫'政治。"① 那么，对汉代士大夫进行专门的研究，就显得十分必要。如何界定汉代的士大夫呢？

先看什么是士。孔子曰："行己有耻，使于四方，不辱君命，可谓士矣。"② "切切偲偲，怡怡如也，可谓士矣。"③ "士志于道"④ "王子垫问曰：士何事？孟子曰：尚志。曰：何谓尚志？曰：仁义而已矣。"⑤ 孟子

---

① 阎步克：《士大夫政治演生史稿》，北京大学出版社 1996 年版，第 1 页。
② 杨伯峻：《论语译注·子路篇》，中华书局 1980 年版，第 140 页。
③ 杨伯峻：《论语译注·子路篇》，第 143 页。
④ 杨伯峻：《论语译注·里仁篇》，第 37 页。
⑤ 杨伯峻：《孟子译注·尽心上》，中华书局 1960 年版，第 315—316 页。

发展了孔子"士志于道"的观点，提出士"尚仁义"的观点。钱穆先生认为"儒既是士，士既是儒"①。同时，钱穆先生还认为士是中国社会所独有的，"中国文化与并世其他民族其他社会绝对相异之一点，即为中国社会有士之一流品，而其他社会无之"②。钱穆先生认为儒生即是士。

阎步克先生认为士"特别地用以指称一批未必居官、非必世族，而特以道义才艺见长之人。他们可能来源于贵族或平民，但又决不等同于贵族和平民，并且构成了一个影响巨大的分立阶层"③。"士人拥有深厚的文化教育，从事哲学、艺术和教育等文化性活动，特别是，他们承担着被王朝奉为正统的儒家意识形态。"④"在中国古语之中，'士'这个称谓恰恰也兼有担任政事者和拥有道艺者的双重意味。"⑤余英时认为："此时（孔子时代）'士'的特性已显然不在其客观的社会身份，而在其以'道'自任的精神。"即只要以"道"自任，就可以称为士。士以"整个文化秩序为关怀的对象"⑥。葛兆光认为："当时（春秋战国）人习六艺即书、射、御、算、礼、乐，看来他们在此之外还有舆论监督、思想横议的职责，这些人正是'士'。"⑦

综上，所谓士，是指传承儒家文化、以"道"自任者，既是儒家文化忠实的传承者，又具有强烈的社会责任感。士所强调的是其对文化的传承和对道的担当。

再来看士大夫。"士大夫"一词，源于封建时代贵族中的士与大夫，因此，士大夫首先是士与大夫的合称。阎步克认为："帝国时代的士大夫之名，就是从封建时代的士与大夫那里承袭而来的。而且，如果着眼于处于君主之下、庶民之上的这一等级位置，封建时代的士与大夫，与帝国官僚士大夫也正处于相近的层次，且前者的政治文化传统深深地影响

---

①　钱穆：《中国历史上的传统政治》，《国史新论》，生活·读书·新知三联书店 2001 年版，第 127 页。

②　钱穆：《中国传统文化中之士》，《国史新论》，第 182 页。

③　阎步克：《士大夫政治演生史稿》，第 127 页。

④　阎步克：《士大大政治演生史稿》，第 13 页。

⑤　阎步克：《士大夫政治演生史稿》，第 466 页。

⑥　余英时：《士与中国文化》，上海人民出版社 1987 年版，第 98 页。

⑦　葛兆光：《七世纪前中国的知识、思想与信仰世界》，复旦大学出版社 1998 年版，第 162 页。

了后者。"①

就秦汉时期的士大夫来说,与封建时代的士大夫是有着紧密的联系的,受其影响很大自不必赘述。关于封建时代的士大夫是如何转变为秦汉帝国时代的士大夫的,阎步克在《士大夫政治演生史稿》一书中有详细的论述,笔者不再赘述。但是,秦汉时代的士大夫与封建时代的士大夫还是有一定区别的。单从封建贵族的角度讲,士与大夫的合称应该是大夫士,因为大夫的等级是高于士的;另外,对于秦汉帝国时代的士大夫,由于经过了秦汉之际社会势力的升降变迁,很多下层社会势力进入国家政权之中,尤其到武帝以后,很多地方大族、贫窭者也通经入仕,转变为士大夫,所以士大夫的含义也发生了巨大的变化,已经与封建时代的士大夫有着很大的不同。

下面来看汉代士大夫的含义。

首先,士大夫要学习儒家经典。"《礼记太学志》曰:'礼,士大夫学于圣人、善人,祭于明堂,无其位者祭于太学。'"② 作为士大夫,首先要具备的是"学于圣人、善人",即研读儒家经典,"士大夫以诗礼立身,儒素为业,广聚坟典,以遗子孙"。③ 晋时夏侯湛就认为具备了"颇窥《六经》之文,览百家之学",才可充士大夫之列。"是以君子求诸己,小人求诸人。仆也承门户之业,受过庭之训,是以得接冠带之末,充乎士大夫之列,颇窥《六经》之文,览百家之学。"④ 阎步克认为,士大夫是"官僚与知识分子这两种角色的结合"。"士大夫不仅涉身于纯粹行政事务和纯粹文化活动,还承担了儒家正统意识形态。"⑤ 即士大夫不仅是官僚与士的结合,承担儒家的意识形态也是判定士大夫的一个重要标准。《三国志》裴注引《江表传》孙策对虞翻说:"孤昔再至寿春,见马日磾,及与中州士大夫会,语我东方人多才耳,但恨学问不博,语议之间,有所

---

① 阎步克:《士大夫政治演生史稿》,第45页。

② 严可均辑:《全后汉文》卷83《蔡邕·明堂论》,商务印书馆1999年版,第801页。

③ 王钦若等编:《宋本册府元龟》卷811《总录部·聚书》,中华书局1989年版,第2992页。

④ 《晋书》卷55《夏侯湛传》,中华书局1974年版,第1492页。

⑤ 阎步克:《士大夫政治演生史稿》,第5—9页。

不及耳。"① 可见孙策眼中的士大夫，必然是博学之人。

其次，士大夫要具备社会担当，上要匡正皇帝，下要胸怀天下，关切民生。即"士志于道""尚仁义"，所谓"坐而论道，谓之三公；作而行之，谓之士大夫"。②"作而行之"，即士大夫要按照儒家要求，付诸实际行动，光说不行。孔子言："士而怀居，不足以为士矣。"③ 阎步克在其文章《士·事·师论——社会分化与中国古代知识群体的形成》中概述了士的发展脉络，认为"等级分化使'士'成为一个特殊等级，功能分化使'士'摆脱了'事'，特别地以'师'为任而形成知识群体，新的整合中这一群体再度入仕任'事'，最终形成了典型形态的士大夫阶层"④，认为士——知识分子群体入仕而任事，即转变为士大夫，认为士大夫阶层的基本特征是"亦儒亦吏，学者兼为官僚的特殊社会角色"。⑤这里阎步克强调了士大夫即士人与从事具体事务的官僚的结合。阎步克在《秦政、汉政与文吏、儒生》一文中还认为儒生与文吏的结合，就诞生了中国特殊的知识分子群体——士大夫。⑥ 阎步克所强调的是士人与具体事务的结合。陈寅恪认为："主要之士大夫，其出身则大抵为地方豪族，或间以小族。然绝大多数则为儒家之信徒也。职是之故，其为学也，则从师受经，或游学京师，受业于太学之博士。其为人也，则以孝友礼法见称于宗族乡里。然后州郡牧守京师公卿加以征辟，终致通显。故其学为儒家之学，其行自必合儒家之道德标准，即仁孝廉让等是。质言之，《小戴记·大学》一篇所谓修身齐家治国平天下一贯之学说，实东汉中晚世士大夫自命为其生活实际之表现。"⑦ 陈寅恪所强调的是士大夫的儒学传承及对儒学的践行。

① 《三国志》卷57《吴书·虞翻传》裴注引《江表传》，中华书局1982年版，第1318页。
② 严可均辑：《全后汉文》卷89《仲长统·昌言下》，第899页。
③ 杨伯峻：《论语译注·宪问篇》，第145页。
④ 阎步克：《士·事·师论——社会分化与中国古代知识群体的形成》，《北京大学学报》1990年第2期。
⑤ 阎步克：《士·事·师论——社会分化与中国古代知识群体的形成》，《北京大学学报》1990年第2期。
⑥ 阎步克：《秦政、汉政与文吏、儒生》，《历史研究》1986年第3期。
⑦ 陈寅恪：《世说新语文学类钟会撰四本论始毕条后》，《金明馆丛稿初编》，上海古籍出版社1980年版，第42页。

孙立群认为："士主要指有一定文化知识的文人。士大夫是士与官僚的结合体。""就秦汉使用'士大夫'这一概念的情况看，大致可以说是士人——官僚的泛称。"① 张培峰认为，士大夫即是士阶层的雅称："'士大夫'这个概念应专指独立出来的士阶层，'大夫'二字不过是一个陪衬性的附加词尾，因为如果按照贵族等级衡量，无论如何，都应该称为'大夫士'，但事实上，古代文献中几乎没有这样表述的，也证明'士大夫'作为一个固定概念，即是士阶层的雅称，其用意在于增强其高贵性，与庶民有所区别。"② 葛荃认为："士大夫的基本要点是作为知识载体的士人与官僚的合二为一。"③

综上，士大夫，首先要学于圣人，是儒家文化的传承者，是知识分子；然后要"作而行之"，即对儒家学说的践行，从事具体的"事"，并且有一定的社会担当。这个具体的"事"，可以是所从事的具体行政职务，也可以是对国家社稷的关切及相关的活动。士大夫是指学习儒家文化并践行儒家学说的特殊的社会角色。

对士大夫这样的定义，有史料可证。犍为郡："士多仁孝，女性贞专。王莽改曰西顺，郡人不会。更始都南阳，远奉贡职。及公孙述有蜀，郡拒守。述伐之。郡功曹朱遵逆战，众寡不敌。遵绊马死战。遂为述所并。而任君业闭户，费贻素隐。光武帝嘉之曰：'士大夫之郡也。'"④ 犍为郡之所以被称为士大夫之郡，是因为士多仁孝、女性贞专，且能够维护一统。由此可以看出，士大夫者，其基本的条件是行为符合儒家规范，维护国家统一。这与前文中的定义是一致的。

《北史·房法寿传附族子景伯》载："景伯性复淳和，涉猎经史，诸弟宗之，如事严亲。及弟亡，疏食终丧，期不内御，忧毁之容，有如居重。其次弟景先亡，其幼弟景远期年哭临，亦不内寝。乡里为之语曰：

---

① 刘泽华、孙立群等：《士人与社会》（秦汉魏晋南北朝卷），天津人民出版社 1992 年版，第 88 页。

② 张培峰：《论中国古代"士大夫"概念的演变与界定》，《天津大学学报》2006 年第 1 期。

③ 葛荃：《权力宰制理性——士人、传统政治文化与中国社会》，南开大学出版社 2003 年版，第 13 页。

④ 常璩撰，任乃强校注：《华阳国志校补图注》卷 3，上海古籍出版社 1987 年版，第 172 页。

'有义有礼，房家兄弟。' 廷尉卿崔光韶好标榜人物，无所推尚，每云景伯有士大夫之行业。及母亡，景伯居丧，不食盐菜，因此遂为水病，积年不愈。卒于家，赠左将军、齐州刺史。"① 房景伯涉猎经史，又 "有义有礼"，所以崔光韶说他有 "士大夫之行业"。可见房景伯之所以被称为士大夫，是因为他既学习儒家经典，又 "作而行之"，有义有礼，践行了儒家规范。此处史料虽出于北朝，但去汉未远，也可供作参考。

阎步克认为，士大夫政治形成在汉代，其影响深远。"汉儒的努力，却最终使得儒生加入了政权，使儒术变成王朝正统意识形态，帝国政治文化模式的变迁因之而发生了……一种大不同于秦帝国的政治形态，即 '士大夫政治'，就在其间奠定了其基本格局，并延续了两千年之久。"② 所以，对汉代士大夫的专门研究，是很有必要的。

二　士大夫阶层概述

历来史学家不乏对士大夫阶层的论述，前人的研究成果中虽然没有明确以 "士大夫阶层" 进行系统研究，但从文章的行文看来，很多成果都是把士大夫作为一个阶层来看待的。专著如余英时《士与中国文化》、阎步克《士大夫政治演生史稿》、毛汉光《中国中古社会史论》、马彪《秦汉豪族社会研究》、葛荃《权力宰制理性——士人、传统政治文化与中国社会》、刘蓉《汉魏名士研究》、于迎春《秦汉士史》，以及文章如许倬云《西汉政权与社会势力的互动关系》、唐长孺《东汉末期的大姓名士》、金发根《东汉党锢人物的分析》、阎步克《士·事·师论——社会分化与中国古代知识群体的形成》、黄宛峰《东汉颍川、汝南、南阳士人与党议始末》、张保同《略论东汉士大夫的缺失》、李军《论东汉士人阶层的政治权力基础》、陶贤都《汉魏皇权嬗代与士人心态》等，都是把士大夫作为一个阶层来看待的。

其中有些文章虽然没有对 "士大夫阶层" 进行系统的研究，但已经明确提出了 "士大夫阶层" 这一概念，如：

阎步克在《士大夫政治演生史稿》一书中说道："中华帝国的官僚政

---

① 《北史》卷 39 《房法寿传附族子景伯》，中华书局 1974 年版，第 1423 页。

② 阎步克：《士大夫政治演生史稿》，第 301 页。

治以学者（文人）作为官员的主要来源，这种特殊类型的官员构成了一个被称为'士大夫'的社会阶层。"① "士大夫阶层构成了维系政治文化模式的骨干。"② 阎步克在其另外一篇文章《士·事·师论——社会分化与中国古代知识群体的形成》中直接使用了"士大夫阶层"的概念，"等级分化使'士'成为一个特殊等级，功能分化使'士'摆脱了'事'，特别地以'师'为任而形成知识群体，新的整合中这一群体再度入仕任'事'，最终形成了典型形态的士大夫阶层"。③ 余英时在《士与中国文化》中用到了"士大夫阶层"一词，"此一藉着士族大姓的辅助而建立起来的政权，最后还是因为与士大夫阶层之间失去了协调而归于灭亡"。④ 毛汉光在《中国中古社会史论》第四篇"中古士族性质之演变"中也使用了"士大夫阶层"⑤ 一词。陈苏镇在《〈春秋〉与"汉道"——两汉政治与政治文化研究》一书中也使用了"士大夫阶层"⑥ 一词；张保同在《略论两汉士大夫的异同》一文中也使用了"士大夫阶层"的概念，他在该文中认为"东汉中后期的政治腐败，士大夫阶层负有不可推卸的责任"⑦。先不讨论这一观点，但至少作者认为在东汉时期，是存在着士大夫阶层的。

虽然学界一直在使用"士大夫阶层"一词，但对"士大夫阶层"深入的、系统的论述，目前的研究还做得不够。

除了对"士大夫阶层"的直接使用，还有些学者对士大夫阶层也有相关的论述。

如许倬云在《西汉政权与社会势力的交互作用》一文中使用了"士大夫阶级"一词。"所谓'士大夫'阶级也在武、昭以后才开始取得其现

---

① 阎步克：《士大夫政治演生史稿》，第465页。

② 阎步克：《士大夫政治演生史稿》，第484页。

③ 阎步克：《士·事·师论——社会分化与中国古代知识群体的形成》，《北京大学学报》1990年第2期。

④ 余英时：《士与中国文化》，第243页。

⑤ 毛汉光：《中国中古社会史论》，上海书店出版社2002年版，第79页。

⑥ "学人所谓的'世家大族'，指那些世代高官的士大夫家族。它们是东汉豪族中的一个特殊群体，又是士大夫阶层的代表和领袖，除具有豪族的一般特征外，还带有鲜明的儒学色彩。"（第566页）

⑦ 张保同：《略论两汉士大夫的异同》，《史学月刊》2006年第9期。

有的含义，而不再是军人和武士的别称。"① 并认为士大夫构成了西汉政权的社会基础。② 许倬云还在《秦汉知识分子》一文中提出了 "知识分子阶层" 的概念。"这个庞大而有影响力的知识分子阶层，在经济上也获得了特权的地位。"③ 在《汉代农业》一书中他认为，"到了西汉的后半叶，这些不同的社会集团相互融合，产生出了一个富豪、学者和权贵三位一体的单独的社会阶层"。④

毛汉光在《中国中古社会史论》一书中也使用了 "士大夫阶级" 一词，认为荀彧就是其中的关键人物，并且包括许多汉王朝的故吏、不仕的名士等，他认为 "地方豪族为主的军人与以士大夫为主体的文士，成为曹魏政权的两大支柱"。⑤ 毛汉光还认为汉代扮演中间角色的士大夫构成了一个 "特殊的团体和社会阶层"⑥，但对这个特殊的社会阶层，毛汉光并没有进行更加深入的讨论。

金发根在《东汉党锢人物的分析》一文中用了 "党人集团" 的说法，认为党人集团 "大致上是清流豪族的结合体，其中包括世宦的，循规蹈矩和财力比较差的豪族，一部份经学世家和疏远的宗室，希望通经致用、耻与阉竖为伍和喜欢激浊扬清的士子，以及依附他们的宗亲宾客和门生故吏"，"后来清流为了共同的利害，和浊流的冲突愈来愈尖锐时，团结也就日益紧密了"。⑦

唐长孺提出了 "名士集团" 的说法，"何进与宦官的斗争，实质上是名士集团与宦官的斗争"。⑧

---

① 许倬云：《西汉政权与社会势力的交互作用》，载《求古编》，联经出版事业公司1982年版，第453页。

② 许倬云：《西汉政权与社会势力的交互作用》，载《求古编》，联经出版事业公司1982年版，第453—454页。

③ 许倬云：《秦汉知识分子》，载《求古编》，第502页。

④ 许倬云著：《汉代农业：早期中国农业经济的形成》，程农、张鸣译，江苏人民出版社1998年版，第57页。

⑤ 毛汉光：《中国中古社会史论》，第119页。

⑥ 毛汉光：《中国中古社会史论》，第79页。

⑦ 金发根：《东汉党锢人物的分析》，载《"中研院"历史语言研究所集刊论文类编·历史编·秦汉卷》，中华书局2009年版，第1220—1221页。

⑧ 唐长孺：《东汉末期的大姓名士》，《魏晋南北朝史论拾遗》，中华书局1983年版，第35页。

刘蓉认为名士在东汉以后形成一个社会阶层："名士是从东汉以来逐渐形成的一个社会阶层，是社会上最具有活动力量的集团。""名士并不仅仅从世家大族中产生，社会各阶层中都可以涌现出名士，名士们以自身特有的文化、政治性格而自成一阶层。""名士兴起于东汉中后期，在同外戚宦官的斗争中，党锢名士逐渐凝聚成为有着高度自觉性的集团。"①

黄宛峰提出党人是一个"政治联盟"。"士人以儒家伦理纲常为宗旨、以地域关系为纽带而结成的政治联盟，较之先秦以血缘关系为纽带的贵族政治，是一种历史的进步。然而，党人与宦官的斗争，本质上是国家最高统治权力之争。凭借家族优势攫取政治权力，取代宦官集团，这就是党人斗争的目的。""无论这些'党人'是真是假，处于中央集权的大一统局面下，共同的社会背景，共同的文化素养、伦理道德，铸就了一代士人的基本心态，痛恨宦官专权，赞誉正直之士的风气普遍存在的。"②

马彪在《秦汉豪族社会研究》一书中提出了"儒宗士大夫官僚阶层"③，对士大夫官僚也是当作一个阶层来看的。李军在《论东汉士人阶层的政治权利基础》一文中则使用了"士人阶层"④。

无论各家的称呼怎样，从士大夫阶层、士大夫阶级到党人集团、名士集团、政治联盟、名士阶层等，都讨论了汉代社会的一个独特的社会群体。而这个独特的社会群体，也就是本书所要讨论的士大夫阶层。通过对以上研究成果的分析可知，对士大夫阶层的研究，是一直进行并有着大量卓越的成果的，只是学界对汉代"士大夫阶层"尚无系统的研究。

下面我们来看汉代史籍中关于"士大夫"一词的运用情况。

西汉初，"士大夫"的使用还比较杂乱。

（1）指称贤士。高祖十一年《求贤诏》："今天下贤者智能岂特古之人乎？患在人主不交故也，士奚由进！今吾以天之灵，贤士大夫定有天下，以为一家，欲其长久，世世奉宗庙亡绝也。贤人已与我共平之矣，

---

① 刘蓉：《汉魏名士研究》，中华书局2009年版，第1—5页。

② 黄宛峰：《东汉颍川、汝南、南阳士人与党议始末》，《中国史研究》1995年第4期。

③ 马彪：《秦汉豪族社会研究》，中国书店2002年版，第85页。马彪在该书中还认为儒宗"在当时已形成为一个独立的士大夫官僚社会，即'儒宗'阶层"（第86页）。

④ 李军：《论东汉士人阶层的政治权利基础》，《浙江大学学报》2001年第3期。

而不与吾共安利之，可乎？贤士大夫有肯从我游者，吾能尊显之。"①
"（张汤）及列九卿，收接天下名士大夫。"② "自魏其、武安之厚宾客，
天子常切齿。彼亲待士大夫，招贤黜不肖者，人主之柄也。"③ 爰盎对申
屠嘉说："且陛下从代来，每朝，郎官者上书疏，未尝不止辇受。其言不
可用，置之；言可采，未尝不称善。何也？欲以致天下贤英士大夫，日
闻所不闻，以益圣。"④ 此几处材料中所见之"士大夫"，当为贤士称。

（2）将士的称谓。司马迁《报任安书》中说："以为李陵素与士大
夫绝甘分少，能得人之死力，虽古名将不过也。"⑤《史记·吴王濞列传》
载："朕素服避正殿，将军其劝士大夫击反虏。"⑥《史记·司马相如列
传》："告巴蜀太守：蛮夷自擅不讨之日久矣，时侵犯边境，劳士大
夫。"⑦《汉书·胡建传》："臣闻军法，立武以威众，诛恶以禁邪。今监
御史公穿军垣以求贾利，私买卖以与士市，不立刚毅之心，勇猛之节，
亡以帅先士大夫，尤失理不公。"⑧ 以上史料中的"士大夫"皆为将士称。

（3）官吏的泛称。武帝"遂登封泰山，至于梁父，而后升禅肃然。
自新，嘉与士大夫更始"⑨。"贾无不离其廛（肆）宅，士大夫无不离其
官府。"⑩ "大、小斋一，辛巳、丙未□会五月朔，以为会期。然士大夫结
法所当得，奉令安揖，毋失职。方循行不办、不忧事者，白奏，毋忽，
如律令。"⑪ 从简文的行文来看，士大夫要"奉令安揖，毋失职"，所以
士大夫可以当作官吏来看。"三年春，罢苍海郡。三月，诏曰：'夫刑罚
所以防奸也，内长文所以见爱也；以百姓之未洽于教化，朕嘉与士大夫
日新厥业，祗而不解。其赦天下。'"⑫

---

① 《汉书》卷1下《高帝纪下》，中华书局1962年版，第71页。
② 《汉书》59《张汤传》，第2638页。
③ 《汉书》卷55《霍去病传附赵破奴》，第2493页。
④ 《汉书》卷49《爰盎传》，第2272页。
⑤ 《汉书》卷62《司马迁传》，第2730页。
⑥ 《史记》卷106《吴王濞列传》，中华书局1982年版，第2834页。
⑦ 《史记》卷117《司马相如列传》，第3044页。
⑧ 《汉书》卷67《胡建传》，第2910页。
⑨ 《汉书》卷6《武帝纪》，第191页。
⑩ 《银雀山汉墓竹简一·尉缭子》，文物出版社1985年版，第84页。
⑪ 《中国简牍集成》第三册《敦煌汉简》，敦煌文艺出版社2001年版，第282页。
⑫ 《汉书》卷6《武帝纪》，第171页。

以上这三种"士大夫"的使用情况，多出现在昭宣以前，昭宣及以后则有所变化。

《汉书·宣帝纪》载："今吏修身奉法，未有能称朕意，朕甚愍焉。其赦天下，与士大夫厉精更始。"① 成帝时期，谷永与王谭书曰："今大将军不幸蚤薨，象亲疏，序材能，宜在君侯。拜吏之日，京师士大夫怅然失望。"② 成帝时期，翟方进与胡常均为名儒，胡常的名誉在翟方进之下，心害其能。"方进知之，候伺常大都授时，遣门下诸生至常所问大义疑难，因记其说。如是者久之，常知方进之宗让己，内不自得，其后居士大夫之间未尝不称述方进，遂相亲友。"③ "（韦）玄成素有名声，士大夫多疑其欲让爵辟兄者。"④ 宣帝所说的士大夫尚有整体官僚的含义，至成帝时期，谷永和胡常口中的士大夫则已经指代特定的群体了。可以说，至西汉中后期，士大夫的含义逐渐单一，开始指代一个特定的群体。余英时先生认为："'士大夫'一词从汉初到士族兴起以后，在内容上确已起了很大变化。谨慎一点说，至少在东汉政权建立之际，它已有我们现在所说的'士大夫阶层'之意义。"⑤

东汉时期，士大夫作为特定群体的称谓，含义已经较西汉时期更加明确了。章帝元和二年诏曰："历数既从，灵耀著明，亦欲与士大夫同心自新。其大赦天下。"⑥ 东汉章帝口中的"与士大夫自新"和西汉武帝口中的"与士大夫更始"，在内涵上是有区别的。西汉初年，士大夫还是个复杂的概念，士大夫包含贤士、将士、官僚之意，但经过西汉至东汉时期社会势力的发展演变，士大夫的概念已逐渐明确，即对特定社会阶层的称谓。这种特定性，在两汉之际到东汉时期的史料中可以很清楚地看出来。

"（来）歙为人有信义，言行不违，及往来游说，皆可案覆，西州士

---

① 《汉书》卷8《宣帝纪》，第255页。

② 《汉书》卷85《谷永传》，第3456页。

③ 《汉书》卷84《翟方进传》，第3411—3412页。

④ 《汉书》卷73《韦贤传附子玄成》，第3109页。

⑤ 余英时：《士与中国文化》，第241页。

⑥ 《后汉书》卷3《章帝纪》，中华书局1965年版，第150页。

大夫皆信重之，多为其言，故得免而东归。"① 《后汉书·杜林传》载："光武闻（杜）林已还三辅，乃征拜侍御史，引见，问以经书故旧及西州事，甚悦之，赐车马衣被。群寮知林以名德用，甚尊惮之。京师士大夫，咸推其博洽。"② 建武七年，申屠刚与隗嚣书："将军素以忠孝显闻，是以士大夫不远千里，慕乐德义。"③ 两汉之际，社会混乱，很多士大夫投奔隗嚣，避乱凉州。"及更始败，三辅耆老士大夫皆奔归嚣。"④ 从两汉之际的史料中可以看出，士大夫已经指代的是一个特定群体了，"西州士大夫""京师士大夫"都指代特定群体。

再举一些东汉时期的例子。"时（钟）皓及荀淑并为士大夫所归慕。李膺常叹曰：'荀君清识难尚，钟君至德可师。'"⑤ 钟皓、荀淑为士大夫所归慕，可见以钟皓和荀淑为榜样、领袖的士大夫是作为一个特定群体存在的。

邓骘欲陷害虞诩，因朝歌盗贼难禁，乃以虞诩为朝歌长，"初除之日，士大夫皆见吊勉。"⑥ 赵壹得到羊陟与袁逢的赏识，"名动京师，士大夫想望其风采"⑦。"时汉中晋文经、梁国黄子艾，并恃其才智，炫曜上京，卧托养疾，无所通接。洛中士大夫好事者，承其声名，坐门问疾，犹不得见。"⑧ 窦武谋诛宦官，反被宦官挫败，窦武及其宾客、宗族被诛杀，刘瑜、冯述也被族，"当是时，凶竖得志，士大夫皆丧其气矣。武府掾桂阳胡腾，少师事武，独殡敛行丧，坐以禁锢"⑨。张璠《汉纪》载："是时天下士大夫多遇党难，颙常岁再三私入洛阳，从绍计议，为诸穷窘之士解释患祸。"⑩ "膺免归乡里，居阳城山中，天下士大夫皆高尚其道，

---

① 《后汉书》卷 15 《来歙传》，第 586 页。
② 《后汉书》卷 27 《杜林传》，第 936 页。
③ 《后汉书》卷 29 《申屠刚传》，第 1016 页。
④ 《后汉书》卷 13 《隗嚣传》，第 521 页。
⑤ 《后汉书》卷 62 《钟皓传》，第 2064 页。
⑥ 《后汉书》卷 58 《虞诩传》，第 1867 页。
⑦ 《后汉书》卷 80 下《赵壹传》，第 2632 页。
⑧ 《后汉书》卷 68 《符融传》，第 2232 页。
⑨ 《后汉书》卷 69 《何武传》，第 2244 页。
⑩ 《三国志》卷 10 《魏书·荀攸传》，裴松之注引张璠《汉纪》，第 322 页。

而污秽朝廷。"① "卓既迁都长安，天下饥乱，士大夫多不得其命。"② 蔡邕被王允收付廷尉治罪，"邕陈辞谢，乞黥首刖足，继成汉史。士大夫多矜救之，不能得"③。江州县"有荔支园。至熟，二千石常设厨膳，命士大夫共会树下食之"④。"袁绍在冀州，遣使迎汝南士大夫。"⑤ "自汉末以来，中国士大夫如许子将辈，所以更相谤讪，或至于祸，原其本起，非为大仇，惟坐克己不能尽如礼，而责人专以正义。"⑥

从以上史料可以看出，两汉之际到东汉时期，士大夫已经成为一个特定阶层的指称，士大夫在东汉时期是作为一个阶层存在的。

前文已经说过，士大夫在西汉初还指代将士，但到东汉末年，士大夫与将士却是有区别的。"（关）羽善待卒伍而骄于士大夫，（张）飞爱敬君子而不恤小人。"⑦ 从史料中关羽的不同态度来看，士大夫有别于卒伍。

士大夫别于将士、军人，还有史料可证，《三国志》裴注引干宝《晋纪》曰："（纪）陟、（弘）璆奉使如魏，入境而问讳，入国而问俗。寿春将王布示之马射，既而问之曰：'吴之君子亦能斯乎？'陟曰：'此军人骑士肄业所及，士大夫君子未有为之者矣。'布大惭。"⑧ 此处士大夫与骑射之军人骑士有别。孙策对吕范说："子衡，卿既士大夫，加手下已有大众，立功于外，岂宜复屈小职，知军中细碎事乎！"⑨ 此处士大夫不预军中碎事，可见士大夫已经是高于将士的一个社会阶层。

所以，士大夫从西汉中后期至东汉时期，已经成为一个特定阶层的称谓。余英时在《士与中国文化》中认为："'士大夫'这个名词古已有之，盖从封建制度中的'大夫'、'士'两称号逐渐演变而成。……'士大夫'在汉初时主要系指武人，但愈往后便愈有较广的社会涵义。……

① 《后汉书》卷67《党锢传·李膺》，第2195页。
② 《后汉书》卷70《郑太传》，第2260页。
③ 《后汉书》卷60下《蔡邕传》，第2006页。
④ 常璩撰，任乃强校注：《华阳国志校补图注》卷1，第30页。
⑤ 《三国志》卷23《和洽传》，第655页。
⑥ 《三国志》卷64《诸葛恪传》，第1433页。
⑦ 《三国志》卷36《蜀书·张飞传》，第944页。
⑧ 《三国志》卷48《吴书·孙皓传》，第1165页。
⑨ 《三国志》卷56《吴书·吕范传》，裴松之注引《江表传》，第1309页。

至少在东汉政权建立之际，它已有我们现在所说的'士大夫阶层'之意义。"① 葛荃认为："大夫士强调的是等级，士大夫指的是阶层。"②

东汉以后，士大夫还有了贵族性。

士大夫具有尊贵的含义。郭太作为士大夫，不愿为郡吏，他说："大丈夫焉能处斗筲之役乎?"③《北史·列女传》载："赵元楷妻崔氏者，清河人也，甚有礼度。隋末宇文化及之反，元楷随至河北。将归长安，至澠口遇盗，仅以身免。崔氏为贼所拘，请以为妻。崔氏曰：'我士大夫女，为仆射子妻，今日破亡，自可即死，终不为贼妇。'"④ 我们知道，清河崔氏是一大姓，是魏晋时期的高门大族，崔氏说自己为仆射子妻、"士大夫女"，体现出士大夫的高贵性。

以上梳理了两汉以来士大夫含义的演变情况，汉初士大夫的含义比较模糊，可以指称贤士、官僚、将士，昭宣以后，士大夫的含义逐渐单一化，成为一个特定阶层的称谓；两汉之际到东汉，士大夫的含义更加清晰，成为士大夫阶层的特定称谓。汉末以后，士大夫还具有了贵族性。

经过以上的论述可知，士大夫在西汉后期至东汉时期是作为一个阶层存在的，是作为一个阶层活动于两汉的历史舞台上的，而士大夫阶层的形成，在西汉时期还有个融合的过程。

第二节　西汉时期社会势力的演变

西汉建立，开创了布衣将相的新的时代，所以，在西汉初期是没有特权社会阶层的。⑤

虽然如此，但西汉的社会势力却非常复杂。

汉承战国余烈，多豪猾之民。其并兼者则陵横邦邑，桀健者则

---

① 余英时：《士与中国文化》，第239—241页。

② 葛荃：《权力宰制理性——士人、传统政治文化与中国社会》，第13页。

③ 《后汉书》卷68《郭太传》，第2225页。

④ 《北史》卷91《列女传·赵元楷妻崔氏》，第3013页。

⑤ 先秦贵族已经不存在，新的社会特权阶层士族尚未形成。汉初虽然是功臣集团掌权，但功臣集团并不是一个社会阶层。

雄张闾里。且宰守旷远，户口殷大。故临民之职，专事威断，族灭奸宄，先行后闻。肆情刚烈，成其不桡之威。违众用己，表其难测之智。至于重文横入，为穷怒之所迁及者，亦何可胜言。故乃积骸满阱，漂血十里。致温舒有虎冠之吏，延年受屠伯之名，岂虚也哉！若其揣挫强势，摧勒公卿，碎裂头脑而不顾，亦为壮也。①

这段史料表明，汉初多豪猾之民，且雄张闾里；由于国土广大，国家的政治势力还远远没有渗透下层社会之中，难以控制豪强大族。"然而残余的强宗豪族，犹多苟存，盘踞地方。在西汉初年，已成为朝廷最感困扰的问题。"② 崔向东认为："汉初至武帝时期，新的国家政权与原来的社会秩序缺乏一种内在的联系，各种社会力量游离于王权支配的同心圆之外。"③ 汉初各种复杂的社会势力尚游离于国家政权之外，国家政权与社会势力之间的联系并不紧密。许倬云认为："由于郡国守相的注意力并不集中于日常地方事务，汉初中央政权对于地方的固有社会秩序几乎可说未加扰动。另一方面，汉初用人以军功、荫任、赀选诸途登进。换句话说，这种方式吸收的人才仍大部局限于原已参与政权者，对于从全国普遍的吸收新血仍缺乏制度化的途径。于是武帝以前的中央政权并不能在社会的基层扎下根，同时也没有把原来的地方性社会秩序加以改变或扰动。"④ 武帝以前，对地方的社会势力并没有太多的干扰，同时，地方的社会势力也没有融入汉政权之中，与汉政权的关系并不紧密。

有个很好的事例，可以说明当时社会势力对汉政权的态度。

"吴楚七国兵起时，长安中列侯封君行从军旅，赍贷子钱，子钱家以为侯邑国在关东，关东成败未决，莫肯与。唯无盐氏出捐千金贷，其息什之。三月，吴楚平，一岁之中，则无盐氏之息什倍，用此富埒关中。"⑤

① 《后汉书》卷77《酷吏列传·序》，第2487页。
② 何启民：《鼎食之家——世家大族》，载《吾土与吾民》，联经出版事业公司1982年版，第43页。
③ 崔向东：《汉代豪族研究》，崇文书局2003年版，第131页。
④ 许倬云：《西汉政权与社会势力的交互作用》，载《求古编》，联经出版事业公司1982年版，第462页。
⑤ 《史记》卷129《货殖列传》，第3280—3281页。

在汉政权危急存亡的紧要关头，没有看到政府强迫富豪捐资或者富豪主动支持朝廷，看到的却是商人们左右观望和狐疑的态度，"关东成败未决，莫肯与"，对当前的政府表示了怀疑，体现了社会势力去战国不远的随意性、游离性。这种情况反映出：第一，社会势力较强，朝廷无能为力；第二，社会势力尚未与当前政权发生直接的关系，他们存狐疑态度。可以看出，汉初刘氏政权尚未能取得社会势力的认可，刘氏的统治还在经受着被社会势力分裂的考验。

西汉初期，社会中存在着大量强大的可以与政府力量相抗衡的社会势力，所以西汉政权面临的问题是如何处理与这些社会势力之间的关系。汉王朝必须要采取适当的措施实现游离的社会势力与汉政权的融合，所以，随着西汉政权的逐渐稳定，开始对社会上存在着的各种社会势力着手改造，以改变政权与社会势力两张皮、相脱离的现状。许倬云认为：

> 功臣集团成员的后代长期和皇帝分享着政治权力，但到了距离开国已至少有两代人时间的汉武帝时期，他们控制权力的时代结束了。皇帝和开国元勋之间，以及皇帝和其远房兄弟之间原来那种密切的关系，现在已经大大削弱。由于这种由非正式关系形成的结构已不再起作用，新承大统的汉武帝就不得不建立正式程序化的新结构，以保证政府的顺利运行。正是在这个时期，汉朝政府不得不转向其它社会群体以吸收新人充任各级官员，而旧时代的群体则无可挽回地衰落了。[1]

高祖功臣集团至武帝时完全衰落，"子孙骄逸，忘其先祖之艰难，多陷法禁，陨命亡国，或亡子孙。讫于孝武后元之年，靡有孑遗，耗矣。……善乎，杜业之纳说也！曰：'……百余年间而袭封者尽，或绝失姓，或乏无主，朽骨孤于墓，苗裔流于道，生为愍隶，死为转尸'"。[2] 可见武帝以后，功臣集团就连爵位、富贵都不保，更别说成为汉之统治主

---

[1]　许倬云：《汉代农业：早期中国农业经济的形成》，程农、张鸣译，第47页。
[2]　《汉书》卷16《高惠高后文功臣表》，第528—529页。

体了。随着功臣集团的消退，就会有新的社会势力逐渐融合到汉政权之中。

一方面，汉初存在强大的社会势力，这些社会势力盘踞在地方，游离于政权体系之外；另一方面，至武帝时，作为汉初过渡时期中坚势力的新贵族和功臣集团已经逐渐衰落。正是在这种背景下，武帝以后，汉政权采取了针对性的措施，开始了对社会势力的整合，国家政权权力的触角逐渐伸向了盘踞地方的社会势力。在打击兼引用的措施之下，社会势力开始了新的演变。

汉武帝以后，新贵族和军功阶层已经彻底衰落，中央权力逐渐加强，随之而起的是"表章《六经》"和察举制度的施行，这些都预示着国家权力与社会联系的加强。汉王朝开始向地方社会势力渗透，对地方社会势力进行了大程度的扰动和重建，吸收社会势力融入汉政权，"掌握政治权力的皇帝为增强其社会基础计，自西汉昭宣以降，采取吸收社会势力参与政权的办法"①。

汉代是社会势力重新整合的时代，各种社会势力能够通过各种途径进入汉政权中，所以这便有了西汉初期社会势力的演变。阎步克认为："但是仅仅依靠军政效率，却不足以整合那个拥有特定文化传统的社会。秦之二世而亡，促使汉人去重新思考一种更具适应性的政治文化体制。"②秦帝国皇帝直指个人的、完全吏化的统治，并不能适用于中国古代具有特定文化传统的这个社会。所以汉政权以秦亡为鉴，实施了各种措施，这才有了汉代社会势力的演变和士大夫阶层的形成。

一　豪强大族融入汉政权并向士大夫的转化

前文提到，"汉承战国余烈，多豪猾之民。其并兼者则陵横邦邑，桀健者则雄张闾里"（《后汉书·酷吏列传序》）。先秦遗留下来的豪强大族遍布汉王朝各个区域，但新建立的政权却远远没有触及这些地方大族。

---

① 毛汉光：《中国中古社会史论》，第 78 页。
② 阎步克：《士大夫政治演生史稿》，第 472 页。阎步克还认为："秦之皇帝—文吏—庶民体制，即令其上令下达的传达十分畅通，它也缺乏调节机制。"（《秦政、汉政与文吏、儒生》，《历史研究》1986 年第 3 期。）

一方面，这些豪强大族成为汉政权统治的不安定因素，另一方面，武帝以后也需要新的社会力量进入汉政权体系，这样，西汉政权就开始了对地方豪强势力的整治。

《史记》《汉书》中多见"豪奸""豪猾""猾贼""豪强"等词，然而，这些词语都是站在统治者的角度上使用的，说明在汉初，存在着大量游离于政权之外的社会势力，如"济南瞷氏宗人三百余家，豪猾，二千石莫能制"①，像这样的地方豪强大族，在汉初应该不少。如何将这些豪强大族融入汉政权，避免秦亡的结局，是必须要解决的问题。

西汉前期的豪强大族可以分为以下两大类。

（一）六国旧贵

先秦贵族势力的遗留，在汉初仍然是以"武断乡曲"的豪强大族的形式存在着的。其内部保留着贵族高低尊卑的秩序，依然拥有大量土地，使用奴婢劳动，拥有家丁武装。但在表面上，他们却是国家单独的"编户齐民"，就如西嶋定生所言："即所谓'武断乡曲'的豪族，从国家权力的角度来看，其身份与贫苦的农民也没有差别，不过都是'编户'之民的一个人而已。"② 六国旧贵虽然在社会地位上被降为编户民，但"只是剥夺了封建时期的名号，以及封建时期的封邑，至于私有的财产以及社会上的残余地位和在社会上可以发生影响的力量，那就不是仅仅使他们把贵族的身份变为平民的身份所能完全收效。"③ 瞿同祖认为："由于这种高人一等的社会地位，他们就拥有了某种潜在的政治权力，……这种潜在的权力有时候会演变成为实际的权力，比如在中央政权面临危机、控制力衰落的时候。这一点，在秦始皇死后的反秦起事里面，表现得尤为清晰。"④

---

① 《汉书》卷90《酷吏传·郅都》，第3647页。

② 西嶋定生：《中国古代帝国形成史论》，载刘俊文主编《日本学者研究中国史论著选译》（第二卷），中华书局1993年版，第86页。

③ 劳榦：《汉代的豪强及其政治上的关系》，载《古代中国的历史与文化》，中华书局2006年版，第285页。

④ 瞿同祖：《汉代社会结构》，上海世纪出版集团2007年版，第167页。

当国家政权把一个贵族势力集团作为一个单独的编户齐民来管理时，其中的漏洞与潜藏的威胁，就自然明了了。这样，在西汉王朝的社会体系内，形成了一个管理真空。

为了维持长久的统治，汉王朝必须通过一定的措施使这些旧贵融入汉政权的统治体系中来。所以这才有了六国旧贵的被整治与转化。

首先，迁徙六国旧贵。刘邦听取了刘敬的建议，采取了"徙关中"的策略。《史记·刘敬叔孙通列传》记载："刘敬从匈奴来，因言：'……今陛下虽都关中，实少人。北近胡寇，东有六国之族，宗强，一日有变，陛下亦未得高枕而卧也。臣愿陛下徙齐诸田，楚昭、屈、景、燕、赵、韩、魏后，及豪桀名家居关中。无事，可以备胡；诸侯有变，亦足率以东伐。此强本弱末之术也'。上曰：'善。'乃使刘敬徙所言关中十余万口。"①

刘敬充分认识到了汉初六国旧贵横亘全国的状况以及这些旧贵对汉王朝所带来的威胁，如前文中所论，秦王朝亡于六国旧贵的反对。刘敬的建议中虽然也提到了"豪桀名家"，但不容置疑，刘敬的这次建议主要是针对六国旧贵的。刘敬能够洞察当时社会的主要问题，而刘邦则比较明智地采纳了这一建议，并立即迁徙六国旧贵十余万口于关中，将旧贵置于其直接控制之下。这一措施的实行，为汉王朝的稳定统治消除了很多隐患。不得不说，刘敬的洞察能力是非同寻常的。

其次，被迁徙的六国旧贵的后代进入汉代国家政权，转变成为汉王朝统治的依赖势力。

如廉范，"范字叔度，京兆杜陵人，赵将廉颇之后也。汉兴，以廉氏豪宗，自苦陉徙焉。世为边郡守，或葬陇西襄武，故因仕焉。曾祖父褒，成哀间为右将军，祖父丹，王莽时为大司马庸部牧"②，廉氏被迁徙后转变为汉王朝的大臣，从被打击的对象转变为统治者了。

又如齐之田氏，"田延年字子宾，先齐诸田也，徙阳陵。延年以材略给事大将军莫府，霍光重之，迁为长史。出为河东太守，选拔尹翁归等

---

① 《史记》卷99《刘敬叔孙通列传》，第2720页。
② 《后汉书》卷31《廉范传》，第1101页。

以为爪牙，诛锄豪强，奸邪不敢发。以选入为大司农"。① 田氏被迁徙后
出仕汉王朝，并成为汉王朝依赖的重要大臣。

从这两条史料可以看出，秦二世而亡，汉却能稳定统治的关键原因
了，即汉王朝恰当地处理了与六国旧贵的关系。在迁徙旧贵置于直接控
制之下的同时，又将其吸收到汉政权体系之中，转变成为汉王朝的大臣，
这样汉王朝对六国旧贵就实现了从地方不安定因素到统治依赖势力的
转变。②

关于六国旧贵进入汉政权的史料，还有几条，列举如下：

齐襄王之后，在西汉"世为二千石""法雄字文强，扶风郿人也，齐
襄王法章之后。秦灭齐，子孙不敢称田姓，故以法为氏。宣帝时，徙三
辅，世为二千石"。③ "马援字文渊，扶风茂陵人也。其先赵奢为赵将，号
曰马服君，子孙因为氏。武帝时，以吏二千石自邯郸徙焉。曾祖父通，
以功封重合侯，坐兄何罗反，被诛，故援再世不显。援三兄况、余、员，
并有才能，王莽时皆为二千石。"④

田叔，"赵陉城人也，其先，齐田氏也。……叔为汉中守十余年"。⑤

冯唐，"祖父赵人也。父徙代。汉兴徙安陵。唐以孝著，为郎中署
长，事文帝"。⑥

"世吏二千石""为汉中守十余年"，这就说明六国旧贵之后已经成为
汉政权统治的重要依靠力量了。

关于迁徙六国旧贵的措施，司马迁给予了高度的评价："夫高祖起微
细，定海内，谋计用兵，可谓尽之矣。然而刘敬脱挽辂一说，建万世之
安，智岂可专邪！"⑦《后汉书》刘昭注引《东观书》曰："及汉初兴，上
稽旧章，合符重规，徙齐诸田，楚昭、屈、景、燕、赵、韩、魏之后，

---

① 《汉书》卷90《酷吏传·田延年》，第3665页。
② 尹建东认为："但对大多数六国贵族后裔来说，这一转化过程大约持续到文景时期，直
到西汉中期以后，六国贵族作为一个社会群体才逐渐从人们的视野中消失。"（《两汉魏晋南北朝
关东豪族研究》，四川大学出版社2007年版，第25页。）
③ 《后汉书》卷38《法雄传》，第1276页。
④ 《后汉书》卷24《马援传》，第827页。
⑤ 《汉书》卷37《田叔传》，第1981—1982页。
⑥ 《汉书》卷50《冯唐传》，第2312页。
⑦ 《史记》卷99《刘敬叔孙通列传》，第2726页。

以稍弱六国强宗。邑里无营利之家，野泽无兼并之民，万里之统，海内赖安。……强干弱枝，本支百世之要也。"① 西汉对六国旧贵的合理处置，"建万世之安""支百世之要"，这样的评价，也不为过。

（二）地方豪强大族②

先论述一下关于"豪族"的问题。下面是史籍中关于"豪族"的一些记载：

（1）《史记》卷116《西南夷列传》中《正义》注解："《括地志》云：'陇右成州、武州皆白马氏，其豪族杨氏居成州仇池山上。'"③

（2）《后汉书》卷56《王龚传》："王龚字伯宗，山阳高平人也。世为豪族。初举孝廉，稍迁青州刺史。"④

（3）"左雄字伯豪，南郡涅阳人也。安帝时，举孝廉，稍迁冀州刺史。州部多豪族，好请托，雄常闭门不与交通。"⑤

（4）"郡中豪族多以奢靡相尚，畅常布衣皮褥，车马羸败，以矫其敝。"⑥

（5）"陈留人夏馥，字子治。安贫乐道，不求当世。郡内多豪族，奢而薄德，未尝过门。躬耕泽畔，以经书自娱。"⑦

（6）"《姓谱》曰：（留略）卫大夫留封人之后，汉末避地会稽，遂居东阳，为郡豪族。"⑧

（7）"（雍州）汉初，高帝纳娄敬说而都焉。又徙齐诸田，楚昭、屈、景、燕、赵、韩、魏之后，及豪族名家于关中，强本弱末，以制天下。"⑨

---

① 《后汉书》卷105《五行志三·序》刘昭注引《东观书》，第3307页。

② 关于地方豪强大族，毛汉光使用了"地方豪族"一词（见《中国中古社会史论》，第138页），本书中则使用"地方豪强大族"或者"地方大族"，而"地方大族"是一个比较中性的词。

③ 《史记》卷116《西南夷列传》，第2992页。

④ 《后汉书》卷56《王龚传》，第1819页。

⑤ 《后汉书》卷61《左雄传》，第2015页。

⑥ 《后汉书》卷56《王龚传附子畅》，第1825页。

⑦ 袁宏撰，周天游校注：《后汉纪校注》，天津古籍出版社1987年版，第623页。

⑧ 《资治通鉴》卷75，胡三省注，中华书局1956年版，第2397页。

⑨ 马端临：《文献通考》卷322《舆地考八》，中华书局1986年版，第2527页。

（8）"邓道出为冯翊，下车治豪族大姓，号为'豪强所病'。"①

（9）"又常日西域杂胡欲来贡献，而诸豪族多逆断绝；既与贸迁，欺诈侮易，多不得分明。胡常怨望，慈皆劳之。"②

（10）"步骘，字子山，临淮淮阴人也。世乱，避难江东，单身穷困，与广陵卫旌同年相善，俱以种瓜自给，昼勤四体，夜诵经传。会稽焦征羌，郡之豪族，人客放纵。"③

（11）"诸习氏，荆土豪族，有佳园池，简每出嬉游，多之池上，置酒辄醉，名之曰'高阳池'。"④

（12）"山阴豪族富室，顷亩不少，贫者肆力，非为无处。"⑤

（13）"上洛豪族泉、杜二姓密应之。企与刺史董绍宗潜兵掩袭，二姓散走，宝夤军亦退。"⑥

上面是汉魏时期史籍中有关豪族的部分史料：（1）中豪族是指氏族中之大族；（2）中王龚为山阳高平之大族；（3）中豪族为州郡豪强大族；（4）中为郡中豪强大族；（5）中也是郡中豪强大族；（6）中留氏为东阳大族；亦为郡中豪强大族；（7）中豪族与六国旧贵、名家并列，当为地方豪强大族；（8）中为豪强大族；（9）中亦为地方豪强大族；（10）中焦征羌为会稽豪强大族；（11）中习氏为荆州豪强大族；（12）中豪族与富室连用，当为地方大族；（13）中为地方大姓泉氏、杜氏。观各史料的行文与语境，"豪族"与官员、政府相对应时，表达的是地方豪强大族之意。

从以上史料看来，两汉时期的"豪族"多为地方大族或者豪强大族，"豪族"在古代史籍中的出现，是站在统治者的立场上来说的，其含义具有贬义性质，豪族是相对于汉政权存在的威胁着王朝统治的并被打击的对象。

---

①　周天游：《八家后汉书辑注·谢承〈后汉书〉》，上海古籍出版社1986年版，第222页。

②　《三国志》卷16《魏书·仓慈传》，第512页。

③　《三国志》卷52《吴书·步骘传》，第1236页。

④　《晋书》卷43《山涛传附子山简》，第1229页。

⑤　马端临：《文献通考》卷2《田赋二》，第38页。

⑥　《周书》卷44《泉企传》，中华书局1971年版，第786页。

历来研究豪族者，对"豪族"的定义也各不相同。① 前辈学者的成果中所研究的"豪族"是一个包括很多要素的概念，官僚、儒宗、商贾、诸侯王、外戚甚至宦官等都可被称作豪族，其所要体现的重点是族势的庞大，② 所以便有了"豪族"之称。目前为止，此种语境下的豪族研究已取得了丰硕的成果，前文中已有列举。

笔者以为，把两汉时期所有的社会势力全部纳入"豪族"的范畴，这样的研究目前很难再取得突破；这种研究视角也容易忽视社会势力间的差异性以及对历史发展的不同影响。所以，在本书的论述中，采用了原始史料中的含义，豪族即是地方豪强大族，是汉代存在着的社会势力中的一种。"早期的豪族作为一种纯粹的民间势力的代表。"③

西汉的地方豪强大族，最常见的称谓还有豪右、豪民等。

"豪右以血缘宗族关系将同族组织起来，凭藉宗强族众，横行乡里，多行不轨，役使贫弱，对于乡里中没有宗族依靠的单家具有支配力，因而成为地方乡里中的重要社会势力。"④ 就"豪民"而言，关于豪民向汉政权的靠拢，王彦辉在《汉代豪民研究》一书第九章"豪民社会地位的提高及其与士族的逐步合流"中有详细的论述，笔者不再赘述。

但无论称谓怎样，这些在西汉前期活动于地方社会的大族，我们可

---

① 如杨联陞认为："所谓豪族，并不是单纯的同姓同宗的集团，是以一个大家族为中心，而有许多家或许许多人以政治或经济的关系依附着的，这样合成一个豪族单位。"认为豪族是地主兼官僚或兼商人。（杨联陞《东汉的豪族》，《清华学报》1936 年第 11 卷第 4 期）崔向东在《汉代豪族研究》中认为："豪族是由各种社会阶层（主要是地主）演变成的一个新形态。各种社会阶层的形态演变可能是多种多样的，但它有一个最基本的总的演变趋势。在各种类型的社会阶层不断产生、发展的同时，随着他们与权力的结合，逐渐向一个新的形态融合演变，我把这个多种形态融合而成的社会阶层称为豪族。"（第 10 页）可见，崔向东书中所谓的豪族是一个包容很多社会阶层的概念。马彪在《秦汉豪族社会研究》一书中则认为豪族包括"素封"势力商人、"儒宗"官僚士大夫和宗室、外戚贵族势力。谷川道雄以大土地的占有来定义豪族势力："父老社会的'里共同体'，终于在其内部孕育出阶级关系，出现了大土地所有者的豪族势力与无产农民的两个极端。"（谷川道雄：《中国社会构造的特质与士大夫的问题》，《日本学者研究中国史论著选译》，中华书局 1993 年版，第 183 页。）瞿同祖则认为豪族包括六国旧贵、诸侯王、外戚、官僚家族、富商家族和游侠家族。（《汉代社会结构》第五章）

② 如刘增贵所言："一般概念中汉代豪族的标准形态——拥有宗族及附从势力。"（《汉代豪族研究——豪族的士族化与官僚化》，博士学位论文，台湾大学，1986 年。）

③ 尹建东：《两汉魏晋南北朝时期关东豪族研究》，第 7 页。

④ 崔向东：《汉代豪族研究》，第 103 页。

以概括为地方豪强大族。这些地方豪强大族和六国旧贵一样，活跃于地方社会，并且具有相当大的影响力，拥有大量的社会资源，如土地、人口等，成为中央政权的潜在威胁。《汉书·酷吏传·严延年》载："时（涿）郡比得不能太守，涿人毕野白等由是废乱。大姓西高氏、东高氏，自郡吏以下皆畏避之，莫敢与忤，咸曰：'宁负二千石，无负豪大家。'宾客放为盗贼，发，辄入高氏，吏不敢追。浸浸日多，道路张弓拔刃，然后敢行，其乱如此。"①

西汉前期地方豪强大族的势力是相当强大的。西汉前期的地方社会被豪强大族控制着，中央力量鞭长莫及，难以控制地方社会，地方官吏也很难控制地方的局势。

对于强大的地方豪强大族势力，除了迁徙和利用酷吏诛杀，汉政权还采取了各种有效的措施引导地方豪强大族向汉政权靠拢，并使其逐渐成为维护汉王朝统治的社会势力，所以，迁徙豪强、打击豪强、察举制度、武功爵等措施便应运而生。

1. 被迁徙，不得族居

西汉用迁豪的方式，以达到对地方豪强大族的控制。西汉迁徙豪强大族是由刘敬提出的。"臣愿陛下徙齐诸田，楚昭、屈、景、燕、赵、韩、魏后，及豪桀名家，且实关中。无事，可以备胡；诸侯有变，亦足率以东伐。此强本弱末之术也。"② 这一策略的提出，虽主要是针对六国旧贵，但"豪桀名家"也在其列，所以地方豪强大族也在迁徙之列。自此以后，迁徙地方豪强大族的政策在西汉一直延续着。何兹全先生也认为："徙关东旧贵族于关中的政策，两汉时期一直执行着，范围在逐步扩大，吏世二千石之家、高訾富人等新贵族、世家豪族都在迁徙之列。"③

元朔二年（前127年）"又徙郡国豪杰及訾三百万以上于茂陵。"④

元狩五年（前118年），"徙天下奸猾吏民于边。"⑤

---

① 《汉书》卷90《酷吏列传·严延年》，第3668页。

② 《汉书》卷43《娄敬传》，第2123页。

③ 何兹全：《两汉豪族发展的三个时期》，《秦汉史论丛》第三辑，陕西人民出版社1986年版，第100页。

④ 《汉书》卷6《武帝纪》，第170页。

⑤ 《汉书》卷6《武帝纪》，第176页。

太始元年（前96年），"徙郡国吏民豪杰于茂陵、云陵。"①

如郑弘，"其曾祖父本齐国临淄人，官至蜀郡属国都尉。武帝时徙强宗大姓，不得族居，将三子移居山阴，因遂家焉"。② 迁徙豪强大族和不得族居，便于削弱豪强大族的势力和加强对豪强大族的控制。迁徙豪强，如劳榦先生所言："对于政府来说，新的势力基础未固，控制上总较为容易，也就是对于推行政令，造成了一个有利的机会。"③ 如"郑崇字子游，本高密大族，世与王家相嫁娶。祖父以訾徙平陵。父宾明法令，为御史，事贡公，名公直。崇少为郡文学史，至丞相大车属"④。郑氏本地方大族，先是第一代郑崇祖父以訾被迁徙至平陵，然后第二代郑宾开始明法令，为御史；再到第三代郑崇，哀帝时为尚书仆射。地方大族郑氏先被迁徙，然后融入汉政权。

宣帝以后，迁徙豪强大族的范围更加扩大，并扩及丞相、将军、列侯、吏二千石等。宣帝元康元年（前65年），"以杜东原上为初陵，更名杜县为杜陵。徙丞相、将军、列侯、吏二千石、訾百万者杜陵"。⑤

武帝至宣帝时期的迁徙政策，使得数量众多的地方豪强大族受到控制。《汉旧仪》载："武、昭、宣三陵，（邑）皆三万户。"⑥ 武、昭、宣三代的徙陵，大致九万余户被迁徙，这对地方豪强大族也是一个不小的打击。

到成帝时，迁徙政策又有了变化。

成帝鸿嘉二年（前19年），"夏，徙郡国豪杰訾五百万以上五千户于昌陵。赐丞相、御史、将军、列侯、公主、中二千石冢地、第宅。"⑦

这段史料存在一个疑问。"郡国豪杰訾五百万以上"是被迁徙到昌陵的，那么丞相、列侯等是否也被迁徙了呢？关于成帝鸿嘉二年的迁豪，司马光在《资治通鉴》中记载的是："夏，徙郡国豪桀訾五百万以上五千

① 《汉书》卷6《武帝纪》，第205页。

② 《后汉书》卷33《郑弘传》，注引《谢承书》，第1155页。

③ 劳榦：《汉代的豪强及其政治上的关系》，载《古代中国的历史与文化》，第286页。

④ 《汉书》卷77《郑崇传》，第3254页。

⑤ 《汉书》卷8《宣帝纪》，第253页。

⑥ 孙星衍等辑，周天游点校：《汉官六种·汉旧仪补遗》，中华书局1990年版，第102页。

⑦ 《汉书》卷10《成帝纪》，第317页。

户于昌陵。"① 迁郡国豪杰五千户是没有问题的，但《资治通鉴》中并没有提及关于丞相、御史等被迁的事。《资治通鉴》是一部通过考证写成的历史著作，是可以作为信史来看的，司马光在此处没有提到丞相等被迁，就说明在这次迁豪中，汉王朝很可能并没有将丞相、御史等作为迁徙的对象。颜师古对《汉书》这条史料的注解是："并与昌陵赐之。"② 由此可以推断丞相、列侯等并没有被迁徙至昌陵，但在昌陵赐予丞相等冢地、第宅。可见，至成帝时，迁豪的政策发生了微妙的变化，不再直接迁徙丞相、吏二千石，而是将直接迁徙变为在迁徙地赐予冢地、第宅，这种变相的迁徙，说明朝廷对重臣的迁徙政策已经松动了。

宣帝时期迁徙的人里不仅有豪强大族，而且包括二千石以上的高官；而成帝时期则不同，被直接迁徙的人只有郡国赀五百万以上之豪杰，而对二千石以上之官吏则是在昌陵的土地中赐予冢地、宅第，进行变相的迁徙，没有直接迁徙其人。从这一微妙的变化中可以看出，由于成帝以后地方大族向汉政权的渗透以及向士大夫的转化，进入汉政权的地方豪强大族已经成为汉王朝的统治势力了，并且在朝廷中具有一定的发言权，所以不再对其进行直接迁徙。

2. 任用酷吏打击

许倬云认为："皇权的直接干涉地方社会秩序，既见之于皇权人格化的'酷吏'，又见之于制度化的部刺史制。……掌握社会势力的豪杰，与掌握财富的富人，二者都构成对于汉政权的威胁。"③ 西汉初期，脱离汉政权控制的豪强大族是大量存在着的。为了稳固政权，在进行迁徙的同时，汉王朝不得不对地方豪强大族进行残酷的诛杀，以扫除破坏政权稳定的隐患。

武帝元狩四年（前119年），以定襄太守义纵为右内史，河内太守王温舒为中尉，"是时赵禹、张汤以深刻为九卿矣，然其治尚宽，辅法而行，而纵以鹰击毛挚为治"。④ "（王温舒）素居广平时，皆知河内豪奸之

① 《资治通鉴》卷31，第994页。
② 《汉书》卷10《成帝纪》，颜师古注，第318页。
③ 许倬云：《西汉政权与社会势力的交互作用》，载《求古编》，第464—465页。
④ 《史记》卷122《酷吏列传》，第3146页。

家。及往，以九月至，令郡具私马五十匹，为驿自河内至长安，部吏如居广平时方略，捕郡中豪猾，相连坐千余家。上书请，大者至族，小者乃死，家尽没入偿臧。奏行不过二日，得可，事论报，至流血十余里。"①武帝是支持酷吏打击豪强的，王温舒诛杀豪猾，"天子闻之，皆以为能，故擢为中二千石"②。

武帝任用酷吏打击地方豪强大族，重文横入，漂血十里。在张汤、义纵、宁成、王温舒等人残酷的打击下，西汉初期原有的地方豪强大族的锋芒顿挫，或被迁徙，或被诛杀。

武帝设置十三部刺史，也是打击地方势力的策略之一。元封五年（前106年），置十三部刺史，巡行郡国，以六条问事，"一条，强宗豪右田宅逾制，以强凌弱，以众暴寡。二条，二千石不奉诏书遵承典制，倍公向私，旁诏守利，侵渔百姓，聚敛为奸。三条，二千石不恤疑狱，风厉杀人，怒则任刑，喜则淫赏，烦扰刻暴，剥截黎元，为百姓所疾，山崩石裂，祅祥讹言。四条，二千石选署不平，苟阿所爱，蔽贤宠顽。五条，二千石子弟恃怙荣势，请托所监。六条，二千石违公下比，阿附豪强，通行货赂，割损正令也"③。六条之中有两条是关于豪强的，一条是直接针对豪强，另一条是防止二千石和地方豪强的结合。通过这一措施，中央加强了对地方的干涉与影响。徐复观就认为：

> 原来为了摧毁平民宗族的社会势力，可先加以"族灭"，然后奏闻，不经过任何法律上的手续。族灭的方法，只是"重文横入"，即是把严重的罪名（重文），随便加到他们身上（横入）以掩饰耳目。由此更进一步，可以了解汉武帝元封五年初置刺史的主要目的，便在于摧毁平民宗族的社会势力。……但最毒辣的是第一条"强宗豪右，田宅逾制，以强凌弱，以众暴寡"。汉代董仲舒限制名田之议，未见实行。师丹们限田之制，旋即破坏。田宅如何是"逾制"，并无明白规定，此一罪名是可随便加上去的。族大则力强势众，这是自

---

① 《汉书》卷90《酷吏传·王温舒》，第3656页。
② 《资治通鉴》卷19，第647页。
③ 《汉书》卷19《百官公卿表》，颜师古注引《汉官典职仪》，第742页。

然如此。干犯刑律，皆有科条可循，何能作统括性的预断。这分明
是以强宗右族的本身为罪刑的对象。"一人有罪，举宗拘系"的残酷
现象，决非偶然的。①

但像诛杀这样的极端手段，不是一个王朝持续统治、社会稳定的常
态措施；统治者要想维持其持续的统治，办法之一就是要使游离于王权
之外的社会势力融入国家政权，同时，使国家的统治力量也能够完全触
及社会下层。

武帝时期在对地方豪强大族进行打击的同时，辅之以其他策略，给
予地方豪强大族以出路，使其融入汉政权。汉政权在对地方豪强大族关
了一扇门的同时又为其打开了几扇门，这几扇门就是入财为郎、通经入
仕、察举制等。通过这些方式就可以使先秦以来盘踞地方的豪强大族势
力逐渐融入汉政权的统治体系之中，并成为汉政权的统治基础。这样，
地方豪强大族就可以实现由具有分裂性的地方势力向维护汉王朝统治的
社会势力的转变。

3. 入钱、入谷

汉代地方豪强大族融入汉政权的途径之一就是通过入钱、入谷。卫
宏《汉官旧仪》卷上载："左、右中郎将，秩比二千石，主谒者、常侍侍
郎，以赀进。"② 这便是一条地方豪强大族通过入钱进入汉政权的证据。

武功爵。武帝时期开启了民得买武功爵、官首以上可以先除为吏的
政策，使得地方豪强大族能够有机会成为新王朝的官吏，转变为统治者。

武帝元朔六年（前123年），"是时，汉比岁发十余万众击胡，斩捕
首虏之士受赐黄金二十余万斤，而汉军士马死者十余万，兵甲转漕之费
不与焉。于是大司农经用竭，不足以奉战士。六月，诏令民得买爵及赎
禁锢，免臧罪。置赏官，名曰武功爵，级十七万，凡直三十余万金。诸
买武功爵至千夫（千夫，武功爵第七）者，得先除为吏"③。"诸买武功

---

① 徐复观：《两汉思想史——周秦汉政治社会结构之研究》，华东师范大学出版社2001年
版，第198—199页。

② 孙星衍等辑，周天游点校：《汉官六种·卫宏〈汉旧仪〉》，第33页。

③ 《资治通鉴》卷19，第621—622页。

爵官首（官首，武功爵第五）者试补吏，先除。"① 汉代的武功爵每级值多少金，历来一直有争论，《史记索隐》引顾氏按："初一级十七万，自此以上每级加二万，至十一级，合成三十七万也。"② 即第一级为十七万金，后每级加二万，至十一级总共三十七万金。胡三省则以为："盖级十七万者，卖爵一级为钱十七万，至二级则三十四万矣，自此以上，乌得不每级而增乎！王莽时黄金一斤直钱万，以此推之，则三十万金为钱三十余万万矣，此当时鬻武功爵所直之数也。"③ 胡三省则认为第一级值十七万钱，后每级增十七万钱。两者的不同在于第一级是十七万金还是十七万钱以及二级以上如何累加。

如果按《索隐》引顾氏的说法，武功爵一级十七万金，每上一级加两万，要买至武功爵第五级官首就得二十五万金；买至第七级千夫，就得二十九万金，这绝非一般人家倾家荡产能够买得起的。如果按照胡三省的说法，每级十七万钱，第五级官首得八十五万钱，按一金值万钱来算，合八金多。文帝时期，"百金，中人十家之产也"。④ 中人一家为十金。颜师古认为中人是"不富不贫"⑤ 者。所以，按照胡三省的说法，一般中人民众都可以买爵为吏了，但这样的话不符合当时情况。汉政府卖爵是为了收集钱财，补充不足，如果按照胡注的说法，第一，汉政府收集的钱财远远不足，无法解决"大司农经用竭，不足以奉战士"的问题；第二，社会中的中人家庭都可以补吏，就会造成官吏数量的增多，又会造成财政困难。所以，从当时施行武功爵最初的目的来看，《索隐》引顾氏的解释似乎更加合理一些，若想买至第五级官首就得二十五万金，这样就会达到汉政府从地方豪强大族手中收集钱财为其所用的目的。

所以，家资巨大的地方豪强大族，通过对武功爵的购买，开始了向汉政权的渗透。杨仆，"以千夫为吏"。⑥ 所谓千夫者，乃武功爵之第七级。杨仆正是以豪强大族的身份通过买武功爵而进入汉政权的。

---

① 《史记》卷30《平准书》，第1423页。
② 《史记》卷30《平准书》，第1423页。
③ 《资治通鉴》卷19，第622页。
④ 《汉书》卷4《文帝纪》，第134页。
⑤ 《汉书》卷4《文帝纪》，第135页。
⑥ 《汉书》卷90《酷吏传·杨仆》，第3659页。

纳粟拜爵。汉初时期，社会财富掌握在地方大族手中。为了解决国家缺粟的困境，使大族手中掌控的粮食补充国用；也为了使得地方大族能够融入汉政权，所以，西汉前期地方大族可以入钱、入谷而拜爵。文帝后元六年（前158年），"民得买爵"。①武帝时期，黄霸为地方豪强，"以豪桀役使徙云陵"，"武帝末以待诏入钱赏官，补侍郎谒者，坐同产有罪劾免。后复入谷沈黎郡，补左冯翊二百石卒史"。②黄霸先后两次分别入钱、入谷才完成由地方豪族向汉政权的渗透。

卜式向汉政权入家财而进入汉政权。卜式以畜牧为业，家庭富裕。"时汉方事匈奴，式上书，愿输家财半助边。岁余，会浑邪等降，县官费众，仓府空，贫民大徙，皆印给县官，无以尽赡。式复持钱二十万与河南太守，以给徙民。河南上富人助贫民者，上识式姓名，曰：'是固前欲输其家半财助边。'乃赐式外繇四百人，式又尽复与官。是时富豪皆争匿财，唯式尤欲助费。上于是以式终长者，乃召拜式为中郎，赐爵左庶长，田十顷，布告天下，尊显以风百姓。"③卜式最后封爵关内侯，官至御史大夫。卜式作为一个地方大族，是通过向朝廷捐献财产的方式进入汉政权的。可见，纳粟及捐献财产是地方大族进入汉政权的一种方式。

地方大族通过入钱、入谷，使得他们有了新王朝的爵位，重新获得了贵族的身份；同时，地方豪强大族的加入，也使得汉政权的社会基础更加广泛。

4. 通经入仕

通经也是地方豪强大族向汉政权渗透的方式之一。"通经入仕，王权把社会势力吸引权力体系中来，化解了社会势力与王权的矛盾，这要比单纯的打击、限制更有效。"④地方豪强大族通过自身努力，向汉政权靠拢，通经入仕，⑤并向士大夫转变。文化就像一缕灵光一样，指引豪强大

---

① 《汉书》卷4《文帝纪》，第131页。

② 《汉书》卷89《循吏传·黄霸》，第3627页。

③ 《汉书》58《卜式传》，第2625页。

④ 崔向东：《汉代豪族研究》，第124页。

⑤ 陈启云在《汉晋六朝文化·社会·制度》（新文丰出版公司1998年版）一书《颍川荀氏家族》中认为："秦汉中叶以后，有很多豪强部分地接受了儒家思想，变成半吊子的知识分子。"并认为荀氏家族就是这种情况，荀氏是半知识分子豪族。（见该书79页。）

族向汉政权靠拢；文化吸收、融化了地方大族的"豪"性，从而向"士"性转变，即向士大夫转变。

毋庸置疑，何武家族是地方大族，"武兄弟五人，皆为郡吏，郡县敬惮之。武弟显家有市籍，租常不入，县数负其课。市啬夫求商捕辱显家，显怒，欲以吏事中商"。① 何武兄弟五人为郡吏，且何显还有市籍，这就充分说明了何武家族是蜀郡郫县的大族。如唐长孺先生所言："汉代的刺史、太守、县令是由朝廷任命的，而他们的僚属却必须由当地人充当。……州郡大吏照例由大姓、冠族充当。"② 而何武兄弟五人均为郡吏，就表明何氏为蜀郡之地方大族。何武通过吟诵颂扬汉德的诗，表达了对汉的忠心之后，被宣帝召见，诣博士受业，治《易》；后为扬州刺史，官至御史大夫。这样何武通过向汉政权靠拢、习经，实现了由地方大族向士大夫的转变。前文所举的黄霸，武帝时期为地方豪强，黄霸先后两次分别入钱、入谷才完成由地方豪族向汉政权的渗透。又黄霸少学律令，宣帝时为丞相长史，始从夏侯胜受《尚书》，实现了文吏与儒生的结合，从而完成了由地方豪强大族向士大夫的转变。黄霸转变为士大夫之后，更是成为西汉时期著名的循吏。黄霸的转变，历时较长，武帝时期以入钱、入谷进入汉政权，宣帝时期才学《尚书》，实现了向士大夫的转变。

文翁为蜀郡守，教化地方，富人也争为学。"每出行县，益从学官诸生明经饬行者与俱，使传教令，出入闺阁。县邑吏民见而荣之，数年，争欲为学官弟子，富人至出钱以求之。繇是大化，蜀地学于京师者比齐鲁焉。"③ 蜀郡的富人"出钱以求之"，争相为学，可见在文翁的治理之下，蜀郡的地方大族开始通过学经向汉政权靠拢。

宫崎市定认为："原来的土豪，亦即光有实力的土著豪族，一旦被世袭性地任用为郡县掾史（右职），也会逐渐地修习学问，成为知识阶级而构成中央官僚的后背阵营。如此官僚化的豪族被特别称作'右族'。他们中间世世代代占据郡掾史的右翼，因而一代又一代作为孝廉或者茂才推

---

① 《汉书》卷86《何武传》，第3482页。
② 唐长孺：《魏晋南北朝史论拾遗》，第25—26页。
③ 《汉书》卷89《文翁传》，第3626页。

荐到中央而固定下来的右族，被称为'冠盖'或者'冠冕'。"① 尹建东
认为："'通经入仕'也成为豪族与权力结合的最直接的途径。"②

武帝"表章《六经》"以后，越来越多的地方大族通过明经，向士大
夫转变。"在西汉时，邹鲁一带流行一句谚语说：黄巾满籝，不如遗子一
经。……而家族中读经的士人渐多，形成一种新的士族。此前之强宗巨
家子弟亦间有改弦易辙而来读经的；他们一旦成为士人，他们的家族也
就转变成为士族。"③

以明经而进入汉政权的地方豪强大族，这样的例子很多。

如"魏相字弱翁，济阴定陶人也，徙平陵"④。魏相家本济阴定陶人，
徙平陵，汉代被迁徙者，多为地方大族，所以魏相家族为地方大族当无
疑。魏相，"少学《易》，为郡卒史，举贤良，以对策高第，为茂陵令"⑤。
魏相是以学经而成为郡县吏的。魏相以地方大族的身份通过学经进入汉
政权，实现了地方大族向士大夫的转变。

地方豪强大族通过明经进入汉政权，并与汉政权融合，典型的例子
如萧望之家族。萧望之本东海兰陵人，徙杜陵，可见必是地方大族。"家
世以田为业，至望之，好学，治《齐诗》，事同县后仓且十年。以令诣太
常受业，复事同学博士白奇，又从夏侯胜问《论语》《礼服》。"⑥ 以治田
为业的地方大族萧氏，是通过明经这条途径进入汉政权的。

萧望之不仅通过明经进入了汉政权，而且还成功地进入汉政权的核
心权力机构。他官至御史大夫、太子太傅、前将军、光禄勋。萧望之八
子，子萧育历任御史大夫，冀州、青州两部刺史，大鸿胪，光禄大夫、
执金吾；萧咸历任太守、大司农；萧由，历任安定、江夏太守、中散大
夫，家至吏二千石者六七人。

萧望之从地方大族通过明经进入汉政权之后，实现了从地方大族向
士大夫的转变；不仅萧望之成功地进入汉政权的核心权力体系，而且子

①　宫崎市定：《九品官人法研究》，韩升、刘建英译，中华书局2008年版，第52页。
②　尹建东：《两汉魏晋南北朝时期关东豪族研究》，第7页。
③　何启民：《鼎食之家——世家大族》，载《吾土与吾民》，第46页。
④　《汉书》卷74《魏相传》，第3133页。
⑤　《汉书》卷74《魏相传》，第3133页。
⑥　《汉书》卷78《萧望之传》，第3271页。

孙也多成为汉王朝的官吏，仅萧由家人至吏二千石者六七人。萧氏从萧望之开始，实现了从地方大族向士大夫的转变。由于其家族成员也在汉政权中任职，子萧育、萧咸、萧由均为二千石，加上其他家族成员在地方上的分布，这样，萧氏家族就实现了地方大族向汉政权的渗透并转变成为维护汉政权的社会势力，成为汉政权依赖的统治基础势力。

张禹，也是通过明经由地方大族转变为士大夫的。其家本河内轵人，至禹父徙家莲勺，可见亦为地方大族。"及禹壮，至长安学，从沛郡施雠受《易》，琅邪王阳、胶东庸生问《论语》，既皆明习，有徒众，举为郡文学。"① 元帝为太子时，张禹为讲授《论语》，成帝时拜为诸吏光禄大夫、给事中、领尚书事。官至丞相，封安昌侯。张禹通过习读《易》《论语》，即明经以地方大族的身份进入汉政权，并转变为士大夫。

再如冯奉世，其先为韩上党守冯亭，秦时冯毋泽、冯去疾、冯劫皆为将，文帝时冯唐显名。可见冯氏是传统的旧贵、大族，入汉时家族还很大。冯奉世本上党潞人，徙杜陵。冯奉世以良家子选为郎，昭帝时为武安长，后失官。年三十余，才学《春秋》。后官至光禄大夫、执金吾、光禄勋。冯奉世由六国旧贵后、地方大族被迁徙，然后至三十余岁才学《春秋》，可以明了，冯奉世是通过明经进入汉政权并实现向士大夫的转变的。

还有些被迁徙的地方大族，多从文吏做起，然后明经，转变为士大夫，走向统治高层。

如平当，"祖父以訾百万，自下邑徙平陵。当少为大行治礼丞，功次补大鸿胪文学，察廉为顺阳长，栒邑令，以明经为博士，公卿荐当论议通明，给事中"。② 平当祖父为地方大族，以訾百万徙平陵，自平当开始在朝廷任职，初为文吏，后习读经书，以明经为博士，从而转变为士大夫，哀帝时官至御史大夫、丞相。平当学习儒学不知是在何时，但从史料之行文来看，平当先为栒邑令，然后才以明经为博士，可见平当为吏是在明经之前的。明经之后，平当这才获得进入朝廷高层的条件。平当子宴亦以明经历位大司徒，封防乡侯。

---

① 《汉书》卷81《张禹传》，第3347页。
② 《汉书》卷71《平当传》，第3048页。

作为地方大族被迁徙后，向汉政权靠拢的第一步是出任文吏；第二步便是学习儒学，获得进入高层的基本条件，向更高层迈进。

韩延寿，燕人也，徙杜陵，少为郡文学。韩延寿虽然是大族、郡县吏出身，但他为吏，"上礼义，好古教化，所致必聘其贤士，以礼待用，广谋议，纳谏争。举行丧让财，表孝弟有行；修治学官，春秋乡射，陈钟鼓管弦，盛升降揖让，及都试讲武，设斧钺旌旗，习射御之事"。① 韩延寿以儒家规范治理地方、教化地方，不得不说，韩延寿本身也存在由地方大族向文吏再向士大夫的转变。在这点上，当是与武帝时酷吏之最大区别。武帝时的酷吏虽然也是文法吏出身，但其治理地方以严酷著称，而昭宣以后的文法吏，则多以礼仪治郡，很明显，这是昭宣以后文法吏向士大夫转变的结果。

毛汉光认为："汉政府软硬兼施的两面手法，加速改变地方豪族的作用。"② 一方面是专制的打击和压制，另一方面是橄榄枝的诱惑，汉政权在关了一扇门的同时，又打开了一扇门，引导秦汉以来的地方豪强大族逐渐融入汉政权之中，并向士大夫转变，逐渐成为汉代国家政权的统治基础。

由地方豪强大族向士大夫的转变，学习经学这一环很重要，因为只有学习了经学，才能和汉政权独尊儒术的国策保持一致，从而在治国思想、忠君上与汉政权保持一致。学经是地方豪强大族进入统治高层的必备条件。

5. 被察举

察举制"是从整个社会中召集具有做官资格者。如此一来，汉朝的权威也就随之扩大到整个天下"③。即随着察举制在全国范围内的推行和汉政权官员在全国范围内的选举，汉王朝的统治也逐渐在全国范围内加强和深入社会基层。

武帝元光元年（前 134 年），武帝听从董仲舒的建议，正式实行察举

---

① 《汉书》卷 76《韩延寿传》，第 3211 页。
② 毛汉光：《中国中古社会史论》，第 81 页。
③ 谷川道雄：《试从社会与国家关系看汉唐之间的历史变迁》，载牟发松主编《社会与国家关系视野下的汉唐历史变迁》，华东师范大学出版社 2006 年版，第 3 页。

制度。"元光元年冬十一月，初令郡国举孝廉各一人。"① 但是，这一政令在实际中并没有得到很好的贯彻。至元朔元年（前128年），武帝再次下诏强调："深诏执事，兴廉举孝，庶几成风，绍休圣绪。夫十室之邑，必有忠信；三人并行，厥有我师。今或至阖郡而不荐一人，是化不下究，而积行之君子雍于上闻也。二千石官长纪纲人伦，将何以佐朕烛幽隐，劝元元，厉蒸庶，崇乡党之训哉？……今诏书昭先帝圣绪，令二千石举孝廉，所以化元元，移风易俗也。不举孝，不奉诏，当以不敬论。不察廉，不胜任也，当免。"② 自此以后，察举制度便得到贯彻，地方豪强大族也多了一条进入政府的途径。宫崎市定认为："汉代的秀孝，虽说重在考察个人才能，但实际上是从州郡僚属中选拔，而州郡僚属出自地方豪族。这些豪族因为很好地协助州郡政治而获得推荐，所以，秀孝的推荐具有强烈的回报色彩。"③ 所以，察举制为地方豪强大族进入汉统治体系提供了有效途径。"选举制度打开了社会势力与政治势力交流的孔道。"④

《后汉书》卷56《王龚传》："王龚字伯宗，山阳高平人也。世为豪族。初举孝廉，稍迁青州刺史。"⑤ 王龚世为豪族，通过"举孝廉"进入汉政权，这正好说明了地方豪强大族通过察举向汉政权的渗透。郇越，为汉末清名之士，"以明经饬行显名于世"，举州郡孝廉茂才，"越散其先人訾千余万，以分施九族州里，志节尤高"。⑥ 郇越先人有訾千万，肯定是一个地方豪强大族，所以郇越能用家财赈济九族。至郇越则明经饬行，通过察举进入汉政权，从而实现了从地方大族向士大夫的转变。

西汉时期，豪强大族的身份也是为官的一个重要条件。

崔向东在《汉代豪族研究》一书中对西汉的丞相做了统计分析后认为："自汉昭帝以后，最明显的变化有二，一是丞相身份变得单一，主要

---

① 《汉书》卷6《武帝纪》，第160页。

② 《汉书》卷6《武帝纪》，第166—167页。

③ 宫崎市定：《九品官人法研究》，第348页。

④ 刘增贵：《汉代豪族研究——豪族的士族化与官僚化》，博士学位论文，台湾大学，1986年，第131页。

⑤ 《后汉书》卷56《王龚传》，第1819页。

⑥ 《汉书》卷72《鲍宣传附郇越》，第3095页。

是文法吏和儒士。除王商以外戚为丞相外，其余全是文法吏和儒士，其中文法吏有 8 位，儒士有 13 位，以儒士居多，而且这些丞相大多通明经学。二是豪族出身者明显增加。在昭帝以后的 20 位丞相中，豪族出身者占 12 位。而这 12 位豪族出身者，又大部分是通经者，即豪族与通经相连。"[1]

表 2-1　　　　　　　　　　　西汉丞相出身变化统计

时代	丞相	功臣	功臣子弟	外戚宗室	文法吏掾史	经学之士	其他	家世豪族	备注
汉昭帝	王䜣				○				
	杨敞				○			○	
	蔡义				○	○			明经、儒宗
汉宣帝	韦贤					○		○	明经
	魏相				○	○		○	学《易》
	丙吉				○				
	黄霸							○	学律令
	于定国				○	○		○	学《春秋》
汉元帝	韦玄成					○		○	
	匡衡					○			善《诗》
汉成帝	王商			○				○	
	张禹					○			善《论语》
	薛宣				○				
	翟方进					○			治《春秋》
	孔光					○		○	明经

---

[1]　崔向东：《汉代豪族研究》，第 128 页。

续表

时代	丞相	功臣	功臣子弟	外戚宗室	文法吏掾史	经学之士	其他	家世豪族	备注
汉哀帝	朱博				○			○	
	平当					○		○	
	王嘉					○			明经
	马官					○			治《春秋》
汉平帝	平宴					○		○	
总计				1	8	13		12	

资料来源：崔向东：《西汉丞相出身变化统计表》，《汉代豪族研究》，第 126—127 页。

表 2-1 还可以继续分析：

（1）有些丞相（如杨敞、朱博）的身份是豪族，而出身是文法吏掾史，这就说明其是由地方豪强大族出任地方佐吏，然后通过对政权的渗透而官至丞相的。

（2）有些丞相（如魏相、于定国）是豪族之身份、文法吏掾史之出身、经学之士三者兼具，表明地方大族首先出身文法吏掾史，然后再通经，这才完成了其从地方大族向士大夫身份的转变。至于地方大族向士大夫的转变，是先经过出任文法吏掾史然后通经，还是先通经再出任文法吏掾史？笔者以为较为普遍的情况是先出任地方佐吏，然后再通经，从而具备向高层官吏发展的条件。

（3）有些丞相是直接通过地方大族的身份为丞相的（黄霸）。

（4）还有一种情况，就是豪强大族直接通过通经进入汉政权而成为丞相（如韦贤、韦玄成、张禹、孔光、平当、平宴）。也就是说，到西汉后期，有些地方大族不再先出任地方佐吏，然后向上升迁，而是直接通经，然后再进入汉政权，并实现了向士大夫的转化。

（5）也有仅是经学之士，而无豪强大族之身份而成为丞相的（如匡衡、翟方进、王嘉、马官）。

（6）以外戚、豪强大族身份直接为丞相（王商）。

（7）以文法吏掾史为丞相，而无其他明显出身（薛宣）。

通过以上分析可以看出，西汉时期丞相最重要的条件是通经和豪强大族的身份，通经有 13 例，家世豪族有 12 例，表面上看来通经是最多的。

通经是汉代为官的重要条件，但是仅仅通经是不够的，从上文的分析来看，通经者而没有家世豪族身份而官至丞相的仅仅有 4 例，而有家世豪族身份然后通经而官至丞相的却有 6 例。这就说明了一个情况，在西汉后期，为官至少为丞相的重要条件首先是家世豪族，即为地方大族，然后才是通经。

西汉前期尤其是武帝时期实行的对地方豪强大族的各种政策，取得了一定的实效。地方豪强大族或被迁徙，远离故土；或被酷吏诛杀；或通过入财、明经、察举制进入汉政权，通过这些途径，先秦以来的地方豪强大族得到了整合。崔向东在《汉代豪族研究》一书中通过"部分豪族指称词语在前四史中出现、消失及使用频率统计表"得出，西汉初到东汉末，"豪强""豪杰"等词语的使用逐渐减少了。

表 2-2　部分豪族指称词语在前四史中出现、消失及使用频率统计

史籍名称	《史记》	《汉书》	《后汉书》	《三国志》	说明
豪强	1	16	7	7	
豪杰	28	51	17	15	
豪富、豪富民	2	8	1	2	
豪民	1	6	0	1	属东夷
宿豪大猾	0	1	0	0	
豪强大姓	0	1	0	0	

资料来源：崔向东：《汉代豪族研究》，第 66—67 页。

另外，"豪奸"在《史记》《汉书》中各使用一次，而《后汉书》《三国志》中则没有；"豪猾"在前两史中的使用次数分别是 1 次和 4 次，

后两史中使用次数分别是 3 次和 2 次。

"豪强""豪杰""豪民""豪奸""豪猾"等词语使用的减少，说明在两汉时期，存在着社会势力的升降与演变。经过西汉时期对社会势力的整合，地方分裂性的豪强大族逐渐减少了。这种词语的变化虽然和社会势力的演变没有必然的联系，但多少也能反映出一些当时的情况。刘增贵认为："整个社会势力的发展是从武断乡曲，走向士族化、官僚化。"① "著姓与国家权力紧密结合，他们是王权体系中的一员，他们与王权是合作而非对抗。……豪强等词语的减少，说明豪强形态的转变，原来游离于政权之外而存在的各种社会势力，由于不断与政权结合，由国家的对立面被吸收到权力体系中，转为政权的基础，被国家所认可。"② 在这个过程中，就实现了社会势力向汉政权的渗透、实现了地方大族向士大夫的转变，"自此以后，地方上智术之士可以期待经过正式的机构，确定的思想，和定期的选拔方式，进入政治的权力结构中，参加这个权力的运行。纵然这时其它权力结构，如经济力量，与社会力量，都已经服从在政治权力结构之下了；一条较狭，但却远为稳定的上升途径反使各处的俊杰循规蹈矩的循序求上进。于是汉初的豪杰逐渐变成中叶以后的士大夫"。③ 随着察举制的实行，西汉初期的地方豪强大族逐渐实现了向士大夫的转变。

经过西汉前期对豪强大族的整治，到西汉中后期，豪强大族通过各种途径逐渐向汉政权渗透，向士大夫转变，进入汉王朝的统治体系，并成为汉王朝的统治基础。所以，到了西汉中后期，汉王朝对地方大族的政策也就随之发生了变化。

元帝永光四年（前 40 年）诏曰："安土重迁，黎民之性；骨肉相附，人情所愿也。顷者有司缘臣子之义，奏徙郡国民以奉园陵，令百姓远弃先祖坟墓，破业失产，亲戚别离，人怀思慕之心，家有不安之意。是以东垂被虚耗之害，关中有无聊之民，非久长之策也。《诗》不云乎？'民

① 刘增贵：《汉代豪族研究——豪族的士族化与官僚化》，博士学位论文，台湾大学，1986年，第 16 页。
② 崔向东：《汉代豪族研究》，第 70 页。
③ 许倬云：《西汉政权与社会势力的交互作用》，载《求古编》，第 474 页。

亦劳止，迄可小康，惠此中国，以绥四方。'今所为初陵者，勿置县邑，
使天下咸安土乐业，亡有动摇之心。布告天下，令明知之。"①

至哀帝建初陵时，不再有徙陵之事，哀帝建平二年（前5年），"勿
徙郡国民，使得自安"②。西汉徙陵之策取消。对于取消徙陵一事，许倬
云认为，"事实上，恐怕都是由于东方的大族不愿迁徙，而他们此时已在
中央有发言权，不再像武帝时一样受人支配了"。③

这次政策的改变表明，一方面，豪强大族进入汉王朝的政权体系，
并且在政权中的势力逐渐强大，"在中央有发言权"；另一方面，豪强大
族向士大夫转变，已经成为汉政权的统治基础，没有必要迁徙了。"随着
豪族不断官僚化、世官化，豪族逐渐变为国家的社会基础。"④ 至西汉后
期，由于地方大族已经融入汉政权，并进入汉统治机构中，习经为官，
转变为士大夫，所以开始以统治者的身份出现，长期受打击的命运自然
也就改变了。

经过汉初百余年的演变，豪强大族在汉政权两面手法的整治下，实
现了由分裂性地方豪强势力融入汉政权向汉政权基础统治势力的演变。
刘敏师认为："两汉历史四百年是国家权力强化的过程，也是豪族势力发
展的过程，是国家政权限制打击豪族的过程，也是豪族通过各种途径渗
入国家政权的过程，是国家政权与豪族势力由冲突对立为主转为依存融
合为主的过程。"⑤ 同时，由于汉王朝实行独尊儒术和察举制度，明经是
进入汉政权和迈向统治高层的必备条件，所以，一些地方豪强大族开始
研读经学，以获得进入汉政权的机会和向更高的统治层迈进。在这种背
景之下，地方豪强大族开启了向士大夫的演变。

二　士人向士大夫的转化

士人，用现代的概念，就是知识分子。阎步克认为："从知识社会学
的角度看，所谓知识分子应当是指从事文化的创造、传播与实践，居于

① 《汉书》卷9《元帝纪》，第292页。
② 《汉书》卷11《哀帝纪》，第340页。
③ 许倬云：《西汉政权与社会势力的交互作用》，载《求古编》，第480页。
④ 崔向东：《汉代豪族研究》，第147页。
⑤ 刘敏：《从抑制到容纳——两汉国家与豪族关系的发展路径》，《南开学报》2003年第3期。

社会文化层次顶端，并具有特定心理素质的社会角色。"① 士人，按钱穆先生的解释，"儒既是士，士既是儒"。② 瞿同祖认为："'士'就其狭义来说，则仅指那些专精于读书或者教授而尚未跻身官场的人。"③

《汉书·百官公卿表》载："将行，秦官，景帝中六年更名大长秋，或用中人，或用士人。"④ 可见在汉代，士人是相对于宦官而言的，泛指各种具有文化技能的人，如钱穆先生所言，尤其是指儒士。笔者认为，在中国古代历史上，士人是受儒家思想影响的具有强烈社会责任感并具有一定行政能力的知识分子，是尚未跻身官场的知识分子。

士人也是汉初社会势力的一种，"士人是战国贵族的下层、民众的上层，长期处于社会的中间阶层；至秦代，士人在'儒以文乱法'（《韩非子·五蠹》）的偏见下，被排斥在国家共同体之外，更成为纯粹的民间势力。汉高祖刘邦虽然开始下马'治天下'，但在武帝之前的士人仍然仅仅属于民间社会的普通一员。"⑤

西汉"表章《六经》"，为士人在政治舞台上提供了广阔的活动空间。同时，当士人与具体的行政职位相结合，开始从事具体的国家管理之后，就会发生向士大夫的转变。

（一）独尊儒术

西汉政府在董仲舒的倡导之下，独尊儒学，"及仲舒对册，推明孔氏，抑黜百家。立学校之官，州郡举茂材孝廉，皆自仲舒发之"。⑥ 汉武帝时，"建元元年冬十月，诏丞相、御史、列侯、中二千石、二千石、诸侯相举贤良方正直言极谏之士。丞相绾奏：'所举贤良，或治申、商、韩非、苏秦、张仪之言，乱国政，请皆罢。'奏可"。⑦ 这就是"罢黜百家，独尊儒术"的开始。"孝武初立，卓然罢黜百家，表章《六经》。"⑧

① 阎步克：《秦政、汉政与文史、儒生》，《历史研究》1986 年第 3 期。
② 钱穆：《中国历史上的传统政治》，载《国史新论》，第 127 页。
③ 瞿同祖：《汉代社会结构》，第 106 页。
④ 《汉书》卷 19 上《百官公卿表》，第 734 页。
⑤ 马彪：《论秦汉异同与士大夫的社会平衡机制》，载牟发松主编《社会与国家关系视野下的汉唐历史变迁》，第 314 页。
⑥ 《汉书》卷 56《董仲舒传》，第 2525 页。
⑦ 《汉书》卷 6《武帝纪》，第 155—156 页。
⑧ 《汉书》卷 6《武帝纪》，第 212 页。

　　自此以后，士人开始大量进入汉政权的统治体系。"及窦太后崩，武安君田蚡为丞相，黜黄老、刑名百家之言，延文学儒者以百数，而公孙弘以治《春秋》为丞相封侯，天下学士靡然乡风矣。"① 公孙弘以布衣为丞相，更是激励了士人向汉政权的靠拢，进一步促进了士人和汉政权的融合。

　　董仲舒及其弟子以士人的身份，进入汉政权。"董仲舒，广川人也。以治《春秋》，孝景时为博士。下帷讲诵，弟子传以久次相受业，或莫见其面，盖三年董仲舒不观于舍园，其精如此。进退容止，非礼不行，学士皆师尊之。……仲舒弟子遂者：兰陵褚大，广川殷忠，温吕步舒。褚大至梁相。步舒至长史，持节使决淮南狱，于诸侯擅专断，不报，以《春秋》之义正之，天子皆以为是。弟子通者，至于命大夫；为郎、谒者、掌故者以百数。而董仲舒子及孙皆以学至大官。"② 董仲舒为景帝时博士，其子孙皆以学至大官，弟子为官者以百数。

　　武帝开启独尊儒术的时代，昭帝以后，朝廷更加重视儒学之士。始元五年（前82年），有一男子自称是卫太子，民众观者数万人，右将军勒兵以备非常，丞相二千石莫敢发言，不知所出，隽不疑后到，叱从吏收缚，曰："诸君何患于卫太子！昔蒯聩违命出奔，辄距而不纳，《春秋》是之。卫太子得罪先帝，亡不即死，今来自诣，此罪人也。"后经查验果然不是卫太子，昭帝和霍光曰："公卿大臣当用经术明于大谊。"③ 隽不疑以《春秋》断是非得到昭帝的肯定，自此以后，汉朝廷更加重视经学之士了。

　　此后，儒学大盛，元帝、成帝均好儒术。

　　元帝好儒，重用儒生为丞相。"八岁，立为太子。壮大，柔仁好儒。"④ 班彪赞曰："臣外祖兄弟为元帝侍中，语臣曰元帝多材艺，善史书。鼓琴瑟，吹洞箫，自度曲，被歌声，分刌节度，穷极幼眇。少而好儒，及即位，征用儒生，委之以政，贡、薛、韦、匡迭为宰相。"⑤ 成帝

---

① 《汉书》卷88《儒林传·序》，第3593页。
② 《史记》卷121《儒林列传》，第3127—3129页。
③ 《汉书》卷71《隽不疑传》，第3037—3038页。
④ 《汉书》卷9《元帝纪》，第277页。
⑤ 《汉书》卷9《元帝纪》，第298—299页。

"壮好经书，宽博谨慎"①。"汉氏承秦燔书，大弘儒训，太学生徒，动以万数，郡国黉舍，悉皆充满，学于山泽者，至或就为列肆，其盛也如是。……天监四年，诏曰：'二汉登贤，莫非经术，服膺雅道，名立行成。'"②

正是在这种背景下，士人一旦明经，进入汉政权就相当容易了。"始，（夏侯）胜每讲授，常谓诸生曰：'士病不明经术；经术苟明，其取青紫如俯拾地芥耳。学经不明，不如归耕。'"③ 通经入仕成为士人进入汉政权的一般途径。"（韦）贤四子：长子方山为高寝令，早终；次子弘，至东海太守；次子舜，留鲁守坟墓；少子玄成，复以明经历位至丞相。故邹鲁谚曰：'遗子黄金满籯，不如一经。'"④ 所以大量的经学之士便纷纷进入汉政权，士人和汉政权逐渐融合。"实行读经入仕，官僚机构向士人敞开了大门，士人正式成为官僚队伍的后备军。"⑤

独尊儒术的结果是士人逐渐进入汉统治体系，并成为汉政权统治的重要构成力量。"在汉儒的努力之下，帝国君主转而独尊儒术，儒生通过明经入仕之途而源源进入朝廷而与文吏并立。"⑥

当士人通过明经进入统治体系，实现士人和具体行政职位的结合，就转变为士大夫，并成为维护汉政权的一支重要的社会力量。张保同认为："两汉时期，中国传统主流文化的儒学，经历了由诸子之学到官学的重大转变。先秦原始儒学经过深刻的改造，至此实现了与皇权政治的结合；儒生的身份也由游士转变为士大夫，成为专制皇权结构中的主体构件和一支庞大的政治力量。"⑦ "直至西汉中期，武帝接受董仲舒的'天人三策'，'罢黜百家，独尊儒术'，起用士人为官，中国才第一次出现了士大夫这样即使在世界历史也是极富特色的崭新阶层。这一阶层以"读书—做官—致富"的手段开辟了一条由平民上升为贵族的通道，同时也

① 《汉书》卷10《成帝纪》，第301页。
② 《梁书》卷48《儒林传·序》，第661—662页。
③ 《汉书》卷75《夏侯胜传》，第3159页。
④ 《汉书》卷73《韦贤传》，第3107页。
⑤ 刘泽华、孙立群等：《士人与社会》（秦汉魏晋南北朝卷），第221页。
⑥ 阎步克：《士大夫政治演生史稿》，第473—474页。
⑦ 张保同：《略论两汉士大夫的异同》，《史学月刊》2006年第9期。

架起了民间基层通向中央朝廷的桥梁。"①

王吉少好学明经，以郡吏举孝廉为郎。龚胜少好学明经，为郡吏。昭宣以后有了这种情况，即为郡吏者，不一定是文法吏，而是明经之士。可见西汉中后期开始，大量的士人进入汉王朝的政权体系，郡吏中也有明经之士。魏相，"少学《易》，为郡卒史，举贤良，以对策高第，为茂陵令"。② 魏相也是少学经学而为郡县吏。

在朝廷独尊儒术的大背景下，士人通过明经进入汉政权，实现了士人与行政职位的结合，开始了向士大夫的转化。

（二）兴太学、设置博士弟子及察举制

董仲舒在对策中建议兴太学："臣愿陛下兴太学，置明师，以养天下之士，数考问以尽其材，则英俊宜可得矣。今之郡守、县令，民之师帅，所使承流而宣化也；故师帅不贤，则主德不宣，恩泽不流。……夫长吏多出于郎中、中郎，吏二千石子弟选郎吏，又以富訾，未必贤也。"③

公孙弘为武帝重用之后，建议置博士弟子。《汉书·儒林传》载：

> 弘为学官，悼道之郁滞，乃请曰："……古者政教未洽，不备其礼，请因旧官而兴焉。为博士官置弟子五十人，复其身。太常择民年十八以上仪状端正者，补博士弟子。郡国县官有好文学，敬长上，肃政教，顺乡里，出入不悖，所闻，令相长丞上属所二千石。二千石谨察可者，常与计偕，诣太常，得受业如弟子。一岁皆辄课，能通一艺以上，补文学掌故缺。其高第可以为郎中，太常籍奏。即有秀才异等，辄以名闻。其不事学若下材，及不能通一艺，辄罢之，而请诸能称者。臣谨案诏书律令下者，明天人分际，通古今之谊，文章尔雅，训辞深厚，恩施甚美。小吏浅闻，弗能究宣，亡以明布谕下。以治礼掌故以文学礼义为官，迁留滞。"④

---

① 马彪：《论秦汉异同与士大夫的社会平衡机制》，载牟发松主编《社会与国家关系视野下的汉唐历史变迁》，第314页。
② 《汉书》卷74《魏相传》，第3133页。
③ 《汉书》卷56《董仲舒传》，第2512页。
④ 《汉书》卷88《儒林传·序》，第3593—3594页。

根据公孙弘的建议，博士弟子员的选进，条件是"民年十八以上，仪状端正者，补博士弟子"，并且，博士弟子能够通一艺以上，就可以"补文学掌故缺。其高第可以为郎中者，太常籍奏"。这就为有才华的普通士人提供了进入汉政权的机会，此后汉代官吏"斌斌多文学之士"。

博士弟子员额昭帝时由五十人增至一百人，宣帝时增为二百人，元帝时增至一千人，成帝时增至三千人。"昭帝时举贤良文学，增博士弟子员满百人，宣帝末增倍之。元帝好儒，能通一经者皆复。数年，以用度不足，更为设员千人，郡国置《五经》百石卒史。成帝末，或言孔子布衣养徒三千人，今天子太学弟子少，于是增弟子员三千人。岁余，复如故。平帝时王莽秉政，增元士之子得受业如弟子，勿以为员，岁课甲科四十人为郎中，乙科二十人为太子舍人，丙科四十人补文学掌故云。"①

太学和博士子弟的设置，使得西汉中后期开始，大量的士人逐渐进入汉政权。由太学选拔入仕而至大官的如萧望之、匡衡、翟方进等人。

马端临在《文献通考·学校考》中对西汉以博士和博士弟子入官者进行了统计，现列举如下：

> 以博士入官者：贾谊、董仲舒、疏广、薛广德、彭宣、贡禹、韦贤、夏侯胜、辕固、后苍、韩婴、胡毋生、严彭祖、江公。
>
> 以博士弟子入官者：息夫躬、兒宽、终军、朱云、睦弘（明经）、萧望之（射策甲科）、匡衡（射策甲科）、马宫（射策甲科）、翟方进（射策甲科）、何武（射策甲科）、王嘉（射策甲科）、施雠、房凤（射策乙科）、召信臣（射策甲科）。②

汉代士人还通过郡国学通经入仕，"其有通明经术者，显之右署，或贡之朝"③。所以不仅可以通过太学进入汉政权体系，而且通过地方学校甚至私学也可以进入汉政权，这样就扩大了士人进入汉政权的途径。④

---

① 《汉书》卷88《儒林传序》，第3596页。

② 马端临：《文献通考》卷40《学校一》，第384页。

③ 《后汉书》卷79《儒林传》，第2574页。

④ 张保同在《东汉的私学与党人》一文中有详细的论述（《南都学坛》2005年第3期）。

"私学不受名额及官学学派限制，又多以名儒教授，所以在汉代兴旺发达，弟子如云，也成为人们通经入仕的重要途径。"①

察举制也为士人进入汉政权提供了稳定的渠道。"中央与地方间的桥梁中最要紧的一道是孝廉和博士弟子员的察举。"② 到元帝永光元年，"二月，诏丞相、御史举质朴敦厚逊让有行者，光禄岁以此科第郎、从官。"③ 此后，孝廉成为常科。"自此以后，地方上智术之士可以期待经过正式的机构，确定的思想，和定期的选拔方式，进入政治的权力结构中，参加这个权利的运行。"④ 察举制为士人进入汉政权转变为士大夫提供了一条稳定的途径。

据黄留珠在《秦汉仕进制度》一书中统计，"儒生和兼有儒、吏双重身份的人合计起来，在孝廉中所占比例接近二分之一。另一点值得注意的是，儒生和处士两种人所占的比例亦接近百分之六十"。⑤ 可见士人在汉政权中所占比例是很大的。"从本编第十章对两汉孝廉资历的分析可知，孝廉以儒生出身者为最多。这一事实表明，举孝廉制度乃是武帝推崇儒术的重要措施之一。由于这一制度的实行，各地的儒者通过察举孝廉进入汉王朝官吏的行列，使汉室官吏队伍逐步儒学化。"⑥

武帝时期，士人掌握政权已见端倪。"（申公）弟子为博士者十余人：孔安国至临淮太守，周霸至胶西内史，夏宽至城阳内史，砀鲁赐至东海太守，兰陵缪生至长沙内史，徐偃为胶西中尉，邹人阙门庆忌为胶东内史。其治官民皆有廉节，称其好学。学官弟子行虽不备，而至于大夫、郎中、掌故以百数。言《诗》虽殊，多本于申公。"⑦ 倪宽受学伏生，官至三公，为武帝时御史大夫。以上史料中各人都是显职，更重要的是"其治官民皆有廉节，称其好学"。并且学官弟子充当大夫、郎中等以百数。大量士人进入政权体系，出仕中央和地方的重要职位，成为汉王朝

---

① 马彪：《秦汉豪族社会研究》，第 91 页。

② 许倬云：《西汉政权与社会势力的交互作用》，载《求古编》，第 472 页。

③ 《汉书》卷 9《元帝纪》，第 287 页。

④ 许倬云：《西汉政权与社会势力的交互作用》，载《求古编》，第 474 页。

⑤ 黄留珠：《秦汉仕进制度》，西北大学出版社 1985 年版，第 141—142 页。

⑥ 黄留珠：《秦汉仕进制度》，第 148 页。

⑦ 《史记》卷 121《儒林列传》，第 3122 页。

统治的重要依靠力量。"士人在政府里渐渐占到地位，一半是凭藉武帝时董仲舒、公孙弘诸人所创建的种种制度，一半是读书博通之士在政治上所表现的成绩，究竟比贵族军人和商人们来得强。"①

钱穆认为："（士人）在政治上占有地位，自西汉武、宣以来，已逐步显著，而到东汉益甚，这里有几层因缘。一，朝廷帝王之极端提倡。二，民间儒业之普遍发展。三，博士弟子额之日益增添。而尤要者在当时之地方察举以及公府征辟制。"②

士人进入政权体系，实现与行政职位的结合，遂转化为士大夫。一方面，士大夫向更高的统治层发展，掌握更多的权力；另一方面，利用手中的权力，向地方发展，扶持宗族其他成员进入统治体系，在地方购置地产等，具有了一定的社会势力，转变成为根植于地方并在朝廷任职的社会势力。这种上、下两个方向的发展，使得士大夫的势力逐渐强大。余英时也认为士人在西汉中后期已经具有深厚的社会基础了："但是在西汉末叶，士人已不再是无根的'游士'，而是具有深厚的社会基础的'士大夫'了。这种社会基础，具体地说，便是宗族。士人的背后已附随了整个的宗族。士与宗族的结合，便产生了历史上著名的'士族'。"③ 进入政权的士人转变为士大夫，不再是纯粹的学者了，兼具官僚、学者和社会势力的角色。有些士人进入汉政权后，由于家学传承，就会形成"世吏二千石"，从而具有更大的社会势力。"他们世代通经为官，占有大量土地，宗族势力强大。"④ 这种在朝廷任职并在地方有一定社会势力的士大夫，就构成了汉政权的重要依靠势力，成为汉政权的中坚社会势力。

在汉朝"独尊儒术"大背景下，心怀儒家道义的士人登上了历史舞台；察举制的实行，为士人开辟了"学而优则仕"的宽敞大道，进入汉政权，实现了士人向士大夫的转化。

---

① 钱穆：《国史大纲》，商务印书馆1996年版，第149页。

② 钱穆：《国史大纲》，第169—171页。

③ 余英时：《东汉政权之建立与士族大姓之关系》，载《士与中国文化》，上海人民出版社1987年版，第220页。

④ 崔向东：《汉代豪族研究》，第63页。

三　文吏向士大夫的转化

在两汉时期，存在着儒生与文吏的结合。阎步克主要通过论述秦汉时期儒法之争、东汉的"经术"与"吏化"，从儒生向文吏的转化来论述士大夫政治的形成。①

笔者此处不再论述文吏与儒生的关系问题。但是，西汉时期，还存在一个文吏与士大夫关系的问题。经过秦王朝极端的文吏政治失败之后，两汉时期就一直存在着文吏向士大夫（士大夫和儒生是两个概念）转化的问题，可以称为文吏的"士大夫化"。而文吏的"士大夫化"，则构成了两汉时期士大夫阶层形成的另一个方面。

西汉前期，吏治尚酷，公孙弘说："宁成为济南都尉，其治如狼牧羊。"② 《汉书·酷吏传》载："自宁成、周阳由之后，事益多，民巧法，大抵吏治类多成、由等矣。"③ 说明在西汉前期，虽然武帝独尊儒术，但吏治还是比较酷密的。然而，随着独尊儒术的施行，儒学的影响逐渐扩大，西汉中后期开始，出现了文吏向士大夫的转化。由于西汉独尊儒术，学习儒学就会有机会进入更高层的统治机构，而不是仅仅为办事的文吏，这是文吏士大夫化的一个原因。同时，如公孙弘言："其治如狼牧羊。（宁）成不可令治民。"酷吏狼一般的治法，不可以长期治民，所以，为了长期稳定之统治，文吏"士大夫化"也是西汉中后期的必然趋势。

公孙弘建议："请选择其秩比二百石以上及吏百石通一艺以上补左右内史、大行卒史，此百石以下补郡太守卒史，皆各二人，边郡一人。先用诵多者，不足，择掌故以补中二千石属，文学掌故补郡属，备员。请著功令。它如律令。""制曰：'可。'自此以来，公卿大夫士吏彬彬多文学之士矣。"④ 吏百石、秩比二百石以上通一艺便可以补左右内史、大行卒史，百石以下补郡太守卒史等，这在客观上促成文吏经学的研读，

---

① 详见阎步克《士大夫政治演生史稿》一书。
② 《汉书》卷90《酷吏传·义纵》，第3653页。
③ 《汉书》卷90《酷吏传》，第3651页。
④ 《汉书》卷88《儒林传·序》，第3594—3596页。

从而促成文吏向士大夫的转化。"知晓经术可以说是汉代官吏的必要修养。"①

文吏向士大夫的转化，典型的例子是于定国。于定国父亲为县狱史，于定国少学法于父，后亦为狱史，但是，当于定国官升至廷尉后，却"迎师学《春秋》，身执经，北面备弟子礼。为人谦恭，尤重经术士，虽卑贱徒步往过，定国皆与钧礼，恩敬甚备，学士咸称焉。"② 于定国通过学《春秋》实现了由文吏向士大夫的转变。

诸如此类，由文吏向士大夫转变的例子还有很多。

路温舒，父为里监门，温舒"求为狱小吏，因学律令，转为狱史，县中疑事皆问焉。太守行县，见而异之，署决曹史。又受《春秋》，通大义。举孝廉"③。丙吉"治律令，为鲁狱史"。本来起自狱法小吏，但他后来又学经术，"后学《诗》《礼》，皆通大义。及居相位，上宽大，好礼让"④。在此明显可以看到文吏向儒学的靠近和向士大夫的转变。在昭宣时期，路温舒、丙吉在为官过程中实现了由文吏向士大夫的转变。

张敞祖父为上谷太守、父福武帝时官至光禄大夫，至敞，以乡有秩补太守卒史，可见张敞出身文吏。但本传后文又载："敞本治《春秋》，以经术自辅，其政颇杂儒雅。"⑤ 按照《汉书》的行文规律，如果该人物是经学出身，在该传的首段简介中，就会介绍该人物治什么经书，但《张敞传》中却没有，而是在该传的中间部分说张敞本治《春秋》。所以，疑张敞是在出任郡县吏之后才开始治《春秋》的，即张敞先为文吏，然后才学习经书向士大夫转变的。同样事例还有王尊。"少孤，归诸父，使牧羊泽中。尊窃学问，能史书。年十三，求为狱小吏。"王尊先是学做文吏，然后才学的经术："久之，尊称病去，事师郡文学官，治《尚书》《论语》，略通大义。"⑥ 王尊虽然少

---

① 邢义田:《天下一家：皇帝、官僚与社会》，中华书局2011年版，第298页。
② 《汉书》卷71《于定国传》，第3042—3043页。
③ 《汉书》卷51《路温舒传》，第2367—2368页。
④ 《汉书》卷74《丙吉传》，第3145页。
⑤ 《汉书》卷76《张敞传》，第3222页。
⑥ 《汉书》卷76《王尊传》，第3226—3227页。

孤，但他还有诸父，并且有羊可以牧守，想来必定不是一般人家。王尊先为吏，一段时间后主动去吏而学经，这表明文吏主动、有意识地去学习经学，从而体现了文吏向士大夫的转变。又如谷永，其父为卫司马，谷永少为长安小史，后又博学经书。谷永亦是从文吏经由学经而向士大夫转变的。

西汉时期还有父辈是文吏，而子孙辈转向士大夫者，如张汤酷吏，自不必赘述，至其子张安世却笃行稳重，张汤另一子张贺，宣帝微时为讲授，"修文学经术，恩惠卓异"①；杜周为酷吏，"至周为廷尉，诏狱亦益多矣。二千石系者新故相因，不减百余人。……诏狱逮至六七万人，吏所增加十有余万"②。至其子杜延年以宽厚称，至杜周孙杜钦，则是"少好经书"③了。武帝时期酷吏田广明，廷议时也引用《春秋》。此为酷吏之家向儒学靠近者。

两汉时期的律令世家也有士大夫化的趋势，如颍川郭氏，郭躬"家世掌法，务在宽平，及典理官，决狱断刑，多依矜恕"，其子郭禧，"少明习家业，兼好儒学，有名誉"④。另一律令世家陈氏，东汉时期的陈宠，祖父为陈咸，从陈万年、陈咸再至东汉时期的陈宠，算是家世衣冠了。陈宠"虽传法律，而兼通经书，奏议温粹，号为任职相"⑤。陈宠给章帝上疏也引经据典："臣闻先王之政，赏不僭，刑不滥，与其不得已，宁僭不滥。故唐尧著典，'眚灾肆赦'；周公作戒，'勿误庶狱'；伯夷之典，'惟敬五刑，以成三德'。"⑥可以看出，文吏的士大夫化，在东汉时期尚在延续。

阎步克先生在《士大夫政治演生史稿》一书中统计《史记》《汉书》所载的西汉酷吏约有十五人，其中郅都等十一人在景、武帝时，武帝以后的仅田广明等四人，且全为文吏。而《后汉书·酷吏传》记载酷吏七人，不到西汉时期的一半。且其中董宣以刚直著称，号"强项令"，下狱

① 《汉书》卷59《张汤传附子安世》，第2651页。
② 《汉书》卷60《杜周传》，第2659—2660页。
③ 《汉书》卷60《杜周传附缓弟钦》，第2667页。
④ 《后汉书》卷46《郭躬传》，第1544—1545页。
⑤ 《后汉书》卷46《陈宠传》，第1555页。
⑥ 《后汉书》卷46《陈宠传》，第1549页。

后"晨夜讽诵",当系儒生;李章"习《严氏春秋》,经明教授",黄昌曾"就经学",王吉"好诵读书传"。只有樊晔、周纡、阳球好申韩,但周纡、阳球搏击宦官,与儒生为一党。① 西汉与东汉酷吏存在这样大的差异,就充分说明了文史向士大夫的转化。

从西汉至东汉,由于政府独尊儒术的国策,很多经学之士受到汉王朝的优待,且容易走向更高的地位。所以,很多文吏开始研习儒学,从而进一步转化为士大夫。

四 贫窭者——普通平民进入汉政权并向士大夫转化

从先秦、秦汉到魏晋再到隋唐,文化的普及逐渐扩大。孔子打破了官学的垄断,私学兴盛导致了文化向下层社会开始传播,文化的掌握者也由高层逐渐向低层发展,这种趋势经由秦汉、魏晋发展至隋唐科举制度的产生,则预示着文化已经普及社会的每个层面,社会每一个成员都有可能成为帝国统治体系中的一员,这是中国古代社会一个极大的进步。

在中国古代社会,掌握了文化,便意味着有机会进入政府掌握权力。汉代如此,隋唐更是如此。所以,文化的普及程度意味着权力的开放程度,文化越普及,则政治权力越向民众开放。先秦时期贵族掌握文化,礼不下庶人,所以权力主要集中在贵族阶层;秦汉时期明经者可以通过察举等途径进入汉政权,虽然整个社会文化的普及程度不高,但"訾算四得官"②,使很多普通平民都有机会进入汉政权,这相对于先秦则是一大进步;至隋唐时期,文化进一步普及,科举制度使得更多的平民进入政权,国家的权力更加开放。

在这一过程中,汉代是一个重要的阶段,由于独尊儒术的政策,很多平民也有机会通过明经进入汉政权。西汉景帝之后訾四算得官,使得大量的下层平民有机会成为汉统治阶层的一部分。

《汉书·司马相如传》记载,相如"以訾为郎",颜师古注曰:"以

---

① 阎步克:《士大夫政治演生史稿》,第450页。
② 《汉书》卷5《景帝纪》,第152页。

家财多得拜为郎也。"后文却说"而家贫无以自业""家徒四壁立"①，出现了先后矛盾的情况。如果说是司马相如因为"以訾为郎"用尽了钱财而致使家贫，也不至于"家徒四壁立"吧？那么，如何解释这一问题呢？

汉景帝后元二年（前142年）诏书曰："今訾算十以上乃得宦，廉士算不必众。有市籍不得宦，无訾又不得宦，朕甚愍之。訾算四得宦，亡令廉士久失职，贪夫长利。"②

司马相如事孝景帝武骑常侍，景帝不好辞赋，所以相如以病免，因梁孝王来朝，而客游梁。可见司马相如以訾为郎是在梁孝王来朝之前，而《资治通鉴》记载，梁孝王卒于景帝中元六年（前144年）。③ 所以司马相如以訾为郎应该在景帝降低为官标准之前（"訾算四得宦"在前142年），那就是说司马相如是以訾十算为郎的。按照《汉书》应劭注："十算，十万也。"④ 也就是说，司马相如至少要有十万钱才可能为郎。文帝时期，"百金，中人十家之产也"。⑤ 即中人之产可有十金，"王莽时期黄金一斤值钱万"⑥，按照一金值万钱来算，中人家产可有十万钱，"十算，十万也"。中人之家产正好值十算，这是景帝降低标准前的数字。所以说，景帝后元二年之前中人之家就有资格为宦了，到了景帝后元二年之后，汉政权的权力更加开放，向中人以下的一般平民也开放了，这就使得汉代的很多贫窭者有机会进入汉政权了。

既然有十万钱，所以司马相如当不是一般人家，那为何后面又说司马相如"家贫无以自业"，且"家徒四壁立"呢？司马相如为何后来家徒四壁，我们可以这样理解，司马相如本来为中人之家，及以訾十算为官之后，家财便所剩无几，加之司马相如"久宦游，不遂而困"⑦，不置家产所致。等梁孝王薨，相如归家时，已经没有任何经济来源，以致"家

① 《汉书》卷57《司马相如传》，第2529—2530页。
② 《汉书》卷5《景帝纪》，第152页。
③ 《资治通鉴》卷16，第540页。
④ 《汉书》卷5《景帝纪》，第152页。
⑤ 《汉书》卷4《文帝纪》，第134页。
⑥ 《资治通鉴》卷19，第622页。
⑦ 《汉书》卷57《司马相如传》，第2530页。

徒四壁立"① 了。

所以，至景帝后元二年以后，中人以下的一般平民都有机会进入汉王朝的政权体系了。景帝以后，汉政权放宽了选官的范围，权力进一步开放，这样，大量的所谓的"贫窭"者，也进入汉政权之中，这才有了霍山对窭人子进入汉政权的不满。

宣帝地节四年（前66年），霍山说："今丞相用事，县官信之，尽变易大将军时法令，以公田赋与贫民，发扬大将军过失。又诸儒生多窭人子，远客饥寒，喜妄说狂言，不避忌讳，大将军常儴之，今陛下好与诸儒生语，人人自使书对事，多言我家者。"② 窭，颜师古注为："贫而无礼。"③ 是为贫穷之人，且社会地位低下，所以颜师古有了"贫而无礼"的注解。宣帝地节四年，去景帝后元二年已经七十六年了，在这七十余年中，大量的贫窭者已经通过明经进入汉政权了。霍山的这段话，正是表达了对"窭人子"——贫窭者进入汉政权的不满。

贫窭者进入西汉政权，最典型的例子是公孙弘，他"家贫，牧豕海上。年四十余，乃学《春秋》杂说"④。直到六十岁，才以贤良征为博士，后官至宰相。公孙弘为丞相，表明士人开始进入汉政权的核心机构。"先是，汉常以列侯为丞相，唯弘无爵，上于是下诏曰：'朕嘉先圣之道，开广门路，宣招四方之士，盖古者任贤而序位，量能以授官，劳大者厥禄厚，德盛者获爵尊，故武功以显重，而文德以行褒。其以高成之平津乡户六百五十封丞相弘为平津侯。'其后以为故事，至丞相封，自弘始也。"⑤ 公孙弘之前，西汉的丞相多为功臣或功臣子弟，⑥ 至公孙弘始，平民可以封侯为宰相，表明汉代的统治方式已经开始发生较大的转变，

---

① 杨永乐认为司马相如买官时并没有"大出血"。"司马相如是在景帝时以其家产在十万钱以上的资格，选拔进京'为郎'，进而担任武骑常侍的。司马相如本人并没有因此而'大出血'。以'以訾为郎'便断定司马相如的官是用钱买来的，显然是对历史的误读。"杨永乐：《司马相如的官不是用钱买来的》，《文史杂志》2004年第5期。

② 《汉书》卷68《霍光传》，第2954页。

③ 《汉书》卷68《霍光传》，颜师古注，第2954页。

④ 《汉书》卷58《公孙弘传》，第2613页。

⑤ 《汉书》卷58《公孙弘传》，第2620—2621页。

⑥ 据崔向东统计，公孙弘之前19任丞相中，有16任是出自功臣集团，两任是出自外戚，另外一个是卫绾。见《汉代豪族研究》，第125—126页。

政治权力开始向下层社会开放。当然，武帝时候的开放还仅仅是个开始，更大规模的开放，是在景帝后元二年之后。公孙弘为丞相，开启了汉政权由依靠功臣集团向依靠士大夫转变的时代。自公孙弘以白衣拜相封侯，"贫民方知以经学可以富贵"①。便纷纷学经进入汉政权。

这方面的例子，史书中很多。

倪宽，被郡国选为博士，由于贫困，不得不为其他的学生做饭。倪宽"治《尚书》，事欧阳生。以郡国选诣博士，受业孔安国。贫无资用，当为弟子都养。时行赁作，带经而锄，休息辄读诵，其精如此"②。倪宽作为一个贫窭者，通过治《尚书》被选为博士，再受业孔安国，最终官至御史大夫，进入汉政权的核心权力体系，实现了向士大夫的转变。

王章为诸生学长安，疾病，"无被，卧牛衣中，与妻决，涕泣"③。成帝时官至司隶校尉。严助，"家贫，为友婿富人所辱"④。郡举贤良，严助通过举贤良进入汉政权，为武帝侍中。"朱买臣字翁子，吴人也。家贫，好读书，不治产业，常艾薪樵，卖以给食，担束薪，行且诵书。……其后，买臣独行歌道中，负薪墓间。故妻与夫家俱上冢，见买臣饥寒，呼饭饮之。"⑤ 朱买臣上书自荐，书久不报，后由严助举荐，遂被武帝用为侍中，官至主爵都尉、丞相长史。主父偃，"学长短纵横术，晚乃学《易》《春秋》，百家之言。家贫，假贷无所得，北游燕、赵、中山，皆莫能厚，客甚困。……乃上书阙下。朝奏，暮召入见"。⑥ 后拜为郎中。东方朔，"年十三学，三冬文史足用。十五学击剑。十六学《诗》《书》"。如淳曰："贫子冬日乃得学书。"⑦ 可见东方朔由于家贫，只有农闲季节冬季才可以读书。蔡义，河内温人也。"以明经给事大将军莫府。家贫，常步行，资礼不逮众门下，好事者相合为义买犊车，令乘之。"⑧ 其后代杨敞为丞相，封阳平侯。

---

① 马彪：《秦汉豪族社会研究》，第 89 页。
② 《汉书》卷 58《倪宽传》，第 2628 页。
③ 《汉书》卷 76《王章传》，第 3238 页。
④ 《汉书》卷 64《严助传》，第 2789 页。
⑤ 《汉书》卷 64《朱买臣传》，第 2791 页。
⑥ 《汉书》卷 64《主父偃传》，第 2798 页。
⑦ 《汉书》卷 65《东方朔传》，第 2841 页。
⑧ 《汉书》卷 66《蔡义传》，第 2898 页。

有些贫窭者不仅自己通过明经进入汉政权，而且其子孙也都盘踞在汉政权的各个机构，成为一个庞大的士大夫家族。

匡衡作为一介农夫，家贫，通过明经进入汉政权。"匡衡字稚圭，东海承人也。父世农夫，至衡好学，家贫，庸作以供资用，尤精力过绝人。……衡射策甲科，以不应令除为太常掌故，调补平原文学。"① 官至光禄大夫、太子少傅，后至御史大夫、丞相。"子咸亦明经，历位九卿。家世多为博士者。"② 家世多为博士，由此可见不仅匡衡以农夫出身通过明经进入汉政权的统治核心，并且其家族多明经、博士，可见其家族已经转变为士大夫家族，成为汉政权统治的重要依靠力量。

"桓荣字春卿，沛郡龙亢人也。少学长安，习《欧阳尚书》，事博士九江朱普。贫窭无资，常客佣以自给，精力不倦，十五年不窥家园。至王莽篡位乃归。……荣初遭仓卒，与族人桓元卿同饥厄，而荣讲诵不息。元卿嗤荣曰：'但自苦气力，何时复施用乎？'荣笑不应。及为太常，元卿叹曰：'我农家子，岂意学之为利乃若是哉。'"③ 桓荣不仅贫窭无资，从其族人桓元卿的口中可知，桓荣也应是农家出身，只不过桓荣通过经术而官至太常。这进一步说明汉政权为下层平民提供了一个较为合理的进入汉政权的渠道。桓荣死后，其都讲生八人补二百石，其余门徒多至公卿。桓荣子桓郁，少以父任为郎，传父业，为侍中；郁子焉，安帝时为太常，和帝时接替冯石为太傅；桓典，桓焉之孙，灵帝时为侍御史。

"翟方进字子威，汝南上蔡人也。家世微贱，至方进父翟公，好学，为郡文学。方进年十二三，失父孤学，给事太守府为小史，号迟顿不及事，数为掾史所詈辱。方进自伤，乃从汝南蔡父相问己能所宜。蔡父大奇其形貌，谓曰：'小史有封侯骨，当以经术进，努力为诸生学问。'方进既厌为小史，闻蔡父言，心喜，因病归家，辞其后母，欲西至京师受经。母怜其幼，随之长安，织屦以给方进读，经博士受《春秋》。积十余年，经学明习，徒众日广，诸儒称之。以射策甲科为郎。

---

① 《汉书》卷81《匡衡传》，第3331页。
② 《汉书》卷81《匡衡传》，第3347页。
③ 《后汉书》卷37《桓荣传》，第1249—1252页。

二三岁，举明经，迁议郎。"成帝时官至朔方刺史，永始二年为御史大夫，"丞相官缺，群臣多举方进，上亦器其能，遂擢方进为丞相，封高陵侯，食邑千户"。①

翟氏世微贱，但通过翟公好学、再经翟方进进京学经，终于从一介平民转变为丞相，进入汉王朝的核心权力体系。翟方进的事迹告诉我们，汉政权为下层平民提供了一种较为合理的进入政权的渠道。

像这种以经术进入汉政权的平民，做官后，就会在其家乡发展社会势力，具体表现是购置土地、发展宗族、发展社会关系等。这样，融入政权的平民就会转变成汉王朝统治的依靠。有个很好的例子可以说明这一问题，王莽专权后，已经融入汉政权的翟氏家族首先反莽。翟方进少子翟义说："吾幸得备宰相子，身守大郡，父子受汉厚恩，义当为国讨贼，以安社稷。"② 遂起兵反莽，兵败被族灭，"莽尽坏义第宅，污池之。发父方进及先祖冢在汝南者，烧其棺椁，夷灭三族，诛及种嗣，至皆同坑，以棘五毒并葬之"。③

贫窭者通过明经进入汉政权，并转变为士大夫，成为汉王朝统治的重要依靠力量。④ 贫窭者转变为士大夫之后，一方面能够维护中央的统治，另一方面通过自身的社会影响，在其能够影响的范围内，传达中央政策，维护地区的稳定。"吸收平民各阶层成分，代表民间势力取得统治者的信任，成为国家管理层的中坚力量，成为沟通汉代君权、平民社会的通道，从而维持了社会结构的平衡稳定。这就是我所强调的士大夫阶层能够使二元结构社会在对立中达到平衡的调节机制，也是汉代不同于秦代，而胜于秦代的关键所在；同时也是汉朝能够产生举世瞩目之汉民族、汉文化的根本原理。"⑤

西汉时期是一个社会势力发展演变的大时代，随着汉王朝各种政策

① 《汉书》卷84《翟方进传》，第3411—3416页。
② 《汉书》卷84《翟方进传附子义》，第3426页。
③ 《汉书》卷84《翟方进传附子义》，第3439页。
④ 马亮宽认为，《汉书》记载中可以明确士人身份的官僚共186名，其中出身于下层劳动人民的27人，约占士人官僚的15%；《后汉书》有传的407名士人官僚中有29人出身贫苦，约占7%。（马亮宽：《汉代士人与社会结构》，《社会科学》1994年第2期。）
⑤ 马彪：《论秦汉异同与士大夫的社会平衡机制》，载牟发松主编《社会与国家关系视野下的汉唐历史变迁》，第315页。

的实行以及社会势力自身的发展演变，各种社会势力围绕着明经开始向士大夫转变，豪强大族、士人、文吏以及贫窭者都有机会通过各种途径进入汉王朝的统治体系，向士大夫转变，并逐渐形成了士大夫阶层，成为汉政权的主要依靠力量。当然，并不是所有的社会势力都实现了转变，这是不可能的。但是，西汉有这种大的发展趋势。

西汉社会势力的演变，大体上有这样两条途径。

（1）社会势力向政府渗透，演变为王朝的统治基础。从社会身份讲，这一过程伴随着平民的官僚化甚至贵族化，如六国旧贵、地方豪强大族通过各种途径进入汉政权实现了向士大夫的演变。而地方豪强大族本身就具有一定的宗族势力，进入汉政权之后，就成为具有强大的社会势力的士大夫。

（2）官僚、士大夫向社会渗透，成为具有一定社会势力的官员，并成为汉政权的统治基础。这一过程伴随着的是官僚的社会化与平民化。如文吏、士人、贫窭者成为官吏之后，就会在地方发展自身的社会势力，在地方扎下根，发展成为具有一定社会势力的士大夫。朝廷、郡县官吏，在地方（一般在其家乡）购置地产，安置亲戚、族人及亲密者出任官吏，发展社会关系，从而形成强大的社会势力。为官—致富—在家乡购置地产—在家乡形成族势及其社会关系，成为拥护帝国统治的社会势力。官吏发展自身势力，就如鲍宣所说："群臣幸得居尊官，食重禄，岂有肯加恻于细民，助陛下流教化者邪？志但在营私家，称宾客，为奸利而已！"①鲍宣虽然是批评的态度，但从中我们可以看出，群臣"营私家"就是向地方社会势力的发展与转化。

这样的发展途径，陈启云则概括为："地方绅士和中央政治人物结合的结果是：地方绅士受到后者的影响而注意国家政治，中央政治人物得前者人力物力的支持而增强其政治力量。二者长期接触的结果是地方豪强的士大夫化和中央士大夫的豪强化。"②

---

① 《汉书》卷72《鲍宣传》，第3088页。

② 陈启云：《汉晋六朝文化·社会·制度——中华中古前期史研究》，（台）新文丰出版公司1998年版，第79—80页。

表 2 - 3

西汉士大夫出身统计

序号	姓名	时期	宗室外戚	经学之士	文法吏	世为著姓	父任	地方大族	平民	其他	备注	出处
1	贾谊	文帝		●							年十八，以能诵诗书属文称于郡中，武帝时，两孙为郡守	《汉书》卷 48
2	爰盎	文景						●			其父楚人也，故为群盗，徙安陵	《汉书》卷 49
3	晁错	文景			●						学申商刑名，为大常掌故；从伏生受《尚书》	《汉书》卷 49
4	张释之	文景						●			以赀为骑郎。子挚官至大夫，后终身不仕	《汉书》卷 50
5	冯唐	文景				●					以孝为郎，其大父故赵将，父故为代相	《汉书》卷 50
6	贾山	文帝		●							祖父祛，故魏王时博士弟子，山受学祛	《汉书》卷 51
7	窦婴	景帝	●								婴，蚡俱好儒术	《汉书》卷 52
8	田蚡	武帝	●			●					婴，蚡俱好儒术	《汉书》卷 52
9	汲黯	武帝				●	●				世为卿大夫，黯以父任，孝景时为太子洗马	《汉书》卷 50
10	郑当时	武帝				●					其先郑君尝事项籍，籍死而属汉	《汉书》卷 50

续表

序号	姓名	时期	宗室外戚	经学之士	文法吏	世为著姓	父任	地方大族	平民	其他	备　注	出处
11	路温舒	武帝			●						父为里监门。温舒子及孙皆至牧守大官	《汉书》卷51
12	韩安国	武帝			●						尝受《韩子》，事梁孝王	《汉书》卷52
13	壶遂	武帝		●							天下名士，与司马迁定律历	《汉书》卷52
14	苏武	武帝					●				父为平陵侯苏建，少以父任为郎	《汉书》卷54
15	司马相如	武帝							●		少时好读书。以訾为郎	《汉书》卷57 上
16	董仲舒	武帝		●							少治《春秋》，孝景时为博士。建议独尊儒术，行察举之制	《汉书》卷56

续表

序号	姓名	时期	宗室外戚	经学之士	文法吏	世为著姓	父任	地方大族	平民	其他	备注	出处
17	公孙弘	武帝		●					●		少时为狱吏。家贫，牧豕海上。年四十余，乃学《春秋》杂说	《汉书》卷 58
18	王欣	武帝			●						以郡县吏积功。昭帝时为丞相，封宜春侯	《汉书》卷 66
19	卜式	武帝						●			以田畜为事	《汉书》卷 58
20	倪宽	武帝		●					●		治《尚书》，事欧阳生。贫无资用，当为弟子都养	《汉书》卷 58
21	张汤	武帝			●						父为长安丞	《汉书》卷 59
22	杜周	武帝			●							《汉书》卷 60
23	张骞	武帝								●	建元中为郎	《汉书》卷 61
24	李广利	武帝	●				●				女弟李夫人有宠于武帝	《汉书》卷 61
25	严助	武帝							●		郡举贤良；家贫，为友婿富人所辱	《汉书》卷 64 上

续表

序号	姓名	时期	宗室外戚	经学之士	文法吏	世为著姓	父任	地方大族	平民	其他	备注	出处
26	朱买臣	武帝							●		家贫，好读书，不治产业，常艾薪樵，卖以给食。严助举荐	《汉书》卷64上
27	主父偃	武帝		●					●		学长短纵横术，晚乃学《易》《春秋》、百家之言。上书阙下。家贫	《汉书》卷64上
28	司马迁	武帝				●					司马氏世典周史，自司马氏去周，在秦者错，伐蜀；错孙蕲事武安君白起；蕲孙昌，为秦主铁官；昌生毋怿，毋怿为汉市长；毋怿生喜，喜为五大夫，为太史公；谈生迁	《汉书》卷62
29	吾丘寿王	武帝		●							年少，以善格五召待诏。从董仲舒受《春秋》	《汉书》卷64上
30	徐乐	武帝								●	上书言世务	《汉书》卷64上
31	严安	武帝								●	上书言世务	《汉书》卷64下

续表

序号	姓名	时期	宗室外戚	经学之士	文法吏	世为著姓	父任	地方大族	平民	其他	备注	出处
32	终军	武帝		●							少好学，以辩博能属文闻于郡中。年十八，选为博士弟子	《汉书》卷64下
33	徐偃	武帝		●							博士	《汉书》卷64下
34	东方朔	武帝		●				●		年十三学，三冬文史足用。如淳曰："贫子冬日乃得学书。"十六学《诗》《书》	《汉书》卷65
35	公孙贺	武帝				●					贺祖父昆邪，景帝时为陇西守，以将军击吴楚有功。封平曲侯	《汉书》卷66
36	刘屈牦	武帝	●								武帝庶兄中山靖王子也。丞相	《汉书》卷66
37	车千秋	武帝						●			本姓田氏，其先齐诸田徙长陵。官至丞相	《汉书》卷66
38	张安世	昭帝					●				张汤之子，以父任为郎	《汉书》卷59
39	文翁	昭帝		●							少好学，通《春秋》。蜀郡太守	《汉书》卷89

续表

序号	姓名	时期	宗室外戚	经学之士	文法吏	世为著姓	父任	地方大族	平民	其他	备注	出处
40	杨敞	昭帝			●			●			给事大将军莫府，为军司马。代王诉为丞相，封安平侯。杨恽曾受父杨敞财五百万	《汉书》卷66
41	蔡义	昭帝		●					●		以明经给事大将军莫府，家贫，常步行。后代杨敞为丞相，封阳平侯	《汉书》卷66
42	杜延年	昭帝			●		●				父杜周。明法律。大将军霍光秉政，以延年三公子，吏材有余，朴军司空	《汉书》卷60
43	霍光	昭帝	●									《汉书》卷68
44	隽不疑	昭帝		●							治《春秋》，为郡文学，进退必以礼。京兆尹	《汉书》卷71
45	赵充国	昭帝								●	始为骑士，以六郡良家子箸骑射补羽林	《汉书》卷69
46	疏广	昭帝		●							太子太傅	《汉书》卷71
47	疏受	昭帝		●							疏广兄子，太子少傅	《汉书》卷71
48	王吉	昭帝		●							少好学明经，以郡吏举孝廉为郎	《汉书》卷72

续表

序号	姓名	时期	宗室外戚	经学之士	文法吏	世为著姓	父任	地方大族	平民	其他	备　　注	出处
49	韦贤	昭帝		●							其先韦孟为楚元王傅。贤兼通《礼》《尚书》，以《诗》教授；授昭帝《诗》；宣帝时官至丞相，封扶阳侯	《汉书》卷73
50	眭弘	昭帝		●		●				●	少好侠，长学《春秋》。以明经为议郎	《汉书》卷75
51	赵广汉	昭帝			●						少为郡吏，州从事。廉为阳翟令。后为京兆尹	《汉书》卷76
52	冯奉世	昭帝		●		●		●			徙杜陵。年三十余矣，乃学《春秋》	《汉书》卷79
53	尹翁归	昭帝			●			●			河东平阳人也，徙杜陵。为狱小吏，晓习文法	《汉书》卷76
54	夏侯胜	宣帝		●							胜少孤，好学，从始昌受《尚书》及《洪范五行传》，后事蕑卿，又从欧阳氏问。为长信少府，太子太傅	《汉书》卷75
55	王襃	宣帝								●	有俊才	《汉书》卷64 下

续表

序号	姓名	时期	宗室外戚	经学之士	文法吏	世为著姓	父任	地方大族	平民	其他	备注	出处
56	车顺	宣帝						●			父车千秋为地方大族，丞相。顺官至云中太守	《汉书》卷66
57	杨惲	宣帝						●			杨敞子，司马迁之外孙。以其兄忠任为郎	《汉书》卷66
58	盖宽饶	宣帝		●							明经为郡文学。受《易》于韩婴	《汉书》卷76、88
59	韦玄成	宣帝		●		●	●				少好学，修父业，以父任为郎。元帝时为丞相	《汉书》卷73
60	张敞	宣帝		●	●	●					祖父为上谷太守，父为光禄大夫。本治《春秋》，以经术自辅	《汉书》卷76
61	于定国	宣帝		●	●						定国少学法于父，为狱史。官至廷尉后，迎师学《春秋》，为廷尉十八岁，迁御史大夫。代黄霸为丞相，封西平侯	《汉书》卷71

续表

序号	姓名	时期	宗室外戚	经学之士	文法吏	世为著姓	父任	地方大族	平民	其他	备注	出处
62	丙吉	宣帝		●	●						治律令，为鲁狱史。后学《诗》《礼》。官至丞相	《汉书》卷74
63	张禹	宣帝		●				●			河内轵人也，至禹父徙家莲勺。至长安学《易》《论语》	《汉书》卷81
64	魏相	宣帝		●	●						少学《易》，为郡卒史，举贤良。官至丞相	《汉书》卷74
65	陈万年	宣帝									为郡吏、察举，至县令，后代子定国为御史大夫	《汉书》卷66
66	贡禹	宣帝		●							以明经洁行着闻，征为博士、凉州刺史。元帝时为光禄大夫、御史大夫	《汉书》卷72
67	韩延寿	宣帝			●			●			燕人也，徙杜陵。少为郡文学	《汉书》卷76
68	张山拊	宣帝		●							事夏侯健，官少府	《汉书》卷88

续表

序号	姓名	时期	宗室外戚	经学之士	文法吏	世为著姓	父任	地方大族	平民	其他	备注	出处
69	萧望之	宣帝		●							能杜陵。家世以田为业，至望之，好学，治《齐诗》	《汉书》卷78
70	严彭祖	宣帝		●				●				《汉书》卷88
71	黄霸	宣帝			●						宣帝时为博士，官至河南、东郡太守	《汉书》卷89
72	朱邑	宣帝		●	●			●			少时为桐乡啬夫，官至大司农	《汉书》卷89
73	龚遂	宣帝		●							以明经为官，官至渤海太守，水衡都尉	《汉书》卷89
74	严延年	宣帝			●						其父为丞相掾，少学法律丞相府	《汉书》卷90
75	召信臣	元帝		●							以明经甲科为郎，官至零陵太守、少府	《汉书》卷89
76	薛广德	元帝		●							以《鲁诗》教授楚国，官至御史大夫	《汉书》卷71
77	陈咸	元帝				●	●				陈万年子，以父任为郎	《汉书》卷66
78	贾捐之	元帝		●							贾谊之曾孙，后被石显迫害坐弃市	《汉书》卷64 下
79	杨兴	元帝								●	长安令。以材能得幸	《汉书》卷64 下
80	郑弘	元帝		●							代韦玄成为御史大夫	《汉书》卷66

续表

序号	姓名	时期	宗室外戚	经学之士	文法吏	世为著姓	父任	地方大族	平民	其他	备注	出处
81	京房	元帝		●							学《易》于焦延寿，以孝廉为郎	《汉书》卷75
82	王尊	元帝		●	●						尊窃学问，能史书。年十三，求为狱小吏。治《尚书》《论语》	《汉书》卷76
83	平当	元帝		●				●			祖父以訾百万，自下邑徙平陵。当少为大行治礼丞，功次补大鸿胪文学，察廉为顺阳长，栒邑令，以明经为博士。哀帝时官至丞相	《汉书》卷71
84	郑昌	元帝		●							大原，涿郡太守	《汉书》卷66
85	辛庆忌	元帝		●			●				少以父任为右校丞	《汉书》卷69
86	翼奉	元帝		●							治《齐诗》，与萧望之、匡衡同师。奉以中郎为博士、谏大夫	《汉书》卷75
87	匡衡	元帝		●					●		文世农夫，至衡好学，家贫，庸作以供资用。官至丞相	《汉书》卷81

续表

序号	姓名	时期	宗室外戚	经学之士	文法吏	世为著姓	父任	地方大族	平民	其他	备注	出处
88	朱云	元帝		●							少时通轻侠, 借客报仇。年四十, 乃变节从博士白子友受《易》, 又事前将军萧望之受《论语》。后为博士, 槐里令	《汉书》卷67
89	诸葛丰	元帝		●							以明经为郡文学	《汉书》卷77
90	周堪	元帝		●							事夏侯胜, 官至光禄大夫	《汉书》卷88
91	于永	元帝				●	●				于公、于定国, 于永三代为吏。以父任为侍中中郎将, 官至御史大夫	《汉书》卷71
92	王章	成帝		●					●		少以文学为官。为诸生学长安, 章疾病, 无被, 卧牛衣中, 与妻决, 涕泣	《汉书》卷76
93	王骏	成帝		●							王吉子。以孝廉为郎, 官至御史大夫	《汉书》卷72
94	王商	成帝	●								丞相	《汉书》卷82
95	梅福	成帝		●							少学长安, 明《尚书》《谷梁春秋》, 为郡文学	《汉书》卷67

续表

序号	姓名	时期	宗室外戚	经学之士	文法吏	世为著姓	父任	地方大族	平民	其他	备注	出处
96	鲍宣	成帝		●							好学明经，为县乡啬夫，举孝廉为郎	《汉书》卷72
97	翟方进	成帝		●					●		家世微贱，至方进父翟公，好学；经博士受《春秋》，官至丞相	《汉书》卷84
98	何武	成帝		●				●			武兄弟五人，皆为郡吏。武诣博士受业，治《易》。司隶校尉、御史大夫	《汉书》卷86
99	李寻	成帝		●							治《尚书》，与张禹、郑宽中同师	《汉书》卷75
100	彭宣	成帝		●							治《易》，事张禹，举为博士。哀帝时官至大司空，封长平侯	《汉书》卷71
101	孙宝	成帝		●							以明经为郡吏。官至司隶校尉	《汉书》卷77
102	薛宣	成帝			●						少为廷尉书佐，都船狱史，官至御史中丞，御史大夫、丞相	《汉书》卷83

续表

序号	姓名	时期	宗室外戚	经学之士	文法吏	世为著姓	父任	地方大族	平民	其他	备注	出处
103	孔光	成帝		●		●					孔子十四世孙。父孔霸，治《尚书》，宣帝时为大中大夫，高密相；元帝时爵关内侯。孔光成帝时为尚书令，御史大夫，丞相	《汉书》卷81
104	刘辅	成帝		●							举孝廉。为谏大夫	《汉书》卷77
105	朱博	成帝			●					●	家贫，少时给事县为亭长，好客少年，捕搏敢行。博本武吏，不更文法。官至大司空，丞相	《汉书》卷83
106	谷永	成帝		●	●						永少为长安小史，后博学经书	《汉书》卷85
107	杜邺	成帝		●		●					祖父及父功劳皆至郡守，武帝时徙茂陵。以孝廉为郎。从张敞子吉学问，得其家书	《汉书》卷85
108	王嘉	成帝		●							以明经射策甲科为郎。哀帝建平三年为丞相	《汉书》卷86

续表

序号	姓名	时期	宗室外戚	经学之士	文法吏	世为著姓	父任	地方大族	平民	其他	备注	出处
109	师丹	成帝		●							治《诗》，事匡衡。举孝廉为郎	《汉书》卷86
110	扬雄	成帝		●					●		少而好学；家产不过十金	《汉书》卷87
111	房凤	哀帝		●							光禄大夫	《汉书》卷88
112	郦汉	哀帝		●							以清行征用，至京兆尹，后为太中大夫	《汉书》卷72
113	王崇	哀帝		●		●	●				王吉孙，王骏子。以父任为郎，官至御史大夫、大司空	《汉书》卷72
114	解光	哀帝		●							司隶校尉	《汉书》卷75
115	龚胜	哀帝		●							好学明经，胜为郡吏	《汉书》卷72
116	郑崇	哀帝			●			●			本高密大族，祖父以訾徙平陵，父宾明法律，为御史，崇少为郡文学史	《汉书》卷77
117	何并	哀帝			●	●					祖父以吏二千石自平舆舆徙平陵，并为郡吏	《汉书》卷77
118	马宫	哀帝		●							治《春秋》，官至光禄勋、大司徒	《汉书》卷81

续表

序号	姓名	时期	宗室外戚	经学之士	文法吏	世为著姓	父任	地方大族	平民	其他	备 注	出处
119	傅喜	哀帝	●								哀帝祖母定陶太后傅太后从父从弟。少好学问，有志行	《汉书》卷82
120	云敞	平帝		●							师事同县吴章，章治《尚书》经为博士	《汉书》卷67
121	平晏	平帝		●							以明经历位大司徒。父平当，哀帝时为丞相	《汉书》卷71
122	翟义	平帝		●			●				翟方进子。少以父任为郎，东郡太守	《汉书》卷84

注："世为著姓"为三代及三代以上为官或为儒宗。

士大夫经过这样两条不同方向途径的发展演变，便逐渐形成了根植于地方社会的士大夫阶层。士大夫阶层既在汉政府为官，融入汉政权的官僚体系之中，又具有强大、深厚的社会势力，这样，士大夫阶层便构成了汉政权的统治基础，亦为本书所说的中坚社会势力。所以，汉王朝中坚社会势力形成的途径主要有两条，即社会势力向政权的渗透和士大夫向社会的渗透，在这一过程中，王朝的触角逐渐触及帝国的每一个角落，帝国的统治也就逐渐巩固了。

以上分别分析了地方豪强大族、士人、文吏、贫窭者向士大夫的演变，表2-3将这种情况以表格的形式列举出来，以便更加醒目。

表2-3所列举的文景以后的122位官吏中，其中宗室外戚出身的有7人；经学出身者有71人，文吏出身者为25人，著姓出身者为14人，地方大族出身者为15人，平民出身者12人。经学出身最多，这就说明在文景以后经学之士逐渐占据了汉代官僚的主要位置，占到了58%，经学出身者中由文吏转变为经学之士的有6人，由地方大族转变为经学之士的有5人，由平民转变为经学之士的有9人。这就体现了西汉以经学为中心的社会势力的演变，即以经学为中心，地方大族、文吏、平民都逐渐通过学经向士大夫转变。

通过表2-3的统计，还可以得出这样一些结论：

（1）文景时期，士大夫的身份还较为单纯；但至武帝以后，士大夫多同时具有两种或者两种以上的身份。

（2）文吏向士大夫的转变，主要在宣帝时期开始，如张敞、于定国、丙吉，宣帝以后还有魏相、王尊、谷永等。

（3）地方大族向士大夫的转变，主要在昭帝时期开始。如冯奉世、张禹、萧望之、平当、何武等，都是通过学习经学实现由地方大族向士大夫的转变。

（4）由平民向士大夫的转变，在武帝时期就已经开始了。从表2-3统计来看，平民较地方大族更早地实现了向汉政权的渗透以及向士大夫的转变。武帝时期地方大族向士大夫的转变尚无一例，而平民向士大夫的转变则有公孙弘、倪宽、主父偃、东方朔四例。直至昭帝以后，地方大族才开始了向汉政权的渗透和向士大夫的转变。

昭宣以后，平民仍延续着向士大夫的转变，如蔡义（昭帝）、匡衡（元帝）、王章（成帝）、翟方进、扬雄等，都是由学经向士大夫转变。

　　虽然西汉士大夫的出身比较复杂，文吏、经学之士、地方大族甚至是一些贫窭者都实现了向士大夫的转变，但以经学为中心，逐渐形成了士大夫这样一个社会群体。

第 三 章

士大夫阶层之形成

第一节　士大夫群体之认同关系

通过西汉前期社会势力的演变，逐渐形成了士大夫这样一个阶层。许倬云就认为，在西汉后半叶，形成了一个单独的社会阶层，"到了西汉的后半叶，这些不同的社会集团相互融合，产生出了一个富豪、学者和权贵三位一体的单独的社会阶层"。① 《盐铁论》中贤良曰："宫室舆马，衣服器械，丧祭食饮，声色玩好，人情之所不能已也。故圣人为之制度以防之。间者，士大夫务于权利，怠于礼义；故百姓仿效，颇逾制度。"② 可见在汉昭帝时期，士大夫与百姓已经是有区别的，是高于一般平民的一个社会阶层。随着西汉社会、经济的发展，士大夫阶层作为一种新兴的社会势力兴起。这种势力盘根错节地遍布于王朝的每一寸土地上，成为稳定社会和国家政权实现统治的重要力量。

士大夫在汉代历史上非常活跃，在很多领域扮演着重要的角色，其重要性，往往又是通过群体性的活动凸显出来的。学界向来重视豪族、士族的研究，重点关注士人政治、经济势力的增长和族势的强大，而将士人作为一个群体从士人关系角度讨论的并不多。③ 细致梳理士大夫群体

---

① 许倬云：《汉代农业：早期中国农业经济的形成》，程农、张鸣译，江苏人民出版社1998年版，第57页。

② 王利器：《盐铁论校注》卷6《散不足第二十九》，中华书局1992年版，第349页。

③ 从人际关系的角度论述汉代历史，逐渐受到重视，如侯旭东《宠：信—任型君臣关系与西汉历史的展开》（北京师范大学出版社2018年版），薛小林《关系、人情与秦汉之际的政治和社会》（《理论学刊》2018年第4期）等。侯旭东反对线性历史观的研究方法，重视人际关系对历史走向的影响，认为线性历史观剪除了过去存在的其他可能性，排斥了时人的能动性。

的认同关系，对深入研究汉代历史，探析汉代社会结构和政局走向等重要问题，具有重要意义。

古人本重视交友，而汉代士大夫由于文化背景、操守和心志的相同，士大夫交友的范围不断扩大，程度逐步加深，出现了群体认同的现象。士大夫群体认同是指士大夫在共同的文化、共同的心志、共同的道德操守的背景下，在日常政治活动中体现出来的士大夫之间互相认可、互相支持的意识和关系。

士大夫群体的认同关系，学界已有论及。如刘显叔在《东汉魏晋的清流士大夫与儒学大族》一文中认为在反对宦官运动中兴起的士大夫阶层是一个意志社团，"各地以清流自许的士人之间有一体感与党类感意识"[1]。刘增贵《汉魏士人同乡关系考论》[2] 论述了汉魏士人的同乡意识和地域认同。毛汉光在《中国中古社会史论》中指出汉代扮演中间角色的士大夫构成了一个"特殊的团体和社会阶层"[3]。余英时《士与中国文化》认为东汉中叶以后士人与外戚宦官的斗争促使了士人群体意识的形成。[4] 阎步克在《士大夫阶层的形成》《士·事·师论——社会分化与中国古代知识群体的形成》[5] 两文中都明确提出了"士大夫阶层"的概念。牟发松《范晔〈后汉书〉对党锢成因的认识与书写——党锢事件成因新探》[6] 一文认为在党锢事件中，名士已经组织化。李禹阶、汪荣《汉初儒生的群体认同与价值取向探析》[7] 论述了汉初儒生在改造汉政、变异儒学等问题上的认同。王传武《东汉党人的阶级基础和群体认同》[8] 认为"党议"所以形成政治思潮并在朝野产生巨大影响力的首要基础在于党人

---

① 刘显叔：《东汉魏晋的清流士大夫与儒学大族》，《简牍学报》1977 年第 5 期。

② 刘增贵：《汉魏士人同乡关系考论》，《大陆杂志》1992 年第 1 期、第 2 期。

③ 毛汉光：《中国中古社会史论》，上海世纪出版集团 2002 年版，第 79 页。

④ 余英时：《士与中国文化》，上海人民出版社 2003 年版，第 251 页。

⑤ 阎步克：《士大夫阶层的形成》，《文史知识》1989 年第 9 期；《士·事·师论——社会分化与中国古代知识群体的形成》，《北京大学学报》1990 年第 2 期。

⑥ 牟发松：《范晔〈后汉书〉对党锢成因的认识与书写——党锢事件成因新探》，《华东师大学报》2012 年第 6 期。

⑦ 李禹阶、汪荣：《汉初儒生的群体认同与价值取向探析》，《重庆师范学院学报》2003 年第 1 期。

⑧ 王传武：《东汉党人的阶级基础和群体认同》，《江汉学术》2015 年第 3 期。

群体认同增强。

　　其他有关士人的著作①、论文②也相当丰硕，另外日本学者的相关研究成果也比较丰富③。

　　综观前人研究，虽已论及汉代士大夫群体认同的问题，可惜论述多不详尽，仅在成果中有所涉及。且前人对士大夫群体认同的关注多集中在党锢之后，强调党锢之祸对士大夫群体认同的推动作用，如毛汉光认为"党锢之祸，促使士大夫结合在一起，最后超越了地域性，而成为大社会领袖"④，认为是党锢之祸促使了士大夫在全国范围内的结合。金发根《东汉党锢人物的分析》从士大夫共同的利害和与浊流冲突的角度来

---

　　①　主要有顾颉刚《秦汉的方士与儒生》（上海世纪出版集团 2005 年版）、钱穆《国史大纲》（商务印书馆 1996 年版）、刘泽华、孙立群等《士人与社会》（秦汉魏晋南北朝卷）（天津人民出版社 1992 年版）、阎步克《士大夫政治演生史稿》（北京大学出版社 1996 年版）、于迎春《秦汉士史》（北京大学出版社 2000 年版）、葛荃《权力宰制理性——士人、传统政治文化与中国社会》（南开大学出版社 2003 年版）、马良怀《士人 皇帝 宦官》（岳麓书社 2003 年版）、马彪《秦汉豪族社会研究》（中国书店 2002 年版）、崔向东《汉代豪族研究》（崇文书局 2003 年版）。

　　②　主要有杨联陞《东汉的豪族》（《清华学报》1936 年第 4 期）、金发根《东汉党锢人物的分析》（载《"中研院"历史语言研究所论文类编（历史编）·秦汉卷》，中华书局 2009 年版）、唐长孺《东汉末期的大姓名士》（载《魏晋南北朝史论拾遗》，中华书局 1983 年版）、刘增贵《从碑刻史料论汉末士族》（载《傅乐成教授纪念论文集：中国史新论》，台湾学生书局 1985 年版）、阎步克《秦政、汉政与文吏、儒生》（《历史研究》1986 年第 3 期）、胡宝国《汉晋之际的汝颍名士》（《历史研究》1991 年第 5 期）、王晓毅《东汉安顺之际的汝颍名士》（《山东大学学报》1992 年第 2 期）、王彦辉《东汉中后期改良思潮及改良活动浅议》（《东北师大学报》1992 年第 2 期）、黄宛峰《东汉颍川、汝南、南阳士人与党议始末》（《中国史研究》1995 年第 4 期）、卫广来《求才令与汉魏嬗代》（《历史研究》2001 年第 5 期）、臧知非《两汉之际儒生价值取向探微》（《史学集刊》2003 年第 2 期）、朱子彦《论东汉党锢的缘起与党人失败原因》（《史学集刊》2012 年第 2 期）等。有关汉代士人研究的论文还有很多，限于篇幅，前贤成果不能尽列。

　　③　著作有冈村繁著，陆晓光译《汉魏六朝的思想和文学》（上海古籍出版社 2002 年版）；川胜义雄著，徐谷芃、李济沧译《六朝贵族制社会研究》（上海古籍出版社 2007 年版）；增渊龙夫著，吕静译《中国古代的社会与国家》（上海古籍出版社 2017 年版）；东晋次《後漢時代の政治と社会》（名古屋大学出版会 1995 年版）；谷川道雄著，马彪译《中国中世社会与共同体》（上海古籍出版社 2013 年版）；宇都宫清吉《中国古代中世史研究》（创文社 1977 年版）；吉川忠夫著，王启发译《六朝精神史研究》（江苏人民出版社 2012 年版）；等等。论文如谷川道雄《中国社会构造的特质与士大夫的问题》（载刘俊文主编《日本学者研究中国史论著选译》第二卷，中华书局 1993 年版）、安部聪一郎《党锢の「名士」再考——贵族制成立过程の再检讨のために》（《史学杂志》第 111 编第 10 号，2002 年）等。

　　④　毛汉光：《中国中古社会史论》，第 84 页。

讨论士人的结党，① 忽视了士大夫之间的认同问题，该文是对党人群体横向而非纵向的分析。余英时也认为东汉士大夫与外戚宦官极端的斗争促使了士大夫群体意识的形成，"中叶以后，士大夫集团与外戚宦官之势力日处于激烈争斗之中，士之群体自觉意识遂亦随之而日趋明确。故欲于士之群体自觉一点有较深切之了解，则不能不求之于东汉后期也"。② 可见，已有研究对西汉中期至东汉前期士大夫之间的认同关系关注不够。下面就士大夫群体的认同过程进行纵向考察。

一 "相善"——士大夫间联系的加强

（一）昭宣之后士大夫关系的逐渐紧密

昭宣之后，士大夫之间的关系逐渐紧密，这种情况通过一些关系词可以看出来，如"相善"，"（张）敞与萧望之、于定国相善"③，"（翟）方进素与司直师丹相善"④，"（魏）相与丙吉相善"⑤，王章与"御史中丞陈咸相善，共毁中书令石显"⑥，"长安令杨兴新以材能得幸，与（贾）捐之相善"⑦，"（薛）况与吕宽相善"⑧，"（何）武为前将军，素与左将军公孙禄相善"⑨。到两汉之际，"（尹敏）与班彪相善"⑩，"（皋弘）少有英才，与桓荣相善"⑪。"（冯）衍更始时为偏将军，与鲍永相善。"⑫ 可见西汉昭宣之后，这种士人夫之间的相善关系是比较普遍的。

相善在汉代不是一般的朋友关系，陈咸与王章相善，陈咸因王章有罪被诛而免官。尹敏也因与周虑相善而被牵连以致免官，"（尹）敏三迁

---

① 金发根：《东汉党锢人物的分析》，第 1218—1221 页。
② 余英时：《士与中国文化》，第 251—252 页。
③ 《汉书》卷 76《张敞传》，中华书局 1962 年版，第 3223 页。
④ 《汉书》卷 60《杜周传附缓弟钦》，第 2679 页。
⑤ 《汉书》卷 74《魏相传》，第 3134 页。
⑥ 《汉书》卷 76《王章传》，第 3238 页。
⑦ 《汉书》卷 64 下《贾捐之传》，第 2835 页。
⑧ 《汉书》卷 83《薛宣传》，第 3397 页。
⑨ 《汉书》卷 86《何武传》，第 3486 页。
⑩ 袁宏撰，李兴和点校：《袁宏〈后汉纪〉集校》，云南大学出版社 2008 年版，第 102 页。
⑪ 《后汉书》卷 37《桓荣列传》，李贤注引《谢承书》，中华书局 1965 年版，第 1250 页。
⑫ 刘珍等：《东观汉记校注》，中华书局 2008 年版，第 551 页。

始任长陵令，且坐与诏捕男子周虑相善而免官"。① 因为相善，吉伯房、郭公休为游殷服丧，《太平御览》卷409引《三辅决录》："游殷为胡轸所害，同郡吉伯房、郭公休与殷同岁相善，为缌麻三月。"② 相善甚至是一种同生死的关系，《初学记》引《吴志》曰："吴范与魏滕相善交。滕常有罪，吴王责怒，有谏处死。范谓滕曰：'与汝偕死。'谏得并免。"③ 可见相善是一种非常紧密的社会关系，是共荣辱甚至同生死的亲密关系。

又如"厚善"。杨恽因得罪宣帝被腰斩，"诸在位与恽厚善者，未央卫尉韦玄成、京兆尹张敞及孙会宗等，皆免官"④。"数岁，玄成征为未央卫尉，迁太常。坐与故平通侯杨恽厚善，恽诛，党友皆免官。"⑤ 杨恽被诛，与他"厚善"的其他人皆受牵连被免官，而与杨恽厚善的韦玄成等人还被称为"党友"。杨恽与韦玄成、张敞、孙会宗等人厚善，又"（杨）恽素与盖宽饶、韩延寿善"⑥。萧望之子萧育，"坐与定陵侯淳于长厚善免官"⑦。萧育也是因"厚善"的关系被免官。翟方进与淳于长厚善，"初，定陵侯淳于长虽外戚，然以能谋议为九卿，新用事，方进独与长交，称荐之。及长坐大逆诛，诸所厚善皆坐长免，上以方进大臣，又素重之，为隐讳"⑧。

窦融还利用与河西士大夫的厚善关系，帮助光武皇帝稳定了河西五郡。"是时酒泉太守梁统、金城太守库钧、张掖都尉史苞、酒泉都尉竺曾、敦煌都尉辛彤，并州郡英俊，融皆与为厚善。……乃推融行河西五郡大将军事。是时武威太守马期、张掖太守任仲并孤立无党，乃共移书告示之，二人即解印绶去。"⑨ 窦融和其他厚善诸人俨然是党友关系，没有党友的武威太守马期、张掖太守任仲孤立无援不得不离职而去。

---

① 司马彪：《续汉书》卷5《儒林传》，周天游辑注《八家后汉书辑注》，上海古籍出版社1986年版，第492页。

② 李昉等：《太平御览》卷409，中华书局1960年版，第1888页。

③ 徐坚等：《初学记》卷18《人部中·交友》，中华书局1962年版，第435页。

④ 《汉书》卷66《杨敞传附子恽》，第2898页。

⑤ 《汉书》卷73《韦贤传附子玄成》，第3110页。

⑥ 《汉书》卷66《杨敞传附子恽》，第2897页。

⑦ 《汉书》卷78《萧望之传附子育》，第3289页。

⑧ 《汉书》卷84《翟方进传》，第3421页。

⑨ 《后汉书》卷23《窦融传》，第796—797页。

士大夫紧密的关系还有"厚",如何武与龚胜、龚舍、唐林、唐尊厚。①

又有"友善"。"(郑崇)弟立与高武侯傅喜同门学,相友善。"②"(段)会宗为人好大节,矜功名,与谷永相友善。"③"韩说字叔儒,会稽山阴人也。博通《五经》,……与议郎蔡邕友善。"④"(逢)萌与同郡徐房、平原李子云、王君公相友善,并晓阴阳,怀德秽行。"⑤"更始败,(赵)憙为赤眉兵所围,迫急,乃逾屋亡走,与所友善韩仲伯等数十人,携小弱,越山阻,径出武关。"⑥"(郭太)始见河南尹李膺,膺大奇之,遂相友善,于是名震京师。"⑦

昭宣之后士大夫关系的紧密化还体现在"为友""相友"等关系上。《后汉书·陈元传》李贤注曰:"伯牙善鼓琴,钟子期善听,相与为友。"⑧认为伯牙与钟子期就是一种"为友"的关系。"朋友之义甚重。天下之达道五,君臣、父子、兄弟、夫妇而至朋友之交。"⑨又《尔雅》曰:"善父母为孝,善兄弟为友。"⑩"为友"也是一种兄弟般的情谊。

"(王)吉与贡禹为友,世称'王阳在位,贡公弹冠',言其取舍同也。"⑪萧望之子育"少与陈咸、朱博为友,著闻当世。往者有王阳、贡公,故长安语曰'萧、朱结绶,王、贡弹冠。'"⑫东汉之后为友的情况还有"(袁)忠字正甫,与同郡范滂为友⑬。钟皓与陈寔为友,"同郡陈寔,年不及皓,皓引与为友"⑭。"(岑)晊有高才,郭林宗、朱公叔等皆

① 《汉书》卷 86《何武传》,第 3485 页。
② 《汉书》卷 77《郑崇传》,第 3254—3255 页。
③ 《汉书》卷 70《段会宗传》,第 3029 页。
④ 《后汉书》卷 82 下《方术列传》,第 2733 页。
⑤ 《后汉书》卷 83《逸民列传》,第 2760 页。
⑥ 《后汉书》卷 26《赵憙列传》,第 912 页。
⑦ 《后汉书》卷 68《郭太列传》,第 2225 页。
⑧ 《后汉书》卷 36《陈元传》,第 1231 页。
⑨ 洪迈:《容斋随笔》卷 9 "朋友之义"条,中华书局 2015 年版,第 94 页。
⑩ 郭璞注,邢昺疏:《尔雅注疏》卷 4《释训》,北京大学出版社 1999 年版,第 112 页。
⑪ 《汉书》卷 72《王吉传》,第 3066 页。
⑫ 《汉书》卷 78《萧望之传》,第 3290 页。
⑬ 《后汉书》卷 45《袁安传附玄孙闳》,第 1526 页。
⑭ 《后汉书》卷 62《钟皓传》,第 2064 页。

为友"① 等。

又如"相友"，何武与"翟方进交志相友"②。翟方进还与胡常"相亲友"③。龚胜、龚舍相友，"两龚皆楚人也，胜字君宾，舍字君倩。二人相友"④。

综上，昭宣之后士大夫之间存在相善、厚善、厚、友善、为友、相友等紧密的关系，这种关系不同于一般的朋友关系，会因"相善""厚善"的关系被免官，是一种共荣辱、同生死的关系。这种紧密的关系会被视为政治上的同党而被称为"党友"，如杨恽、韦玄成、张敞、孙会宗、盖宽饶、韩延寿等被称为党友，御史中丞陈咸与朱博、萧育、朱云等被视为一党，淳于长被翟方进弹劾获罪，作为其党友被免官的有京兆尹孙宝、右扶风萧育等二十余人，"条奏（淳于）长所厚善京兆尹孙宝、右扶风萧育，刺史二千石以上免二十余人"⑤。这二十余人中，应该有薛宣，"后坐善定陵侯淳于长罢就第"⑥。至迟在宣帝时期，西汉已经存在党友的关系了。而这种党友的关系，正是在士大夫群体认同的背景下形成的，否则一人轻微犯罪不至于累及友人。

通过个别士大夫紧密关系的发展，士大夫群体的认同关系在昭宣之后正在形成。以杨恽为中心，杨恽与韦玄成、张敞、孙会宗等人"厚善"，·与盖宽饶、韩延寿"善"，与萧望之"相善"，而与杨恽厚善的张敞又与萧望之、于定国相善。以萧育为中心，萧育与陈咸、朱博为友，并与淳于长厚善，又与朱云相结⑦，朱云"事前将军萧望之受《论语》"⑧，朱云是萧望之的学生，而萧望之又和杨恽、张敞等人厚善。而与萧育厚善的淳于长，与薛宣善，与孙宝、翟方进厚善，因与淳于长关系紧密被免官的至少有孙宝、萧育、薛宣等二十余人。与淳于长厚善的翟方进，与施丹相善，与何武相友，与胡常相亲友，与李寻厚。与翟方进

①　《后汉书》卷67《党锢传·岑晊传》，第2212页。
②　《汉书》卷86《何武传》，第3481页。
③　《汉书》卷84《翟方进传》，第3412页。
④　《汉书》卷72《龚胜传》，第3080页。
⑤　《汉书》卷84《翟方进传》，第3421页。
⑥　《汉书》卷83《薛宣传》，第3394页。
⑦　《汉书》卷67《朱云传》，第2914页。
⑧　《汉书》卷67《朱云传》，第2912页。

相友的何武，与龚胜、龚舍、唐林、唐尊厚，与公孙禄相善。以此类推，看似没有关系的士大夫之间都能找到联系点，士大夫之间存在着复杂的人际关系网络（如图3-1），体现了昭宣之后个别士大夫的紧密关系正在向群体性的认同关系发展。

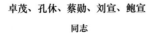

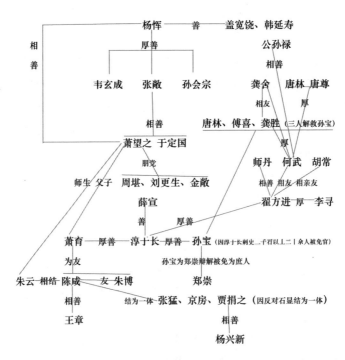

图3-1 西汉昭宣之后士人关系

（二）士大夫的互相救助和互相举荐

由于士大夫之间的紧密关系和认同关系，在日常活动中，士大夫之间会互相支持、救助和互相荐引。

首先看互相支持与救助。夏侯胜反对宣帝给武帝立庙乐，黄霸支持夏侯胜，两人因此都被下狱。元帝重用石显，在反对石显擅权问题上，太中大夫张猛、魏郡太守京房、御史中丞陈咸、待诏贾捐之结为一体，最后"房、捐之弃市，猛自杀于公车，咸抵损，髡为城旦"。① 陈咸还与朱云相结对抗石显，"时中书令石显用事，与充宗为党，百僚畏之。唯御史中丞陈咸年少抗节，不附显等，而与云相结"。② 成帝欲立赵婕妤为皇后，刘辅因上书反对被下掖庭秘狱，辛庆忌、廉褒、施丹、谷永上书援救。哀帝时鲍宣"坐距闭使者，亡人臣礼，大不敬，不道，下廷尉狱。博士弟子济南王咸举幡太学下，曰：'欲救鲍司隶者会此下。'诸生会者千余人。朝日，遮丞相孔光自言，丞相车不得行，又守阙上书。上遂抵宣罪减死一等，髡钳"③。为救鲍宣而集的太学生竟达千余人。哀帝重用董贤，郑崇因劝谏激怒哀帝，被下狱，孙宝为郑崇辩解，被免为庶人，而郑崇死狱中。后孙宝因得罪傅太后，被下狱，站出来救助孙宝的有尚书仆射唐林、大司马傅喜、光禄大夫龚胜，其中唐林还因此被贬为敦煌鱼泽障候。在对抗强权时，士大夫之间是互相支持、救助并结为一体的。

士大夫之间还互相举荐，如朱邑"贡荐贤士大夫，多得其助者"④。丙吉荐萧望之、王仲翁等数人，萧望之和周堪"数荐名儒茂材以备谏官"⑤。哀帝时期龚胜荐举龚舍、宁寿、侯嘉等人。王嘉为丞相，他举荐了公孙光、满昌、萧成、薛修等人。翟方进、孔光举荐师丹，张禹举荐彭宣，萧望之举荐薛广德，陈咸、匡衡举荐王吉之子王骏，贡禹举荐诸葛奉，龚胜举荐龚舍、宁寿、侯嘉等，西汉时期尤其是东汉，士大夫之间互相举荐的事例史料中比比皆是，如左雄举荐陈蕃、李膺等三十余人，不再赘述。士大夫所举荐的必然是其认同的人，所以士大夫的互相举荐，也体现了士大夫之间的认同。

（三）士大夫认同的超地域性

士大夫之间的认同关系并不受地域的限制。根据上文所举事例，张敞与萧望之、于定国相善，张敞为河东平阳人，萧望之则为东海兰陵人，于定国为东海郯人。翟方进为汝南上蔡人，师丹为琅邪东武人，两人相

---

① 《汉书》卷93《佞幸传·石显》，第3727页。
② 《汉书》卷67《朱云传》，2914页。
③ 《汉书》卷72《鲍宣传》，第3093—3094页。
④ 《汉书》卷89《循吏传·朱邑》，第3636页。
⑤ 《汉书》卷78《萧望之传》，第3284页。

善；王章泰山巨平人，陈咸为沛郡相人，两人相善；杨恽为华阴人，韦玄成为鲁国邹人，张敞为河东平阳人，孙会宗为西河郡人，四人厚善；萧育东海兰陵人，淳于长魏郡元城人，两人厚善。

士大夫的互相救助和举荐也不受地域的限制。黄霸淮阳阳夏人，夏侯胜为宁阳侯国人，两人互相救助；张猛为汉中人，京房为东郡人，陈咸为沛郡相人，贾捐之为洛阳人，在反对宦官石显时四人结为一体；龚胜为楚人，所举荐的宁寿为亢父人；王嘉为平陵人，举荐的公孙光为蒉川人、满昌则为颍川人。可见，士大夫之间的认同，是超越地域的。①

如前所述，毛汉光认为党锢之祸促使了士大夫在全国范围内的结合，而余英时认为东汉士大夫与外戚宦官极端的斗争促使了士大夫群体意识的形成，两人都强调党锢之祸对士大夫群体认同的影响。毫无疑问，党锢之祸促使了士大夫更深一步的结合，但士大夫的群体认同、结合并不仅仅是从党锢之后才开始的，士大夫超地域的认同，在西汉中后期就已经存在了，只不过到东汉党锢之祸时，这种超地域的结合更加明显了。前人研究割裂了士大夫群体认同发展深化的过程与党锢之祸爆发的关系问题。

士人群体的认同关系，两汉之际至东汉时期还在加深，表现在士人之间的关系从"相善""厚善""为友"进一步发展，形成"同志""同好"的关系。

二 "同志""同好"——士大夫群体认同的强化

两汉之际，士大夫之间的认同关系进一步加强，反映在"同志""同好"等关系词的出现。

士大夫之间"同志"的关系。"初，（卓）茂与同县孔休、陈留蔡勋、安众刘宣、楚国龚胜、上党鲍宣六人同志，不仕王莽时，并名重当时。"② 士大夫关系从"相善""厚善"发展到"同志"，体现了其关系的

---

① 刘增贵《汉魏士人同乡关系考论》讨论了汉魏时期士人的地域认同。其实，汉魏时期，士人认同也是超越地域的，在全国范围内也存在认同。

② 《后汉书》卷25《卓茂列传》，第872页。

深化和志向的趋同。

到东汉，士大夫之间互为"同志"比较普遍。"（窦）武于是引同志尹勋为尚书令，刘瑜为侍中，冯述为屯骑校尉；又征天下名士废黜者前司隶李膺、宗正刘猛、太仆杜密、庐江太守朱寓等，列于朝廷。"① 郭太卒，前来会葬的同志为其立碑，"明年春，卒于家，时年四十二。四方之士千余人，皆来会葬。同志者乃共刻石立碑，蔡邕为其文。"② 又如"（荀）淑博学有高行，与李固、李膺同志友善。"③ 党锢事起，"（贾）彪谓同志曰：'吾不西行，大祸不解'"④。"（华）歆少以高行显名，［为下邽令］。避西京之乱，与同志郑泰等六七人，闲步出武关。"⑤

除了"同志"，士大夫认同关系的深化还体现在"同好"上。"杨政，字子行，治梁丘易，与京兆祁圣元同好，俱名善说经书。"⑥ "（窦）章字伯向。少好学，有文章，与马融、崔瑗同好，更相推荐。"⑦ "（符）融同郡田盛，字仲向，与郭林宗同好，亦名知人。"⑧ 刘宽与"同好"研读经术，"公讳宽，字文饶，弘农华阴人也。……疾雕饰，尚朴素，轻荣利，重谦让。幼与同好镌坟典于茅庐，是以根经纬，综精微，海童冠而不倦"⑨。曹羲《至公论》曰："夫世人所谓掩恶扬善者，君子之大义；保明同好者，朋友之至交。"⑩ 认为保明同好者是朋友之至交，"同好"是人际交往中最亲密的关系了。

"同志""同好"关系的出现，是西汉昭宣以来士大夫群体认同发展、深化的结果，这种社会关系也明晰地显示了士大夫群体共同的思想文化和共同的心志。

---

① 《后汉书》卷69《窦武列传》，第2241页。

② 《后汉书》卷68《郭太列传》，第2227页。

③ 周天游：《八家后汉书辑注·张璠〈后汉纪〉》，第711页。

④ 《后汉书》卷67《贾彪列传》，第2216页。

⑤ 周天游：《八家后汉书辑注·华峤〈后汉纪〉》卷3，第598页。

⑥ 刘珍等撰，吴树平校注：《东观汉记校注》卷18《杨政传》，第825页。

⑦ 《后汉书》卷23《窦融传》，第821页。

⑧ 《后汉书》卷68《符融传》，第2233页。

⑨ 严可均辑：《全后汉文》卷27《太尉刘宽碑》，商务印书馆1999年版，第275页。

⑩ 严可均辑：《全三国文》卷20，商务印书馆1999年版，第201页。

随着士大夫之间认同关系的深化和志向的趋同，士大夫认同的范围在扩大、人数在增多。

到东汉时期，认同士大夫的地域范围在扩大，如"王符字节信，安定临泾人也。少好学，有志操，与马融、窦章、张衡、崔瑗等友善"[1]。王符安定临泾人，马融扶风茂陵人，窦章扶风平陵人，张衡南阳西鄂人，崔瑗涿郡安平人，相友善的五人分布在四个郡。又如崔瑗"与扶风马融、南阳张衡特相友好"[2]。根据金发根《东汉党锢人物的分析》一文统计，党锢人物的分布，关东地区 136 人，三辅及西北边郡 13 人，长江中下游 9 人，长江上游及西南地区 4 人，遍布全国主要州郡。[3]"从《世说新语》中所得 23 条人物间交接事例来看，士大夫已超越区域的界线。"[4] 刘增贵通过分析东汉末的人物评论认为，48 个评论家分布于 20 个郡，126 个被评论者遍布 39 个郡，当时的评论家都能超越地域的结合。[5] 刘显叔也认为："在修名广交的风气中，他们为扩大交友的范围，乃去其邑里周游他邦，打开乡里阎闾的藩篱，产生一种新的社会关系，形成全域性的士大夫社会。"[6] 至东汉中后期，认同士大夫扩散到全国范围。

同时，认同士大夫的数量也在增多，这从士人的集会中可以看出。郭太"后归乡里，衣冠诸儒送至河上，车数千两。林宗唯与李膺同舟而济，众宾望之，以为神仙焉"[7]。范滂遭党事出狱，南归之时"始发京师，汝南、南阳士大夫迎之者数千两"[8]。"车数千两"体现了认同士大夫群体的人数众多。

从名士去世后士大夫会葬聚集也可以看出认同士大夫的超地域性和数量的增多。《水经·汾水注》曰："（界休）城东有征士郭林宗、宋子浚二碑。……其碑文云：'……凡我四方同好之人，永怀哀痛，乃树碑表

---

① 《后汉书》卷 49《王符传》，第 1630 页。
② 《后汉书》卷 52《崔骃传附子瑗》，第 1722 页。
③ 金发根：《东汉党锢人物的分析》，第 1229—1232 页。
④ 毛汉光：《中国中古社会史论》，第 84 页。
⑤ 刘增贵：《论后汉末的人物评论风气》，《成功大学历史学报》1983 年第 10 期。
⑥ 刘显叔：《东汉魏晋的清流士大夫与儒学大族》，《简牍学报》1977 年第 5 期。
⑦ 《后汉书》卷 58《郭太传》，第 2225 页。
⑧ 《后汉书》卷 67《党锢传·范滂》，第 2206 页。

墓，昭铭景行云。陈留蔡伯喈、范阳卢子幹、扶风马日磾等，远来奔丧，持朋友服。心丧期年者如韩子助、宋子浚等二十四人，其余门人著锡衰者千数。'"① 四方同好之人赴丧，其中蔡邕、卢植、马日磾三人分别是陈留、范阳、扶风人，充分体现了士人群体认同的扩散化与超地域性。郑玄死后，"自郡守以下尝受业者，缞绖赴会千余人。"② 胡广死后，"故吏自公、卿、大夫、博士、议郎以下数百人，皆缞绖殡位，自终及葬。汉兴以来，人臣之盛，未尝有也"。③ 范冉卒，"会葬者二千余人，刺史郡守各为立碑表墓焉"。④ 陈寔去世后，"海内赴者三万余人，制衰麻者以百数，共刊石立碑，谥为文范先生"。⑤ "及（黄）琼卒归葬，稺乃负粮徒步到江夏赴之，设鸡酒薄祭，哭毕而去，不告姓名。时会者四方名士郭林宗等数十人，闻之，疑其稺也，乃选能言语生茅容轻骑追之。"⑥ 延熹七年，"二月，丙戌，邡乡忠侯黄琼薨。将葬，四方远近名士会者六七千人"⑦。

这种会葬集会上，"四方名士""四方同好之人""四方之士""四方名豪""海内赴者"少则千余人，多则三万人。已故之人得到全国各地士大夫普遍的认可和仰慕，全国范围人数众多的士大夫参加葬礼，正是士大夫群体认同扩散化的一种表现。徐干《中论》中就论述了士大夫超地域的社会交往："故古之交也近，今之交也远；古之交也寡，今之交也众；古之交也为求贤，今之交也为名利而已矣！"⑧ 此处徐干论述的目的是要批驳时人为名利而交友的问题，但"远"和"众"正好体现了当时士大夫交往地域范围的扩大和人数的增多，也正是对士大夫群体认同现状的一种表述。"'海内知名''名著海内''名闻海内'或者说'海内清议'，此类用词证明并且象征汉末群士的眼界已经突破乡邑社会的局限，

---

① 郦道元著，陈桥驿校证：《水经注校证》卷6《汾水》，中华书局2013年版，第152—153页。

② 《后汉书》卷35《郑玄传》，第1211页。

③ 《后汉书》卷44《胡广传》，第1511页。

④ 《后汉书》卷81《独行传·范冉》，第2690页。

⑤ 《后汉书》卷62《陈寔传》，第2067页。

⑥ 《后汉书》卷53《徐稺传》，第1747页。

⑦ 《资治通鉴》卷55，中华书局1956年版，第1768页。

⑧ 徐干撰，孙启治解诂：《中论解诂·谴交第十二》，中华书局2014年版，第221页。

人物知识范围扩大，他们的人伦臧否之谈能够在全国各地士人之间普遍获得感应和共鸣。"①

"同志""同好"等士大夫间关系词的出现，表明士大夫作为一个阶层也初步形成。关于士大夫阶层的形成时期，许倬云在《西汉政权与社会势力的互动关系》中认为西汉元成以后形成了帝室与士大夫共天下的情势。② 这个观点与本书论述基本是一致的。许倬云在《汉代农业——早期中国农业经济的形成》一书中还认为，西汉后半叶，"不同的社会集团相互融合，产生出了一个富贵、学者和权贵三位一体的单独的社会阶层"。③ 钱穆则认为在昭宣元成之际："汉高祖以来一个代表一般平民社会的、素朴的农民政府，现在转变为代表一般平民社会的、有教育的、有知识的士人政府，不可谓非当时的又一进步。"④

三 士大夫群体认同的被肯定和自我标识——从"朋党"到"党人""吾徒"

士大夫群体认同的进一步强化，就从"同志""同好"的关系发展到了"党人""吾徒"。

早在宣帝时期，已经有了朋党的说法。宣帝崩，萧望之、周堪等受遗诏辅政，萧望之以宗室明经达学散骑谏大夫刘更生为给事中，与侍中金敞并拾遗左右，四人同心谋议，劝导皇帝以古制，多所欲匡正。后被弘恭、石显称为"朋党"，"望之、堪、更生朋党相称举"⑤。哀帝建平元年（前6年），孙宝得罪了傅太后，"上乃顺指下宝狱。尚书仆射唐林争之，上以林朋党比周，左迁敦煌鱼泽障候。大司马傅喜、光禄大夫龚胜固争，上为言太后，出宝复官"。⑥ 孙宝、唐林被称为朋党。可见，西汉中后期互相救助的士大夫就被称为"朋党"。

① 刘显叔：《东汉魏晋的清流士大夫与儒学大族》，《简牍学报》1977 年第 5 期。
② 许倬云：《西汉政权与社会势力的交互作用》，载《求古编》，联经出版事业公司 1982 年版，第 482 页。
③ 许倬云：《汉代农业——早期中国农业经济的形成》，第 57 页。
④ 钱穆：《国史大纲》，商务印书馆 1996 年版，第 149 页。
⑤ 《汉书》卷 78《萧望之传》，第 3286 页。
⑥ 《汉书》卷 77《孙宝传》，第 3261 页。

到了东汉，党锢之祸前，士大夫群体就被视为党人了。桓帝时期，袁著因上疏劾奏梁冀被笞杀，袁著的学生、朋友也被视为同党惩罚。"学生桂阳刘常，当世名儒，素善于著，冀召补令史以辱之。时太原郝絜、胡武，皆危言高论，与著友善。先是絜等连名奏记三府，荐海内高士，而不诣冀，冀追怒之，又疑为著党，敕中都官移檄捕前奏记者并杀之，遂诛武家，死者六十余人。絜初逃亡，知不得免，因舆榇奏书冀门。书入，仰药而死，家乃得全。"① 可见在党锢之祸爆发前，在与权贵的冲突中，士人群体认同逐渐明确，并被视为"党人"。

"于是琬、蕃同心，显用志士，平原刘醇、河东朱山、蜀郡殷参等并以才行蒙举。蕃、琬遂为权富郎所见中伤，事下御史丞王畅、侍御史刁韪。韪、畅素重蕃、琬，不举其事，而左右复陷以朋党。"② 黄琬、陈蕃同心，举用认同的士人，被中伤，王畅和刁韪又"不举其事"加以照顾，被陷为"朋党"。无论是黄琬、陈蕃举荐才行之士，还是王畅、刁韪救助黄琬、陈蕃，其共同的背景就是士大夫群体认同，并因之被称为是"朋党"。至东汉末年，董卓仍称士大夫群体为"党人"，"卓乃与司徒黄琬、司空杨彪，俱带铁锧诣阙上书，追理陈蕃、窦武及诸党人，以从人望。于是悉复蕃等爵位，擢用子孙"。③

不但如此，东汉中后期还有了党人领袖。"贾彪字伟节，游京师，与郭林宗、［李元礼］等为谈论之首，一言一行，天下以为准的。"④ 东汉桓帝时期，以全国士人和太学生为主要构成，李膺、陈蕃、王畅等为领袖，士人认同基础上所谓的"党人"群体已经完全形成。"诸生三万余人，郭林宗、贾伟节为其冠，并与李膺、陈蕃、王畅更相褒重。学中语曰：'天下模楷李元礼，不畏强御陈仲举，天下俊秀王叔茂。'又渤海公族进阶、扶风魏齐卿，并危言深论，不隐豪强。自公卿以下，莫不畏其贬议，屣履到门。"⑤ 党人群体形成并开始干预朝

---

① 《后汉书》卷 34《梁统传附玄孙冀》，第 1184 页。

② 《后汉书》卷 61《黄琼传附孙琬》，第 2040 页。

③ 《后汉书》卷 72《董卓传》，第 2325 页。

④ 周天游：《八家后汉书辑注·袁山松〈后汉书〉》卷四，第 676 页。

⑤ 《后汉书》卷 67《党锢列传·序》，第 2186 页。

政，这是士大夫群体认同发展的顶峰。①

这种局面的形成，引起了皇帝的疑忌，并在一定程度上促成了党锢之祸的爆发，如党锢之祸中范滂入狱，桓帝使中常侍王甫拷问："卿更相拔举，迭为唇齿。"②桓帝对士大夫"迭为唇齿"的认同关系表现出了极大的顾虑。

而党锢之祸又强化了士大夫群体的认同，"东汉末期的党锢之祸，加速强化士族的同类感"③。如天下士大夫对李膺持"高尚其道"的认同态度，李膺"免归乡里，居阳城山中，天下士大夫皆高尚其道，而污秽朝廷"④。士大夫因为群体认同，站在朝廷的对立面，抨击朝廷。

第一次党锢之祸后，士大夫认同意识强化，甚至形成了士大夫团体"僤"（又称"墠"或"弹"），"以俭及檀彬、褚凤、张肃、薛兰、冯禧、魏玄、徐乾为'八俊'，田林、张隐、刘表、薛郁、王访、刘祇、宣靖、公绪恭为'八顾'，朱楷、田槃、疎耽、薛敦、宋布、唐龙、嬴咨、宣褒为'八及'，刻石立墠，共为部党，而俭为之魁"⑤。"先是俭等相与作衣冠纠弹，弹中人相与谲言，我弹中诚有八俊、八义，犹古之八元、八凯也。"⑥"僤"是"为特定目的而组织的团体"⑦。士大夫群体不仅有组织，而且出现了三君、八俊、八顾、八及、八厨等士人领袖，这都是士大夫群体认同深化的体现。毛汉光就认为："党锢事件，促使士大夫结合在一起，最后超越了地域性，而成为大社会领袖。"⑧

---

① 针对士人交游之风，刘梁《破群论》、朱穆《绝交论》、徐干《中论·谴交篇》等都进行了抨击。不过这些论述有疾俗之嫌，其评论是否恰当，应客观判断。唐长孺就认为徐干《谴交篇》是在支持曹操打击世家大族"阿党比周"的政策。（唐长孺：《魏晋才性论的政治意义》，载《魏晋南北朝史论丛》，河北教育出版社 2000 年版，第 295 页。）顾炎武就认为"党锢之流，独行之辈，依仁蹈义，舍命不渝，风雨如晦，鸡鸣不已。三代以下风俗之美，无尚于东京者"（顾炎武著，陈垣校注：《日知录校注》卷 13 "两汉风俗"条，安徽大学出版社 2007 年版，第 718 页）。但不管这些抨击恰当与否，都从侧面反映出东汉中后期士大夫群体认同发展到了一定的程度。

② 《后汉书》卷 67《党锢列传·范滂》，第 2205 页。

③ 毛汉光：《中国中古社会史论》，第 60 页。

④ 《后汉书》卷 67《党锢列传·李膺》，第 2195 页。

⑤ 《后汉书》卷 67《党锢列传》，第 2188 页。

⑥ 王先谦：《后汉书集解》卷 67，惠栋引《英雄记》，中华书局 1984 年版，第 769 页。

⑦ 邢义田：《天下一家：皇帝、官僚与社会》，中华书局 2011 年版，第 444 页。

⑧ 毛汉光：《中国中古社会史论》，第 84 页。

在党锢之下，因为群体认同，士大夫之间仍然互相救助。"及陈蕃、李膺之败，（何）颙以与蕃、膺善，遂为宦官所陷，乃变姓名，亡匿汝南间。……是时党事起，天下多离其难，颙常私入洛阳，从绍计议。其穷困闭厄者，为求援救，以济其患。有被掩捕者，则广设权计，使得逃隐，全免者甚众。"① 党锢之祸后，贾彪"谓同志曰：'吾不西行，大祸不解'"②。而张俭亡命，更是受到全国范围内士人的救助，"俭得亡命，困迫遁走，望门投止，莫不重其名行，破家相容。……其所经历，伏重诛者以十数，宗亲并皆殄灭，郡县为之残破"③。士大夫的互相救助和张俭的逃亡过程充分体现了士大夫群体在全国范围内认同意识的强化。

更有甚者，有人竟然向朝廷自请为党人，如皇甫规，"及党事大起，天下名贤多见染逮，规虽为名将，素誉不高。自以西州豪桀，耻不得豫，乃先自上言：'臣前荐故大司农张奂，是附党也。又臣昔论输左校时，太学生张凤等上书讼臣，是为党人所附也。臣宜坐之'"。④ "时侍御史蜀郡景毅子顾为膺门徒，而未有录牒，故不及于谴。毅乃慨然曰：'本谓膺贤，遣子师之，岂可以漏夺名籍，苟安而已！'遂自表免归，时人义之。"⑤ 士大夫甘罹党祸，也体现了群体认同意识的强化。

正因为认同意识的强化，在汉末政治风云中，王允称士大夫群体为"吾徒"。"允曰：'不然。关东举义兵者，皆吾徒耳。今若距险屯陕，虽安凉州，而疑关东之心，甚不可也。'"⑥ "吾徒"一词所体现的，正是士大夫自身对群体认同的认可。如果说"党人"是东汉朝廷给予士大夫群体认同现象的标签，那么，"吾徒"则是士大夫自己对群体认同认可的体现，是士大夫对群体认同的自我标识。"党人"是政治术语，"吾徒"则是社会关系用语，显得更加亲近。

"吾徒"绝对不是王允一时冲动所言，这是士大夫群体认同长期发展、

---

① 《后汉书》卷67《党锢列传·何颙》，第2217页。
② 《后汉书》卷67《党锢列传·贾彪》，第2216页。
③ 《后汉书》卷67《党锢列传·张俭》，第2210页。
④ 《后汉书》卷65《皇甫规传》，第2136页。
⑤ 《后汉书》卷67《党锢列传·李膺》，第2197页。
⑥ 《后汉书》卷66《王允传》，第2176页。

深化的结果，是群体认同和群体意识彰显的体现。王允的这种群体认同观念根深蒂固，在临死前还说："努力谢关东诸公，勤以国家为念。"①

综上，士大夫群体认同是两汉历史上一个大的发展趋势，有一个逐渐强化的过程，从个别士大夫关系的紧密，发展到超地域的士大夫群体认同，从"相善""厚善"发展到"同志""同好"，再发展到"党人""吾徒"，体现了士大夫群体认同发展的递进关系。东汉党人的形成源自于西汉中后期士大夫认同关系的发展。士大夫群体认同并不是在党锢之祸后才形成的，党锢之祸前士大夫群体认同已经存在并发展到了一定程度而受到皇权的疑忌，被视为"党人"。"党人"所体现的是士大夫之间认同的本质，而不是真的结党。士大夫群体认同在一定程度上促使了党锢之祸的爆发，而党锢之祸又加深了士大夫的群体认同。"党人"是东汉朝廷对士大夫群体认同给予的标签，是对士大夫认同反面的肯定，而"吾徒"则是士大夫对群体认同的自我标识和认可。

当然，士大夫群体并不是一个实体性的组织，不是一个真正的政治党派，也不强调阶级观念，② 士大夫群体认同强调的是精神层面上的一致性。范滂被王甫拷问时说："窃闻仲尼之言：'见善如不及，见不善如探汤。'欲使善善齐其清，恶恶同其污，谓王政之所愿闻，不悟反以为党。"③ 士大夫自己并没有结党的意识，他们只是想攻击浊流、扫除天下、有为于邦国，如李膺"欲以天下风教是非为己任"④、陈蕃"大丈夫处世，当扫除天下"⑤。士大夫群体虽然不是一个政治党派，但士大夫群体认同却对两汉历史的发展影响深远。

以上便是对士大夫群体认同过程的纵向考察，下面再简要探析士大夫群体认同的原因。

---

① 《后汉书》卷66《王允传》，第2176页。

② 刘显叔就不赞成杨联陞、金发根、川胜义雄等人关于清流士大夫是由豪族集团构成的说法，认为豪族的阶级背景并不是成为清流名士的必要条件，不一定出身豪族才能成为清流的构成分子。（刘显叔：《东汉魏晋的清流士大夫与儒学大族》，《简牍学报》1977年第5期。）本书赞同刘显叔的观点。

③ 袁宏：《后汉纪》卷22，载张烈点校《两汉纪》下，中华书局2017年版，第431页。

④ 袁宏：《后汉纪》卷21，载张烈点校《两汉纪》下，第408页。

⑤ 《后汉书》卷66《陈蕃传》，第2159页。

四 士大夫群体认同原因探析

士大夫因何"相善""厚善"？士大夫群体认同为什么会在昭宣之后逐渐形成呢？为什么昭宣之后士大夫仅仅因为是"相善""厚善"，就被称为党友、牵连免官？下面就从士大夫与皇帝关系的角度来探讨这些问题。

（一）士大夫与皇帝的关系——以士大夫群体的认同关系为视角

一方面，汉武帝"罢黜百家，表彰六经"，到昭宣之后，士大夫在朝廷中的影响大大增强；① 另一方面，武帝之后皇权强化，尤其是宣帝之后重用外戚高氏、史氏和宦官弘恭、石显，② 士大夫处于不亲接③的地位，士大夫群体在朝廷中影响的增强和皇权专制、重用外戚宦官的局面，使得士大夫和皇帝之间的关系出现了冲突。

同时，伴随着朝廷重用儒士，昭宣之后士大夫重节行的风气开始盛行。"万年尝病，召咸教戒于床下，语至夜半，咸睡，头触屏风，万年大怒，欲杖之，曰：'乃公教戒汝，汝反睡，不听吾言，何也？'咸叩头谢曰：'具晓所言，大要教咸谄也。'"陈咸不仅对父亲的训诫不以为意，而且其行为作风和其父完全不同，"抗直，数言事，刺讥近臣"④，这种不同就是昭宣之后士大夫重节行风气转变的体现。

这种士风的转变还可以从杨敞、杨恽父子身上看到。杨敞胆小怕事，"元凤中，稻田使者燕苍知上官桀等反谋，以告敞。敞素谨畏事，不敢言，乃移病卧。"霍光欲废昌邑王，"议既定，使大司农田延年报敞。敞惊惧，不知所言，汗出洽背，徒唯唯而已"。⑤ 但杨恽却完全和其父不同，"霍氏谋反，恽先闻知，因侍中金安上以闻，召见言状，霍氏伏诛，恽等

---

① 西嶋定生认为，昭宣之后儒学国教化，至元帝时期，"汉朝已经进入了一个不得不采用儒家官僚政治提案的时代了"。"儒家思想的权威在当时已经达到了足以变革王朝传统的高度。"（西嶋定生：《秦汉帝国：中国古代帝国之兴亡》，社会科学文献出版社 2017 年版，第 346—349 页。）

② "西汉后期内朝领袖大司马之位基本为外戚所垄断，内廷之中也充斥了外戚子弟，近侍帷幄，充爪牙官。"（徐冲：《西汉后期至新莽时代"三公制"的演生》，《文史》2018 年第 4 辑）

③ "外朝士人地位不亲接，正议徒招祸殃。"（钱穆：《国史大纲》，第 180 页。）

④ 《汉书》卷 66《陈万年传附子咸》，第 2900 页。

⑤ 《汉书》卷 66《杨敞传》，第 2888—2889 页。

五人皆封"，杨恽不仅上告霍氏谋反，还敢于侵犯贵幸，"与太仆戴长乐相失，卒以是败"。而戴长乐是宣帝在民间时"相知"的好友。杨恽被免官后，还"内怀不服"，"有怨望语"。①

昭宣之后的士大夫注重节行，并凭借其节行敢于谏争，牾逆上意。如鲍宣给哀帝上书所言："官以谏争为职，不敢不竭愚。"② 夏侯胜反对宣帝给武帝立庙乐，并说："诏书不可用也。人臣之谊，宜直言正论，非苟阿意顺指。议已出口，虽死不悔。"③ 杨恽"伐其行治"（注引师古曰："自矜其节行及政治之能也。"）④，敢于冒犯贵幸，而盖宽饶"在位久不迁，越先之者多，宽饶自伐其行能，意终不满"⑤。敢对皇帝表达不满。士大夫"伐其行治"，敢于牾逆上意，必然和皇权专制产生冲突，杨恽、盖宽饶等人就因此被诛，"大臣杨恽、盖宽饶等坐刺讥辞语为罪而诛"⑥。哀帝时，"丞相王嘉内疑东平事冤，甚恶躬等，数谏争，以贤为乱国制度，嘉竟坐言事下狱死"⑦。

与杨恽厚善者，也多不谄媚于权贵，敢于牾逆上意。张敞就曾"以正违忤大将军霍光"⑧ 而被贬官，而盖宽饶则为人刚直高节，志在奉公，盖宽饶以言事不当意而获罪，"刚直公清，数干犯上意"⑨。韩延寿"恩信周遍二十四县，莫复以辞讼自言者。推其至诚，吏民不忍欺绐。……吏民数千人送至渭城，老小扶持车毂，争奏酒炙"。却不受天子待见，"天子恶之，延寿竟坐弃市"⑩。

哀帝时郑崇也"数求见谏争"，先是反对哀帝给傅太后从弟傅商封侯，傅太后大怒曰："何有为天子乃反为一臣所专制邪！"后又因哀帝过

---

① 《汉书》卷66《杨敞传附子恽》，第2889—2898页。

② 《汉书》卷72《鲍宣传》，第3091页。

③ 《汉书》卷75《夏侯胜传》，第3156—3157页。

④ 《汉书》卷66《杨敞传附子恽》，第2890页。

⑤ 荀悦：《汉纪》卷19，张烈点校，载《两汉纪》上，第336页。

⑥ 《汉书》卷9《元帝纪》，第277页。吕思勉也认为："忠直之臣，如杨恽、盖宽饶等，则多不得其死。"（吕思勉：《秦汉史》，上海古籍出版社2005年版，第141页。）

⑦ 《汉书》卷93《佞幸传·董贤》，第3735页。

⑧ 《汉书》卷76《张敞传》，第3216页。

⑨ 荀悦：《汉纪》卷19，张烈点校，载《两汉纪上》，第336页。

⑩ 《汉书》卷76《韩延寿传》，第3213—3216页。

度亲幸董贤而谏争，终被哀帝疏远，"上怒，下崇狱，穷治，死狱中"①。"天子乃反为一臣所专制"反映的正是士大夫重节行、干犯上意与皇权专制之间的冲突。

其他重节行，并和皇权产生冲突的士大夫还有：

元帝时，"（薛）广德为人温雅有酝藉。及为三公，直言谏争"②。薛广德甚至以自杀威胁而谏元帝。元帝时朱云与陈咸相结，反对石显专权，成帝时又在朝廷抨击丞相张禹、"廷辱师傅"③。成帝时王章"在朝廷名敢直言"，班固赞曰："王章刚直守节"④，"京兆尹璋素忠直，讥刺（王）凤，为凤所诛"⑤。哀帝时孔光、师丹因谏争而被免官，"是时哀帝初立，成帝外家王氏未甚抑黜，而帝外家丁、傅新贵，祖母傅太后尤骄恣，欲称尊号。丞相孔光、大司空师丹执政谏争，久之，上不得已，遂免光、丹而尊傅太后"⑥。龚胜"言董贤乱制度，由是逆上指"⑦。

因上书言事而死的人还有很多，如梅福给成帝上书说："间者愚民上疏，多触不急之法，或下廷尉，而死者众。自阳朔以来，天下以言为讳，朝廷尤甚。"⑧ "以言为讳"所体现的正是皇权专制对士大夫直言谏争的压制。

重节行的士大夫，宣帝时期有陈咸、杨恽、张敞、韩延寿、盖宽饶、夏侯胜、黄霸、王吉，元帝时期有萧望之、刘向、贡禹、匡衡、薛广德、朱云、张猛、京房、贾捐之，成帝时期有杜钦、谷永、辛庆忌、廉褒、施丹、刘向、王章、梅福、王仁、刘辅、谯玄等，哀帝时有鲍宣、郑崇、孙宝、王嘉、李寻、孔光、师丹、王闳、杜业、毋将隆、龚胜、龚舍、唐林、彭宣等，可见西汉宣帝之后重节行的士大夫众多。

如此众多的士大夫，在重节行、忠直忧国以及干犯上意上，会形成认同。如宣帝时的夏侯胜和黄霸；成帝时刘辅因上书反对立赵婕妤为皇

---

① 《汉书》卷 77 《郑崇传》，第 3256—3257 页。
② 《汉书》卷 71 《薛广德传》，第 3047 页。
③ 《汉书》卷 67 《张云传》，第 2915 页。
④ 《汉书》卷 76 《王章传》，第 3238—3240 页。
⑤ 《汉书》卷 67 《梅福传》，第 2917 页。
⑥ 《汉书》卷 75 《李寻传》，第 3192 页。
⑦ 《汉书》卷 72 《龚胜传》，第 3081 页。
⑧ 《汉书》卷 67 《梅福传》，第 2922 页。

后被下狱，辛庆忌、廉褒、施丹、谷永等人援救刘辅；哀帝时郑崇和孙宝；哀帝时期的鲍宣以及太学生千余人，他们的认同都与士大夫和皇权专制的冲突有关，如鲍宣"常上书谏争"①，他谴责哀帝私养外戚幸臣，上书要求征用被免官的何武、师丹、彭宣、傅喜等人，并认为："天下乃皇天之天下也，陛下上为皇天子，下为黎庶父母，为天牧养元元"②，否认皇权专制。后鲍宣被下狱的罪名虽然是"距闭使者，无人臣礼，大不敬，不道"，但实际上这与鲍宣的屡次谏争不无关系。博士弟子王咸营救鲍宣，诸生响应的有千余人，可见王咸及诸生对鲍宣的重节行和"常上书谏争"、限制皇权是认同的。

综上，士大夫注重节行，忠直忧国，敢于谏争，"逆上指"，干犯上意，并由此引起的士大夫与皇权专制之间的冲突，③ 是昭宣之后士大夫群体认同逐渐形成的政治动因。而在这种士大夫群体与皇权专制冲突背景下形成的"相善""厚善"的关系，就不是一般的朋友关系，因其冒犯皇帝权威，会被视为党友④，一人有罪，其他人自然会被连及。所以，"党友"体现的是士大夫之间认同的本质，而不是真的结党。

而王莽正是利用士大夫和皇权专制之间的这种冲突，投其所好，"爵位益尊，节操愈谦。散舆马衣裘，振施宾客，家无所余。收赡名士，交结将相卿大夫甚众。……遂克己不倦，聘诸贤良以为掾史，赏赐邑钱悉以享士"，获得大量士大夫的支持，"长乐少府戴崇、侍中金涉、胡骑校

---

① 《汉书》卷 72《鲍宣传》，第 3078 页。

② 《汉书》卷 72《鲍宣传》，第 3089 页。谷永也有同样的言论，他对成帝说："臣闻天生蒸民，不能相治，为立王者以统理之，方制海内非为天子，列土封疆非为诸侯，皆以为民也。垂三统，列三正，去无道，开有德，不私一姓，明天下乃天下之天下，非一人之天下也。"（《汉书》卷 85《谷永传》，第 3466—3467 页。）

③ 侯旭东也讨论了汉代儒士与皇帝之间的摩擦："为此需要任用贤人，并远离小人近习。儒生眼中的贤人乃精通先王之道并勇于实践的儒生，这就要求皇帝重用此类人。……儒生以势不两立的态度看待公与私的关系，没有给皇帝私人感情与关系任何生存空间，与皇帝的想法和做法摩擦不断，自然难以避免。"（侯旭东：《宠：信—任型君臣关系与西汉历史的展开》，第 167 页。）从西汉历史看来，士大夫反对的是皇帝在朝廷核心权力上重用亲幸，故没有给皇帝私人感情与关系"任何生存空间"的说法值得商榷。

④ "诸在位与恽厚善者，未央卫尉韦玄成、京兆尹张敞及孙会宗等，皆免官。"（《汉书》卷 66《杨敞传附子恽》，第 2898 页。）"（韦玄成）坐与故平通侯杨恽厚善，恽诛，党友皆免官。"（《汉书》卷 73《韦贤传附子玄成》，第 3110 页。）在这两段史料中，"厚善"和"党友"是被等同的。

尉箕闳、上谷都尉阳并、中郎陈汤，皆当世名士，咸为莽言"。"在国三岁，吏上书冤讼莽者以百数。元寿元年，日食，贤良周护、宋崇等对策深讼莽功德，上于是征莽。"① 王莽注重节行，敢于冒犯贵幸，尊崇儒士，善待太学生，轻财好施，严格律己。他的行为正好符合士大夫对一个完美统治者的要求，所以便有了大量士大夫对王莽的支持。王莽设置十一公，士大夫群体进入内省，不能说和士大夫群体与皇权专制之间的冲突以及士大夫群体对朝廷核心权利的诉求没有关系。②

由于皇帝重用外戚宦官，③ 所以反对外戚宦官专权，也是士大夫群体认同的原因之一。因反对弘恭、石显专权，太中大夫张猛、魏郡太守京房、御史中丞陈咸、待诏贾捐之结为一体，萧望之、周堪、刘更生也因宦官专权而增强了认同。因反对石显，陈咸与朱云相结，与王章相善。哀帝时，因反对外戚专权，孙宝和唐林、傅喜、龚胜等人形成了认同。东汉桓帝时期，袁著因上疏劾奏梁冀被笞杀，袁著的学生、朋友被视为同党而受到惩罚，这必然增强了袁著的学生、朋友之间的认同。

疏远外戚宦官，重用士大夫，是东汉士大夫群体的共同政治目标，这从士大夫给皇帝的上疏中可以看出来。杨震屡次上疏要求安帝远离宦官，杨震子杨秉也劝谏桓帝疏远宦官，顺帝时张纲上疏要求"割损左右，以奉天心"④。李固上书顺帝："权去外戚，政归国家……又宜罢退宦官，去其权重"⑤，要求罢免外戚、宦官的权利。刘瑜向桓帝上疏："……今中官邪孽，比肩裂土，……惟陛下设置七臣，以广谏道"⑥，要求皇帝疏远宦官，重用士大夫。其他给皇帝上书表达同样意愿的还有河南尹冯绲、

---

① 《汉书》卷 99 上《王莽传》，第 4040—4043 页。

② 徐冲认为"四辅三公制""这一体制所体现的政治理念，也不单单属于王莽个人，而是应和了当时精英阶层的意识形态。如此方能在新莽的皇帝权利起源之路上争取到最大程度的支持。……以士人为主体的内朝群体也在这一时期取代外戚势力，获得了长足的发展空间"。（徐冲：《西汉后期至新莽时代"三公制"的演生》，《文史》2018 年第 4 辑）

③ 尤其是外戚，西汉宣帝之后在朝廷中地位很高，权力很大。廖伯源认为："从宣帝朝始至西汉末，外戚之身份地位更高，而享有之经济特权与赏赐更多，且此期形成惯例，外戚为大司马将军领尚书事，亲信而有权。"（廖伯源：《制度与政治：政治制度与西汉后期之政局变化》，中华书局 2017 年版，第 246 页。）

④ 《后汉书》卷 56《张皓附子张纲》，第 1817 页。

⑤ 《后汉书》卷 63《李固传》，第 2077 页。

⑥ 《后汉书》卷 57《刘瑜传》，第 1855—1857 页。

太尉黄琼、光禄勋陈蕃、侍中刘淑、太尉杜乔、刘陶、白马令李云、尚书朱穆，等等。可见，在疏远宦官问题上，众多士大夫是一致的。

所以，反对外戚宦官专权，是士大夫群体认同的又一政治动因。这种政治动因在东汉时期的党锢之祸中体现得最为明显，在与宦官的斗争中，士大夫群体的认同进一步强化。

注重节行，忠直忧国，敢于犯上，反对外戚宦官专权，在这种背景下，便形成了士大夫共同的心志。两汉之际"同志"一词的出现，就体现了士大夫共同的心志。这种共同的心志，表现出来就是澄清善恶，反对外戚宦官擅权，由士大夫来协助皇帝治理国家，[①] 使得社会秩序能达到士大夫所规划的理想状态。

"（李）膺与廷尉冯绲、大司农刘祐等共同心志，纠罚奸幸"[②]，东汉时期，士大夫共同的心志就是"纠罚奸幸"，攻击浊流，扫除天下，有为于邦国，如前文所提到的李膺"欲以天下风教是非为己任"、陈蕃"大丈夫处世，当扫除天下"，还有范滂"登车揽辔，慨然有澄清天下之志"[③]。岑晊"虽在闾里，慨然有董正天下之志"[④]。共同的心志，增强了他们的认同感。士大夫想通过人物评论来辨别清浊，在实际行动中也要求"善善同其清，恶恶同其污"，"同志的自觉与团结即由此产生"[⑤]。

士大夫共同的心志，是士大夫群体认同的产物，也进一步强化了士大夫的群体认同。

（二）经明、行修——士大夫群体认同的文化和品行因素

除了政治动因和共同的心志，共同的文化背景、道德品行也是士大夫群体认同的重要因素。

"（刘陶）为人居简，不修小节。所与交友，必也同志。好尚或殊，富贵不求合；情趣苟同，贫贱不易意。"[⑥] 士大夫认同，与富贵、贫贱无

---

① 侯旭东认为儒生对帝国的普遍期待是："皇帝垂拱，大臣任贤，无为而治。"（侯旭东：《宠：信—任型君臣关系与西汉历史的展开》，第 210 页。）

② 《后汉书》卷 67《党锢列传·李膺》，第 2192 页。

③ 《后汉书》卷 67《党锢列传·范滂》，第 2203 页。

④ 《后汉书》卷 67《党锢列传·岑晊》，第 2212 页。

⑤ 刘显叔：《东汉魏晋的清流士大夫与儒学大族》，《简牍学报》1977 年第 5 期。

⑥ 《后汉书》卷 57《刘陶传》，第 1842 页。

关，而在于"好尚""情趣"的一致，主要在其精神层面上的一致性。这种精神层面的一致性，主要表现在共同的心志、明经和道德品行上。共同的心志如前文所说，下面再看共同的文化背景和道德品行。

汉代士大夫有着共同的文化背景。汉武帝罢黜百家、独尊儒术，"及窦太后崩，武安君田蚡为丞相，黜黄老、刑名百家之言，延文学儒者以百数，而公孙弘以治《春秋》为丞相封侯，天下学士靡然乡风矣"①。昭帝时期，天子与大将军霍光曰："公卿大臣当用经术明于大谊。"② 有经术、明于大谊是昭宣之后士大夫共同的文化背景与行为特征，即所谓的经明和行修。

（1）首先来看明经与士大夫群体认同。龚胜、龚舍"二人相友，并著名节，故世谓之楚两龚。少皆好学明经，胜为郡吏，舍不仕"③。王吉、贡禹为友，贡禹以明经洁行著闻，王吉少时学明经。吴祐与戴宏为友，"祐以光禄四行迁胶东侯相。时济北戴宏父为县丞，宏年十六，从在丞舍。祐每行园，常闻讽诵之音，奇而厚之，亦与为友，卒成儒宗，知名东夏，官至酒泉太守"④。吴祐与戴宏为友的理由是吴祐见到戴宏"讽诵之音"，经学的研读使得士大夫很快能有共同语言，产生认同。

如前文所举，与杨恽关系密切之人，杨恽颇为《春秋》，萧望之治《齐诗》，韦玄成以明经历位至宰相，张敞修《春秋左氏传》，盖宽饶受《易》，韩延寿少为郡文学。翟方进和师丹相善，翟方进受《春秋》，师丹治《诗》，而何武又与翟方进交志相友，何武治《易》；尹敏与班彪相善，尹敏"才学深通"，班彪治学自不必说；何武与龚胜、龚舍、唐林、唐尊厚，与翟方进交志相友，何武治《易》，龚胜龚舍少皆好学明经，唐林、唐尊则以明经饬行显名于世，翟方进受《春秋》。同样的情况还有王吉和贡禹，韩说和蔡邕，逢萌和徐房、李子云、王君公，郭太和李膺，钟皓和陈寔等。金发根在《东汉党锢人物的分析》一文中分析认为清流的领导人物大多数是以经学传家的仕宦豪族，他列举了李固、杨震、李膺等

---

① 《汉书》卷88《儒林传·序》，第3593页。
② 《汉书》卷71《隽不疑传》，第3038页。
③ 《汉书》卷72《龚胜传》，第3080页。
④ 《后汉书》卷64《吴祐传》，第2101页。

54人，"他们的社会背景和精神结构是相同的"①。这方面的事例，两汉书中还很多，不再赘述。明经作为士大夫共同的文化背景，是士大夫群体认同的文化因素。

（2）再来看士大夫相近的道德品行与士大夫群体认同。认同士大夫非常重视道德品行，萧望之重用名儒茂材之人，会稽郑朋因附萧望之被用，"后朋行倾邪，望之绝不与通"。② 可见品行相近是士大夫认同的原因之一，如"更始元年，以（任）延为大司马属，拜会稽都尉。……延到，皆聘请高行如董子仪、严子陵等，敬待以师友之礼"③。任延聘请士大夫是因为其"高行"。

士大夫因"有志操"而认同。"王符字节信，安定临泾人也。少好学，有志操，与马融、窦章、张衡、崔瑗等友善。"④ "（左）雄又奏征海内名儒为博士，使公卿子弟为诸生。有志操者，加其俸禄。"⑤ "（桓）彬少与蔡邕齐名。初举孝廉，拜尚书郎。时中常侍曹节女婿冯方亦为郎，彬厉志操，与左丞刘歆、右丞杜希同好交善，未尝与方共酒食之会，方深怨之，遂章言彬等为酒党。"⑥

"正直"也是士大夫认同的一个因素。"初，融惩于邓氏，不敢复违忤势家，遂为梁冀草奏李固，又作大将军《西第颂》，以此颇为正直所羞。"⑦ 这里"正直"就是一个认同的群体。又如"自是正直废放，邪枉炽结，海内希风之流，遂共相标榜，指天下名士，为之称号"⑧。此处的"正直"所指正是党人群体。

"高行""有志操""正直"是士大夫道德品行的体现，士大夫相近的道德品行，是士大夫群体认同的重要因素。

（3）认同士大夫对学识和品行的强调。经明行修是两汉尤其是东汉时期赞扬一个士大夫的主要用语，是汉代四科取士其中的一项。士大夫

---

① 金发根：《东汉党锢人物的分析》，第1224页。
② 《汉书》卷78《萧望之传》，第3286页。
③ 《后汉书》卷76《循吏列传·任延》，第2460—2461页。
④ 《后汉书》卷49《王符传》，第1630页。
⑤ 《后汉书》卷61《左雄传》，第2020页。
⑥ 《后汉书》卷37《桓荣传附桓彬》，第1261页。
⑦ 《后汉书》卷60上《马融传》，第1972页。
⑧ 《后汉书》卷67《党锢列传》，第2187页。

在推荐人才时，主要强调学识和品行。朱穆劝谏梁冀曰："议郎、大夫之位，本以式序儒术高行之士，今多非其人；九卿之中，亦有乖其任者。"①"朱宠字仲威，京兆杜陵人也。初为颍川太守，表孝悌儒义，理冤狱，抚孤老，功曹、主簿皆选明经有高行者。"② 比如，陈咸、匡衡举荐王吉之子王骏，原因就是其"经明行修"。③"儒术高行""明经有高行者""经明行修"，都强调的是士大夫的学识和品行，这种用人上的强调，会导致士大夫在学识和行为规范上的一致性，从而推动士大夫群体认同的形成。

还有"明经饬行"，《汉书·王贡两龚鲍传》记载的以礼让进退之士，除了王吉、龚胜、龚舍、鲍宣等人外，"自成帝至王莽时，清名之士，琅邪又有纪逡王思，齐则薛方子容，太原则郇越臣仲、郇相稚宾，沛郡则唐林子高、唐尊伯高，皆以明经饬行显名于世"。④ 可见，在西汉中后期，"明经饬行"是划分士大夫群体的一个标准，也是士大夫认同的原因之一。

其他还有"明经洁行"，贡禹"以明经洁行著闻"。博学有高行，"（荀）淑博学有高行，与李固、李膺同志友善"⑤。博学是学识方面，高行则为道德品行。"儒学有行义。"第二次党锢之祸，"凡党人死者百余人，妻子皆徙边，天下豪杰及儒学有行义者，宦官一切指为党人"⑥。"儒学有行义"就是一个认同的群体，且被直接指为党人。

以上士大夫对学识和品行的强调，体现的是士大夫共同的文化背景和共同的道德品行。

共同的心志、共同的文化背景、共同的操守，注重节行、忠直忧国的作风以及反对外戚宦官专权的共同目标，各种原因糅合到一起，加剧了士大夫的群体认同。"他们的社会背景和精神结构是相同的，由于祖上世代参加汉室的政权，而本身又都受过经学的熏陶，所以对政治是有理想的，对汉朝是有或多或少的忠义之心的。当政权逐渐被浊流侵夺时，

① 《后汉书》卷43《朱晖传附朱穆》，第1462页。
② 袁宏：《后汉纪》，张烈点校，载《两汉纪》下，第347页。
③ 《汉书》卷72《王吉传·附子骏》，第3066页。
④ 《汉书》卷72《鲍宣传》，第3095页。
⑤ 周天游：《八家后汉书辑注·张璠〈后汉纪〉》，第711页。
⑥ 《资治通鉴》卷56，第1820页。

彼此因为利害的相同，遂形成声气相通的结合体了。"①

简言之，明经是士大夫群体认同的文化背景，而士大夫节行操守是士大夫群体认同的品行因素。经明行修的士大夫有着共同的心志，他们注重节行、忠直忧国、干犯上意，从而引起了士大夫群体与皇权专制之间的冲突以及士大夫群体和外戚宦官之间的斗争，这种冲突和斗争则是造成士大夫群体认同的政治动因。在这种士大夫群体与皇权专制冲突的背景下，具有共同心志的士大夫形成的"相善""厚善"的认同关系，就不同于一般的朋友关系，会被视为"党友"。"党友"所体现的是士大夫之间认同的本质，而不是真的结党。

五 士大夫作为一个社会阶层的形成

进入东汉，士大夫的群体活动仍然在持续着，至东汉中后期，尤其是桓帝以后，士大夫作为一个阶层，逐渐明朗化。

安帝延光三年（124 年），废太子，来历"乃要结光禄勋祋讽，宗正刘玮，将作大匠薛皓，侍中闾丘弘、陈光、赵代、施延，太中大夫朱伥、第五颉，中散大夫曹成，谏议大夫李尤，符节令张敬，持书御史龚调，羽林右监孔显，城门司马徐崇，卫尉守丞乐闿，长乐、未央厩令郑安世等十余人，俱诣鸿都门证太子无过"②。十余人共同证太子无过，可见士大夫是作为一个群体在活动的。

桓帝时期，梁冀残暴，袁著上疏劾奏梁冀，遭梁冀迫害致死。袁著死后，此事并未了结，还波及了其他士大夫。"学生桂阳刘常，当世名儒，素善于著，冀召补令史以辱之。时太原郝絜、胡武，皆危言高论，与著友善。先是絜等连名奏记三府，荐海内高士，而不诣冀，冀追怒之，又疑为著党，敕中都官移檄捕前奏记者并杀之，遂诛武家，死者六十余人。絜初逃亡，知不得免，因舆榇奏书冀门。书入，仰药而死，家乃得全。"③ 袁著之死，连及者还有其学生、友善者等，如此众多人员的被牵连，表明士大夫在桓帝时期作为一个阶层而存在。

---

① 金发根：《东汉党锢人物的分析》，第 1224 页。
② 《后汉书》卷 15《来歙传附曾孙历》，第 591 页。
③ 《后汉书》卷 34《梁统传附玄孙冀》，第 1184 页。

下面先举几例东汉时期关于士大夫的群体事件。

桓帝延熹五年，皇甫规被宦官陷害，"坐系延尉，论输左校。诸公及太学生张凤等三百余人诣阙讼之"。①

延熹七年，"二月，丙戌，邟乡忠侯黄琼薨。将葬，四方远近名士会者六七千人"。②

朱穆劾治宦官，被"输作左校"，太学书生刘陶等数千人诣阙上书为朱穆开脱。③

"（范）滂后事释，南归。始发京师，汝南、南阳士大夫迎之者数千两。同囚乡人殷陶、黄穆，亦免俱归，并卫侍于滂，应对宾客。"④ 郭太学成，"始见河南尹李膺，膺大奇之，遂相友善，于是名震京师。后归乡里，衣冠诸儒送至河上，车数千两。林宗唯与李膺同舟而济，众宾望之，以为神仙焉"。⑤ 及郭太卒，"四方之士千余人，皆来会葬。同志者乃共刻石立碑"⑥。范冉卒，"会葬者二千余人，刺史郡守各为立碑表墓焉"⑦。

黄琼死后，从全国各地来会的人达到六七千人；太学生数千人为朱穆求情；范滂南归，迎之者车数千辆，人数自然不在千人以下，是一个庞大的欢迎队伍；郭太归乡里送之者又是车千辆，及郭太卒，会葬者又千余人，并且"同志"者共为其立碑；而会葬陈寔的士大夫更是多达三万余人，"前太丘长陈寔卒，海内赴吊者三万余人"⑧。东汉后期尤其是桓帝时期，动辄数千成万人的群体活动，表明士大夫是作为一个阶层在活动的。可以说，士大夫作为一个阶层，在东汉后期，至少是在桓帝时期已经完全形成了。

"一般而论，东汉之士大夫既具共同之社会经济背景，复受共同之文化熏陶，更抱共同之政治理想，则其平时之交游与一旦有事时之相互声

---

① 《后汉书》卷65《皇甫规传》，第2135页。
② 《资治通鉴》卷55，第1768页。
③ 《后汉书》卷43《朱晖传附子穆》，第1470页。
④ 《后汉书》卷67《党锢传·范滂》，第2206页。
⑤ 《后汉书》卷68《郭太传》，第2225页。
⑥ 《后汉书》卷68《郭太传》，第2227页。
⑦ 《后汉书》卷81《独行传·范冉》，第2690页。
⑧ 《资治通鉴》卷58，第1886页。

援，亦属意料中事。"① 正是有着共同的经济背景、共同的文化、共同的政治理想，所以便有了士大夫作为一个阶层的逐渐形成。

由于士大夫阶层的形成，士大夫之间的互相举荐也大量出现。

"（宋）弘推进贤士冯翊、桓梁三十余人，或相及为公卿者。"② 宋弘一人所举荐的士大夫就达到三十余人。杜林为大司徒司直，"荐同郡范逡、赵秉、申屠刚及陇西牛邯等，皆被擢用，士多归之"。③ 杜诗"雅好推贤，数进知名士清河刘统及鲁阳长董崇等"④。尚书仆射钟离意举荐刘平、王望、王扶，"至皆拜议郎"⑤。刘平官至侍中、宗正，又举荐名士承宫、郇恁等。王望官至青州刺史。何进辟边让为令史，蔡邕举荐边让曰："窃见令史陈留边让，天授逸才，聪明贤智。……愿明将军回谋垂虑，裁加少纳，贡之机密，展之力用。"⑥

陈忠举荐士大夫，"及邓太后崩，安帝始亲朝事。忠以为临政之初，宜征聘贤才，以宣助风化，数上荐隐逸及直道之士冯良、周燮、杜根、成翊世之徒"⑦。周兴少有名誉，尚书陈忠永宁中上疏举荐周兴："臣窃见光禄郎周兴，孝友之行，著于闺门，清厉之志，闻于州里。蕴匮古今，博物多闻，《三坟》之篇，《五典》之策，无所不览。"诏乃拜兴为尚书郎。⑧

王龚举荐陈蕃，"其所辟命，皆海内长者"⑨。虞诩举荐左雄，后左雄为尚书令。左雄又举荐周举为尚书。顺帝时，李固举荐陈留杨伦、河南尹存、东平王恽、陈国何临、清河房植等。符融，"太守冯岱有名称，到官，请（符）融相见。融一往，荐达郡士范冉、韩卓、孔伷等三人"⑩。

桓帝时期，士大夫相互标榜，联系更加紧密。"诸生三万余人，郭林

① 余英时：《士与中国文化》，第254页。

② 《后汉书》卷26《宋弘传》，第904页。

③ 《后汉书》卷27《杜林传》，第937页。

④ 《后汉书》卷31《杜诗传》，第1096页。

⑤ 《后汉书》卷39《刘平传》，第1297页。

⑥ 《后汉书》卷80下《文苑传·边让》，第2646页。

⑦ 《后汉书》卷46《陈宠传附子忠》，第1556页。

⑧ 《后汉书》卷45《周荣传》，第1537页。

⑨ 《后汉书》卷56《王龚传》，第1820页。

⑩ 《后汉书》卷68《符融传》，第2233页。

宗、贾伟节为其冠，并与李膺、陈蕃、王畅更相褒重。学中语曰：'天下模楷李元礼，不畏强御陈仲举，天下俊秀王叔茂。'又渤海公族进阶、扶风魏齐卿，并危言深论，不隐豪强。自公卿以下，莫不畏其贬议，屣履到门。"①

至此，以天下士大夫、太学生为主要构成，以李膺、陈蕃、王畅等为领袖，士大夫阶层的形成终于明朗化。并显示出了士大夫阶层势力的强大力量，"自公卿以下，莫不畏其贬议，屣履到门"。

正是由于士大夫阶层的形成及其强大的社会影响，所以士大夫阶层在桓帝时期与皇权的冲突就表现得特别大，以致党锢之祸的发生。第一次党锢之祸，使得士大夫作为一个阶层更加彰显。毛汉光也认为党锢之祸对士大夫之间的联合起到了促进作用。"至东汉末叶士族之凝成，孕育出另一种社会领袖。党锢成为重要的转捩点，由于这个时间加速了士大夫间的交流，交接之风，无代无之，其对于政治社会产生影响，则应视其参与人物的社会势力的强弱而定，而交接频率增加，则又可以加速和扩大其对社会的影响力。"②"东汉末期的党锢之祸，加速强化士族的同类感，这种内在精神之养成与维持，陈寅恪与钱穆两位先生皆有深论，乃是使士族能够超越朝代更迭、政潮起伏的凝聚力。"③

如第一次党锢之祸后，李膺"免归乡里，居阳城山中，天下士大夫皆高尚其道，而污秽朝廷"④。党锢之祸刺激了士大夫的群体意识，使得他们更是互相标榜、污秽朝廷，士大夫作为一个阶层更加彰显。此后士大夫间直接以"同志"相称，延熹九年（166 年）第一次党锢之祸爆发，贾彪"谓同志曰：'吾不西行，大祸不解'"⑤。郭太卒，"同志者乃共刻石立碑"⑥。"刘陶字子奇，一名伟，颍川颍阴人，济北贞王勃之后。陶为人居简，不修小节。所与交友，必也同志。好尚或殊，富贵不求合。情

① 《后汉书》卷 67《党锢传·序》，第 2186 页。
② 毛汉光：《中国中古社会史论》，第 82 页。
③ 毛汉光：《中国中古社会史论》，第 60 页。
④ 《后汉书》卷 67《党锢传·李膺》，第 2195 页。
⑤ 《后汉书》卷 67《党锢传·贾彪》，第 2216 页。
⑥ 《后汉书》卷 78《郭太传》，第 2227 页。

趣苟同，贫贱不易意。"①

灵帝初立，窦武与陈蕃有诛宦官之意。"武于是引同志尹勋为尚书令，刘瑜为侍中，冯述为屯骑校尉；又征天下名士废黜者前司隶李膺、宗正刘猛、太仆杜密、庐江太守朱寓等，列于朝廷；请前越巂太守荀翌为从事中郎，辟颍川陈寔为属：共定计策。于是天下雄俊，知其风旨，莫不延颈企踵，思奋其智力。"②

窦武、陈蕃的这次活动，联合的都是"同志"，如尹勋、刘瑜、李膺等人，可见以"同志"为主要构成的士大夫阶层在此时是存在的。"同志"即为士大夫阶层之构成，在《后汉书》中也有史料可证。窦武、陈蕃在准备诛杀宦官时联合的主要是"同志"，及反被宦官陷害后，《后汉书》中是这样记载的："当是时，凶竖得志，士大夫皆丧其气矣。"③ 前文记载是"同志"，后文记载为"士大夫"，是"同志"即为士大夫阶层形成之表现的直接证据。

"同志"的广泛使用，表明在桓帝延熹年间，士大夫阶层的完全形成和阶层势力的明朗化。"'同志'一词之普遍流行，士大夫之群体自觉乃益显然可见矣。"④

第一次党锢之祸加强了士大夫阶层的集体观念，从而就有八顾、八及等作为士大夫阶层的领袖的称谓。

三君：窦武、刘淑、陈蕃；

八俊：李膺、荀翌、杜密、王畅、刘佑、魏朗、赵典、朱宇；

八顾：郭林宗、宗慈、巴肃、夏馥、范滂、尹勋、蔡衍、羊陟；

八及：张俭、岑晊、刘表、陈翔、孔昱、苑康、檀敷、翟超；

八厨：度尚、张邈、王考、刘儒、胡母班、秦周、蕃向、王章。

不仅如此，每位士大夫还有自己的名号：

天下忠诚窦游平（窦武）、天下德宏刘仲承（刘淑）、天下和雍郭林宗（郭泰）、天下慕恃夏子治（夏馥）、天下英藩尹伯元（尹勋）、天下

---

① 《后汉书》卷57《刘陶传》，第1842页。
② 《后汉书》卷69《窦武传》，第2241—2242页。
③ 《后汉书》卷69《窦武传》，第2244页。
④ 余英时：《士与中国文化》，第258页。

清苦羊嗣祖（羊陟）、天子宝金刘叔林（刘儒）、天下雅志蔡孟喜（蔡衍）、天下卧虎巴恭祖（巴肃）、天下通儒宗孝初（宗慈）、海内贵珍陈子鳞（陈翔）、海内忠实张元节（张俭）、海内謇谔范孟博（范滂）、海内才珍孔梁人（孔昱）、海内彬彬范仲真（范康）、海内珍好岑公孝（岑晊）、海内所称刘景升（刘表）、海内珍奇胡母季皮（胡母班）。①

　　这些称谓的出现既表明士大夫对自己阶层的认可，又表明士大夫阶层已经从一个没有组织的概念性的阶层发展为一个有着自己领袖的社会阶层。正如毛汉光先生所言："党锢事件，促使士大夫结合在一起，最后超越了地域性，而成为大社会领袖。"② 社会领袖的出现，使得士大夫作为一个阶层更加具有说服力。

　　第一次党锢之祸后，范滂入狱，桓帝使中常侍王甫拷问："卿更相拔举，迭为唇齿。"③ 足见在桓帝时，士大夫已经成为一个有着共同利益——"迭为唇齿"的群体，成为一个阶层。但需要注意的是，不是说有了党锢之祸才有了士大夫阶层，而是先有了士大夫阶层才有了党锢之祸。党锢之祸只是使得士大夫作为一个阶层更加明朗化。

　　第二次党锢之祸后，张俭的逃亡过程就展现了作为士大夫阶层的集体观念和互救精神。《资治通鉴》载：

　　　　张俭亡命困迫，望门投止，莫不重其名行，破家相容。后流转东莱，止李笃家。外黄令毛钦操兵到门，笃引钦就席曰："张俭负罪亡命，笃岂得藏之！若审在此，此人名士，明廷宁宜执之乎！"钦因起抚笃曰："蘧伯玉耻独为君子，足下如何专取仁义！"笃曰："今欲分之，明廷载半去矣。"钦叹息而去。笃导俭经北海戏子然家，遂入渔阳出塞。其所经历，伏重诛者以十数，连引收考者布遍天下，宗亲并皆殄灭，郡县为之残破。俭与鲁国孔褒有旧，亡抵褒，不遇，褒弟融，年十六，匿之。后事泄，俭得亡走，国相收褒、融送狱，未知所坐。融曰："保纳舍藏者，融也，当坐。"褒曰："彼来求我，

---

① 王先谦：《后汉书集解》卷67《校补》，侯康引《群辅录》，第780页。
② 毛汉光：《中国中古社会史论》，第84页。
③ 《后汉书》卷67《党锢传·范滂》，第2205页。

非弟之过。"吏问其母,母曰:"家事任长,妾当其辜。"一门争死,郡县疑不能决,乃上谳之,诏书竟坐褒。①

张俭逃亡,士大夫"破家相容",从李笃、毛钦、戏子然再到孔褒、孔融,"其所经历,伏重诛者以十数,连引收考者布遍天下,宗亲并皆殄灭,郡县为之残破",士大夫阶层付出了惨重的代价,才挽救了张俭一命。关于张俭的逃亡,当时就有人不满,② 今人孟祥才也对张俭持批评态度。③ 但本书大段引用这则史料的目的,重点不在张俭的逃亡正确与否,而在于在张俭逃亡的过程之中,所体现出的作为一个社会阶层的士大夫的举动。士大夫以"收考者布遍天下"的代价救助了张俭,士大夫破家相容的举动,明确地体现出了士大夫作为一个阶层的存在。所以,这才有了士大夫对张俭的"破家相容""郡县残破"为代价的救助。

党锢之祸后,张俭在逃亡过程中受到士大夫的极力救助,而士大夫的营救活动并不止于此。如何颙,"及陈蕃、李膺之败,颙以与蕃、膺善,遂为宦官所陷,乃变姓名,亡匿汝南间。……是时党事起,天下多离其难,颙常私入洛阳,从绍计议。其穷困闭厄者,为求援救,以济其患。有被掩捕者,则广设权计,使得逃隐,全免者甚众"④。

党锢之祸后,朝廷中上疏为士大夫求解的士大夫,先后有曹鸾、卢植、河海等人。光和元年(178 年),尚书卢植上疏劝谏灵帝:"凡诸党锢多非其罪,可加赦恕,申宥回枉。"⑤

桓灵时期,已经形成了全国范围的士大夫阶层,党锢之祸中受牵连的士大夫,是遍布全国各郡的。黄琼葬礼,与会者就有著名的名士太原郭泰。"党锢之祸,促使士大夫结合在一起,最后超越了地域性,而成为

---

① 《资治通鉴》卷 56,第 1820—1821 页。

② 《后汉书》卷 67《党锢传·韩馥》载:"及俭等亡命,经历之处,皆被收考,辞所连引,布遍天下。馥乃顿足而叹曰:'孽自己作,空污良善,一人逃死,祸及万家,何以生为。'"(第 2202 页)

③ 孟祥才在《论张俭其人》一文中认为"张俭的逃逸表明他对自己应负的责任采取了可耻的逃脱态度","与李膺和范滂相比,张俭不过是一抔黄土"(《齐鲁学刊》2006 年第 5 期)。

④ 《后汉书》卷 67《党锢传·何颙》,第 2217 页。

⑤ 《后汉书》卷 64《卢植传》,第 2117 页。

大社会领袖。"① "党锢事件促进士的自我团体凝聚力甚大，他们散居各方，仍维持往来。"②

从金发根《东汉党锢人物的分析》一文的研究来看，党锢人物已经遍布全国主要州郡，分布非常广泛：

（1）关东区域：汝南17人，颍川21人，山阳郡28人，陈留郡15人，南阳郡6人，渤海郡3人，北海郡3人，河间郡3人，沛国5人，南郡2人，河南郡2人，任城郡1人，下邳郡1人，梁国1人，泰山郡3人，东莱郡1人，陈国3人，中山郡3人，琅琊郡1人，魏郡2人，彭城郡2人，上党郡1人，安阳郡1人，太原郡8人，河内郡1人，弘农郡2人。

（2）三辅及西北边郡：京兆5人，扶风2人，汉中郡2人，甘陵郡1人，敦煌郡2人，安定郡1人。

（3）长江中下游：江夏郡2人，庐江郡2人，吴郡1人，豫章郡1人，广陵郡1人，会稽郡2人。

（4）长江上游及西南部分：犍为郡1人，蜀郡2人，巴郡1人。③

毛汉光也认为士大夫超越了地域性，"从《世说新语》中所得二十三条人物间交接事例来看，士大夫已超越区域的界线"④。

党人几乎遍布全国各郡，士大夫超越了地域性，这就说明全国范围的士大夫阶层在桓灵之际已经形成。

在政治活动中，士大夫总会将自己归属于这一阶层之中，最典型的例子就是王允。董卓被杀，"董卓将校及在位者多凉州人，允议罢其军。或说允曰：'凉州人素惮袁氏而畏关东。今若一旦解兵，则必人人自危。可以皇甫义真为将军，就领其众，因使留陕以安抚之，而徐与关东通谋，以观其变。'允曰：'不然。关东举义兵者，皆吾徒耳。今若距险屯陕，虽安凉州，而疑关东之心，甚不可也'"⑤。

在风云突变的汉末混乱局面中，王允面对关东军事变故，还认为自

---

① 毛汉光：《中国中古社会史论》，第84页。
② 毛汉光：《中国中古社会史论》，第137页。
③ 金发根：《东汉党锢人物的分析》，第1229—1232页。
④ 毛汉光：《中国中古社会史论》，第84页。
⑤ 《后汉书》卷66《王允传》，第2176页。

己和关东起义的士大夫是属于一个阶层的，是有着比较亲密的关系的，所以王允便有了"关东举义兵者，皆吾徒耳"的看法。"吾徒"不是王允一时激动所言，而是士大夫阶层在与皇权的冲突中逐渐彰显的自我归属感和群体意识所致，是士大夫阶层形成的体现。"吾徒"的出现表明士大夫作为一个阶层已经完全形成，且已深入人心了。

余英时先生则认为东汉中叶以后士大夫之群体自觉逐渐显著：

> 惟自觉云者，区别人己之谓也，人己之对立愈显，则自觉之意识亦愈强。东汉中叶以前，士大夫之成长过程较为和平，故与其它社会阶层之殊异，至少就其主观自觉言，虽存在而尚不甚显著。中叶以后，士大夫集团与外戚宦官之势力日处于激烈争斗之中，士之群体自觉意识遂亦随之而日趋明确。[①]

其实士大夫作为一个阶层，如前文所述，在西汉后期就已经初步形成了，只是士大夫自我的阶层意识或者说集体意识在东汉后期更加彰显了。陈启云先生认为："士大夫的势力，自周末兴起，至两汉时代有更进一步的发展。党锢的迫害，促进了士大夫势力的结合。"[②] 党锢之祸更加彰显了士大夫作为一个阶层的存在。

综上，西汉元成哀平之际，士大夫阶层初步形成；大致在东汉桓灵时期，士大夫作为一个阶层的形成终于明朗化。

六　士大夫阶层的构成

在论述士大夫阶层构成之前，有必要说明一下，士大夫阶层和士大夫是有区别的。士大夫阶层并不是由一个个士大夫简单相加构成，而是还有与士大夫相关的一大群人。这些人由于和士大夫具有共同的利益，也可以说是共富贵甚至是同生死，所以应该是属于士大夫阶层这一社会势力群体的。从党锢之祸来看，受牵连的人员可不仅仅是士大夫本身，

---

① 余英时：《士与中国文化》，第 251—252 页。
② 陈启云：《汉晋六朝文化·社会·制度——中华中古前期史研究》，台北新文丰出版公司 1998 年版，第 70 页。

还有很多与其关系紧密的人员。

灵帝初，陈蕃、窦武谋诛宦官失败，陈蕃被害狱中，"徙其家属于比景，宗族、门生、故吏皆斥免禁锢"①。灵帝建宁二年（169 年）第二次党锢之祸后，"凡党人死者百余人，妻子皆徙边，天下豪杰及儒学有行义者，宦官一切指为党人"②。李膺在第二次党锢之祸中死狱中，"妻子徙边，门生、故吏及其父兄，并被禁锢"③。灵帝熹平五年（176 年），又"诏州郡更考党人门生故吏父子兄弟，其在位者，免官禁锢，爰及五属"④，党锢之祸后，"门生故吏，并离徙锢"⑤。

受到党锢牵连的，不光是士大夫自身。不仅波及了士大夫的妻、子、父、兄弟，甚至是五属，可以说波及士大夫的整个宗族；还有门生、故吏；除此之外还有儒学有行义者，即社会上并没有出仕的一些名士。可见门生故吏、父子兄弟、士大夫之宗族以及一些名士和士大夫的利益是一致的，是同属士大夫阶层的。

"（郑）玄自游学，十余年乃归乡里。家贫，客耕东莱，学徒相随已数百千人。及党事起，乃与同郡孙嵩等四十余人俱被禁锢，遂隐修经业，杜门不出。"⑥ 党锢所涉及者，不光为任官者，就连游学的郑玄也被禁锢，而郑玄之弟子，也不能幸免，"坐党禁锢，十有四年"⑦。所以，士大夫阶层还包括不仕之名士。

前文所举袁著一事，不仅袁著被梁冀诛杀，而且袁著的学生名儒刘常也被涉及，与袁著友善者郝絜、胡武也被连及，胡武及其家人被杀者六十余人，郝絜被迫自杀。可见，作为士大夫阶层，不仅仅包括士大夫自身，还包括士大夫之门生故吏、相友善者、宗族等，因为这些人与士大夫有着共同的利益，一损俱损，一荣俱荣，属于同一个社会阶层。从利益一致的角度来看，士大夫之家族成员、门生故吏、一些没有出仕的

① 《后汉书》卷 66《陈蕃传》，第 2170 页。
② 《资治通鉴》卷 56，第 1820 页。
③ 《后汉书》卷 67《党锢传·李膺》，第 2197 页。
④ 《后汉书》卷 67《党锢传·序》，第 2189 页。
⑤ 《后汉书》卷 57《谢弼传》，第 1860 页。
⑥ 《后汉书》卷 35《郑玄传》，第 1207 页。
⑦ 《后汉书》卷 35《郑玄传》，第 1209 页。

名士都是属于士大夫阶层的。金发根在《东汉党锢人物的分析》一文中用了"党人集团"的说法，认为党人集团"大致上是清流豪族的结合体，其中包括世宦的，循规蹈矩和财力比较差的豪族，一部分经学世家和疏远的宗室，希望通经致用、耻与阉竖为伍和喜欢激浊扬清的士子，以及依附他们的宗亲宾客和门生故吏"①。

关于士大夫阶层的构成，第一，从身份上来看，有士大夫、名士、门生故吏、太学生、郡国生徒②，也还有一些普通的平民。《资治通鉴》载：

> 泰性明知人，好奖训士类，周游郡国。茅容，年四十余，耕于野，……劝令从学，卒为盛德。巨鹿孟敏，客居太原，……泰以为有分决，与之言，知其德性，因劝令游学，遂知名当世。陈留申屠蟠，家贫，佣为漆工；鄢陵庾乘，少给事县廷为门士；泰见而奇之，其后皆为名士。自余或出于屠沽、卒伍，因泰奖进成名者甚众。③

从这段材料中我们可以看到，郭泰本身就出身贫寒，"家世贫贱"，而由郭泰所推举的士大夫中，茅容是耕地的；孟敏客居太原，可以看作游学者；而申屠蟠更是"佣为漆工"，是一个佣作者；稍好一点的庾乘则在县衙做小吏，"出于屠沽、卒伍，因泰奖进成名者甚众"，可见士大夫阶层的构成并不仅限于世族高门，也有出身贫贱者。这是从出身上来看士大夫阶层的构成。

第二，从用词来看，有搢绅（缙绅）、儒学有行义者、朋党、同志、吾徒，等等。

搢绅也属士大夫阶层。张衡《应间》曰："于兹搢绅如云，儒士成林，及津者风摅，失涂者幽僻，遭遇难要，趋偶为幸。"④ 文中将"搢绅"和儒士并列，视为同类。杨赐对灵帝疏曰："今妾媵嬖人阉尹之徒，

---

① 金发根：《东汉党锢人物的分析》，第 1220—1221 页。

② 金发根就认为"清流集团中不仅有太学生，而且他们与诸郡的生徒也有联系"（《东汉党锢人物的分析》，第 1220 页）。可见不仅是太学生，而且郡国生徒也是属于士大夫阶层的。

③ 《资治通鉴》卷 55，第 1769—1770 页。

④ 《后汉书》卷 59《张衡传》，第 1906 页。

共专国朝，欺罔日月。又鸿都门下，招会群小，……而令搢绅之徒委伏畎亩，口诵尧舜之言，身蹈绝俗之行，弃捐沟壑，不见逮及。"① 杨赐以"搢绅"与"妾媵、阉尹"相对，即搢绅与外戚、宦官相对，可见士大夫又可以称作"搢绅"。

范晔在《后汉书·董卓传》中论董卓曰："然犹折意缙绅，迟疑陵夺，尚有盗窃之道焉。"② 我们知道，董卓专权后，擢用了郑泰、蔡邕、何颙、荀爽等一大批士大夫，范晔在文中认为董卓"折意缙绅"，可见，士大夫又可称为搢绅（缙绅）。《后汉书·蔡邕传》写到王允将杀蔡邕时说："士大夫多矜救之"，后蔡邕死狱中，"搢绅诸儒莫不流涕"。③ 这段史料中前文说士大夫多矜救之，后文又说"搢绅诸儒莫不流涕"。由此可见，两汉时期的士大夫也可称作搢绅。

概而言之，士大夫阶层应包括士大夫及其宗族、门生故吏，还包括儒学有行义者、朋党、同志、吾徒等，所有这些人员构成一个阶层——士大夫阶层。

但士大夫阶层并不是一个有组织的实体性团体，而是一个精神层面上的阶层。"这一类人在精神上已经结成一体，含有同类感，成为一个特殊社会层。"④ 士大夫作为一个阶层来讲，更多是一个精神或者文化阶层，共同的思想文化、共同的道德操守、共同的政治理念是形成士大夫阶层的主要原因，如"明经饬行"就是作为士大夫阶层的一个标准。⑤

第二节　从"冠盖"词义的变化看 士大夫阶层的演变

《汉书》卷60载："茂陵杜邺与（杜）钦同姓字，俱以材能称京师，

---

① 《后汉书》卷54《杨震传附孙赐》，第1780页。
② 《后汉书》卷72《董卓传》，第2344页。
③ 《后汉书》卷60下《蔡邕传》，第2006页。
④ 毛汉光：《中国中古社会史论》，第87页。
⑤ 士大夫阶层还是个高贵的阶层，前文已经论及，皇甫规就因为没被列入党人而自请为党人。

故衣冠谓钦为'盲杜子夏'以相别。"颜师古注曰:"衣冠谓士大夫也。"① 从颜师古看来,衣冠即士大夫,而衣冠、冠盖词义相类。"是以君子求诸己,小人求诸人。仆也承门户之业,受过庭之训,是以得接冠带之末,充乎士大夫之列,颇窥《六经》之文,览百家之学。"② 从这则史料来看,冠带与士大夫并列相称,可见两者必有一定联系。单从"接冠带之末,充乎士大夫之列"这句话来看,似乎要成为冠带更加困难些,也就是说,冠带是与士大夫相关的且高于士大夫的一个概念。

而冠盖与衣冠、冠带又是词义比较相近的,都是士大夫比较高雅的称谓。下面就冠盖词义在汉魏之际的演变,做一论述。

说到冠盖一词,我们最先想到的就是它表示官吏。

冠,《说文解字》解释为:"絭也。所以絭发,弁冕之总名也。"③ 冠盖,《辞源》解释为:"冠,礼帽。盖,车盖。官吏的服饰和车乘,借指官吏。"但收集史料发现,其实"冠盖"并非指代官吏这么简单。

一 冠盖借指朝廷的使者

春秋战国时期,冠盖作诸侯使者之服饰与车盖讲,并指代使者。

"魏王恐,使人止晋鄙,留军壁邺,名为救赵,实持两端以观望。平原君使者冠盖相属于魏。"④ "赵、魏攻华阳,韩谒急于秦。冠盖相望,秦不救。"⑤ "齐、楚相约而攻魏,魏使人求救于秦,冠盖相望也,而秦救不至。"⑥

在第一条史料中,"冠盖"的含义是使者的帽子与车盖,但在后两条史料中,直接用"冠盖相望",而前面不再使用"使者"作为限定,可见这两条史料中的"冠盖"已经是指代使者了。

在《汉书》中,冠盖的用法一直是使者的意思。

"梁王怨爰盎及议臣,乃与羊胜、公孙诡之属谋,阴使人刺杀爰盎及

---

① 《汉书》卷60《杜周传附缓弟钦》,第2667页。
② 《晋书》卷55《夏侯湛传》,第1492页。
③ 许慎:《说文解字》,中华书局1963年版,第156页下。
④ 《史记》卷77《魏公子列传》,第2379页。
⑤ 刘向集录,范祥雍笺证:《战国策·韩策》卷28,第1628页。
⑥ 《史记》卷44《魏世家》,第1855页。

他议臣十余人。贼未得也。于是天子意梁，逐贼，果梁使之。遣使冠盖相望于道，覆案梁事。"① "诏曰：'朕既不明，不能远德，……今朕夙兴夜寐，勤劳天下，忧苦万民，为之恻怛不安，未尝一日忘于心，故遣使者冠盖相望，结轶于道，以谕朕志于单于。'"② "大官私官并供其弟，两宫使者冠盖不绝，赏赐以千万数。"③ "莽意以为制定则天下自平，故锐思于地理，制礼作乐，讲合六经之说。公卿旦入暮出，议论连年不决，……又十一公士分布劝农桑，班时令，案诸章，冠盖相望，交错道路。"④

东汉冠盖也有借指使者的用法。

"又诏三公曰：'……吾诏书数下，冠盖接道，而吏不加理，人或失职，其咎安在？勉思旧令，称朕意焉。'"⑤ "时卢芳据高柳，与匈奴连兵，数寇边民，帝患之。十二年，遣谒者段忠将众郡弛刑配茂，镇守北边，因发边卒筑亭候，修烽火，又发委输金帛缯絮供给军士，并赐边民，冠盖相望。"⑥ "苍还国，疾病，帝驰遣名医，小黄门侍疾，使者冠盖不绝于道。又置驿马千里，传问起居。"⑦

冠盖作指代使者讲，从春秋战国到秦汉再到魏晋、隋唐一直沿用。"冠盖相望"表示使者一个接着一个、车马延绵不绝于道，表示事情的紧迫性、重要性。可要是冠盖从秦汉至隋唐，一直是借指使者的话，本书的论述就没有任何意义了。不同的是，从东汉开始，冠盖的含义开始发生了变化。溯寻冠盖的新含义及其含义发生变化的原因，就是这段论述的意义所在。

二　冠盖指代官吏

从东汉开始，冠盖开始被用来指代官吏。"（第五伦）代牟融为司空。

---

① 《汉书》卷47《文三王传·梁孝王刘武》，第2210页。
② 《汉书》卷4《文帝纪》，第129页。
③ 《汉书》卷59《张汤传附孙延寿》，第2654页。
④ 《汉书》卷99《王莽传中》，第4140页。
⑤ 《后汉书》卷3《肃宗孝章帝纪》，第148页。
⑥ 《后汉书》卷22《杜茂传》，第777页。
⑦ 《后汉书》卷42《光武十王传·东平宪王苍》，第1441页。

帝以明德太后故，尊崇舅氏马廖，兄弟并居职任。廖等倾身交结，冠盖之士争赴趣之。"① 在这里，冠盖指代官吏，但却是一个泛称，那是不是所有的官吏都可以被称作冠盖呢？

《华阳国志》载："自建武以后，群儒修业。开按图纬，汉之宰相，当出坤乡。于是司徒李公，屡登七政。太傅子坚，弈世论道。其珪璋、瑚琏之器，则陈伯台、李季子、陈申伯之徒，文秀纬晔。其州牧、郡守，冠盖相继，于西州为盛。盖济济焉。"② 李郃在安帝时期位至司徒，其子李固冲帝即位时为太尉；陈伯台为巴郡太守；李季子名历，李固从弟，官奉车都尉③；陈申伯，名术，历三郡太守，这些汉中士大夫官至郡守、州牧甚至三公，所以"其州牧、郡守，冠盖相继"。可见，东汉时期，郡守州牧及以上官吏可以被称作冠盖。

再看北朝的情况。《魏故朔州刺史华阴伯杨君墓志铭》载："并州刺史之孙，秦州刺君之子。……以延昌四年除持节督朔州诸军事前将军朔州刺史。……冠盖蝉联，龟组相望，鸣箛出塞，作牧朔方。"④ 杨泰一家三代为刺史，所以其墓志上有"冠盖蝉联"的说法。又如，"（郑氏）祖尚，济州刺史。父贵宾，荆州刺史。世擅膏腴，家传冠盖"⑤。郑氏一家两代为刺史，所以称为"家传冠盖"。可见在北朝墓志中冠盖一般指代刺史。

《周书》载："裴宽字长宽，河东闻喜人也。祖德欢，魏中书郎、河内郡守。父静虑，银青光禄大夫，赠汾州刺史。……大统五年，授都督、同轨防长史，加征虏将军。……（高澄）谓宽曰：'卿三河冠盖……'"⑥ 之所以称裴宽为三河冠盖者，是因为裴宽家三代为郡守、刺史及以上的官。

故在北朝，冠盖也指代郡守州牧及以上官吏。

---

① 《后汉书》卷41《第五伦传》，第1398页。

② 常璩撰，任乃强校注：《华阳国志校补图注》卷2《汉中志》，第69页。

③ 《后汉书·百官志》载："奉车都尉，比二千石。"（第3576页）

④ 《魏故朔州刺史华阴伯杨君墓志铭》，载赵超《汉魏南北朝墓志汇编》，天津古籍出版社1992年版，第101—102页。

⑤ 《魏骠骑将军都水使者顿丘邑中正顿丘男顿丘李府君夫人郑氏墓志》，赵超：《汉魏南北朝墓志汇编》，第377页。

⑥ 《周书》卷34《裴宽传》，中华书局1971年版，第594—595页。

再看唐朝的情况。《唐故朝议大夫申王府司马上柱国赠太常卿韦公神道碑铭》载："其后十六世孙景略，仕魏为青州刺史。……自长孺至青州，二丞相、一侍中、十一二千石。……事业名声，与冠盖俱。"① 二丞相、一侍中、十一二千石，真可谓是"事业名声，与冠盖俱"。《大唐宣州刺史薛公去思碑》载："公字冲味，殷相仲虺之洪族，唐相元超之曾孙，陈留太守兼采访使江童之仲子。地列钟鼎，门传冠盖。"② 薛去思先祖从太守到丞相都有，所以说"门传冠盖"。可见唐代冠盖也指代郡守州牧及以上的官吏。

在唐朝，冠盖也指代高级官吏。"长安城南有韦曲庄，京郊之表胜也。……贤臣作相，旧号儒宗，圣后配元，今为戚里。……观其奥区一曲，甲第千甍，冠盖列东西之居，公侯开南北之巷。"③ "又有宰辅冠盖，人伦羽仪，王导、庾亮之徒，戴逵、许询之辈，置情天人之际"④，冠盖和公侯并列，宰辅与冠盖相并称，可见冠盖是高级官吏。

据上，汉魏以降，郡守州牧及以上的官吏可以称作冠盖。

在北朝，被称作冠盖的官吏地位高于一般的官吏。《为彭城王韶让侍中表》载："貂鼲映首，日月在前。冠盖庶僚，跨蹑多士。"⑤ 冠盖和庶僚相对，可见冠盖和庶僚是有区别的，冠盖的地位高于一般庶僚。

至少至唐代，冠盖不指代军戎出身的官吏。《为荆南节度使成汭乞归本姓表》载："臣门非冠盖，家本军戎。"⑥ 军戎出身的成汭官至荆南节度使，却自称不是冠盖。又如《唐故朗州武陵县令博陵瞿府君墓志铭》载："府君讳令圭，其先本博陵越人也。盖帝喾之末裔，（阙）晋永嘉二年，迁于南楚。曾祖诠，皇长沙县令。大父（阙）军考曰智，皇国子助教，纂承儒业，（阙）向二百年（阙）夫人南阳张氏。世传冠

---

① 董诰编：《全唐文》卷390《唐故朝议大夫申王府司马上柱国赠太常卿韦公神道碑铭》，中华书局1983年版，第3970页。

② 董诰编：《全唐文》卷990《大唐宣州刺史薛公去思碑》，第10233—10234页。

③ 董诰编：《全唐文》卷241《春游宴兵部韦员外韦曲庄序》（宋之问），第2437页。

④ 董诰编：《全唐文》卷157，《辨惑一》（李师政），第1605—1606页。

⑤ 《北齐文纪》卷3《邢劭〈为彭城王韶让侍中表〉》，《景印文渊阁四库全书·集部》第1400册，台湾商务印书馆1986年版，第41页。

⑥ 董诰编：《全唐文》卷841《为荆南节度使成汭乞归本姓表》，第8850页。

盖，奕叶簪缨。府君则国子监助教第二子。"① 碑文中"世传冠盖"是针对瞿氏而言的，联系上文，正是因为瞿氏"纂承儒业"，所以才有"世传冠盖"。

综上，冠盖指代官吏，但不是所有的官吏都可以称作冠盖。汉魏以降，冠盖指代郡守州牧及以上的官吏。在北朝，冠盖是高级官吏称谓，与一般官吏"庶僚"有别。至少至唐代，军戎出身的官吏不能称为冠盖。从整体上来看，冠盖所指代的官吏是比较高贵的，具有一定的荣耀性。

三　冠盖指代名士

《三国志》注引《续汉书》曰："融由是名震远近，与平原陶丘洪、陈留边让，并以俊秀，为后进冠盖。"② 在这段史料中，根据上下文，冠盖是名士之意。孔融与其兄孔褒因救张俭而争相赴狱，从而"名震远近"，且年仅十六岁的孔融当时尚未做官，故孔融为"后进冠盖"，不是因为做官，而因为是名士。同为"后进冠盖"的陶丘洪、边让也都是名士。《隶释·隶续》载："州里乡党，陨涕奔哀，故吏切怛，歔欷低徊。四海冠盖，惊恸伤怀。大命□期，实惟天□。"③ "四海冠盖"所指代的也是名士。可见，冠盖在东汉也可指代名士。

《金城县太山冠盖里铭》载："峨峨南岳，烈烈离明，实敷俊乂，君子以生。惟此君子，作汉之英，德为龙光，声化鹤鸣。（《水经注·沔水》中，'沔水又径金城县。县有太山，山下有庙，汉末名士居其中。荆州刺史行部见之雅叹其盛，号为冠盖里，刻石铭之。'）"④ 因为汉末名士居住在太山之中，所以就被荆州刺史称为"冠盖里"，也就是说，名士可以称作"冠盖"。作为名士的冠盖，"德为龙光，声化鹤鸣"，虽是夸大的说法，但从中能看出，作为冠盖的名士在社会上的影响之大和所受到的尊重。

---

① 董诰编：《全唐文》卷995《唐故朗州武陵县令博陵瞿府君墓志铭》，第10315页。
② 《三国志》卷12《魏书·崔琰传》，裴松之注引《续汉书》，第370—371页。
③ 洪适：《隶释·隶续》卷6《北海相景君铭》，中华书局1985年版，第73页。
④ 严可均辑：《全后汉文》卷106《金城县太山冠盖里铭》，第1071页。

四　冠盖指代有威望的地方大族

冠盖还可指代地方大族。"王允字子师，太原祁人也。世仕州郡为冠盖。"① 唐长孺认为："王允祖先名位不见本传，只是世代充当州郡僚佐，也就成为冠族。"② "阳球字方正，渔阳泉州人也。家世大姓冠盖。"③ 阳球家族也是冠族。

"汉世，县民陈立历巴郡、牂牁、天水太守，有异政。陈氏、刘氏为大姓冠盖也。"④ "凉州从事王雍，躬卞严之节，文之以术艺，凉州冠盖，未有宜先雍者也。"⑤ "（牛鞞县）受新都江。去郡三百里。元鼎二年置。[相] 有阳明盐井。程、韩氏为冠盖之族。"⑥ 以上三条史料中冠盖与表地域、族的词如"凉州""大姓""族"连用，冠盖指的是地方大族。

再如："（田）畴常忿乌丸昔多贼杀其郡冠盖，有欲讨之意而力未能。"⑦ "董昭字公仁，济阴定陶人也。举孝廉，除廮陶长、柏人令，袁绍以为参军事。绍逆公孙瓒于界桥，钜鹿太守李邵及郡冠盖，以瓒兵强，皆欲属瓒。"⑧ "郡冠盖"非郡中官僚，而是郡中的大族。那么，这里为什么不用其他的称谓，如大族、豪族、豪右等，而说是"郡冠盖"呢？似乎光是这些称谓还不足以涵盖冠盖要表达的含义。根据前文，冠盖可以用来指代郡守州牧及以上的官吏，可以表示名士，是高贵、荣耀的称谓，所以，冠盖作为大族来讲，就是地方上有威望的大族，而非豪猾之家。作为冠盖，不是豪霸一方的豪强大族，更多的是具有人文关怀的有威望的地方大族，正因为如此，田畴一直想着替其郡冠盖报仇。

五　冠盖与士族

检索史料发现，北朝冠盖指代官吏的用法较多，而南朝则较少。出

---

① 《后汉书》卷 66《王允传》，第 2172 页。

② 唐长孺：《东汉末期的大姓名士》，载《魏晋南北朝史论拾遗》，第 26 页。

③ 《后汉书》卷 77《酷吏列传·阳球》，第 2498 页

④ 常璩撰，任乃强校注：《华阳国志校补图注·蜀志》卷 3，第 157 页。

⑤ 《后汉书》卷 40 上《班彪传附子固》，第 1332 页。

⑥ 常璩撰，任乃强校注：《华阳国志校补图注·蜀志》卷 3，第 175 页。

⑦ 《三国志》卷 11《魏书·田畴传》，第 342 页。

⑧ 《三国志》卷 14《魏书·董昭传》，第 436 页。

现这种情况的原因是南朝士族当权，高贵、荣耀的冠盖，和士族相比，则显得稍逊一筹，不值一提。所以，南朝人不再自称冠盖以兹炫耀。而在北朝则不然，没有形成门阀士族政治，士族影响较小，所以冠盖作为有别于一般官吏"庶僚"的荣耀性的称谓，北朝人经常自称以示其尊贵。至唐代，士族政治结束，"北朝是历史的出口"，由于受北朝之影响，冠盖作为高贵、荣耀的用法被继承了下来。

《旧唐书》载："是时，朝议以山东人士好自矜夸，虽复累叶陵迟，犹恃其旧地，女适他族，必多求聘财。太宗恶之，以为甚伤教义，乃诏士廉与御史大夫韦挺、中书侍郎岑文本、礼部侍郎令狐德棻等刊正姓氏。……撰为《氏族志》。士廉乃类其等第以进。太宗曰：'我与山东崔、卢、李、郑，旧既无嫌，为其世代衰微，全无冠盖，犹自云士大夫，婚姻之间，则多邀钱币。才识凡下，而偃仰自高，贩鬻松槚，依托富贵。我不解人间何为重之？'"①

唐太宗不同意高士廉等人以士族等第修订《氏族志》，要求按照冠盖重新修订。这里涉及士族与冠盖的关系问题。指代官吏的冠盖和表示门第的士族在唐代有了交汇。其实，汉魏以降，冠盖与士族有着不同的发展轨迹，士族从汉末开始形成，经西晋逐渐发展，在东晋南朝达到顶峰，"王与马，共天下"，在唐代逐渐衰落。冠盖作为指代官吏的称谓，从东汉开始，经由北朝得到持续性的使用，随着科举制的确立，荣耀性的称谓主要使用冠盖，较少使用士族了。唐太宗修订《氏族志》就是两者的一次历史对话，从此之后，社会中荣耀性的称谓逐渐主要使用冠盖了。冠盖并不像魏晋士族一样是一个特权阶层，而更多的是一个高贵性、荣耀性的称谓。

综上，仅仅说冠盖指代官吏是不全面的。冠盖最早指代使者，"冠盖相望"这一用法在中国古代一直在沿用。汉魏以降，冠盖指代郡守州牧及以上官吏。从整体上来看，冠盖所指代的官吏是某个时代中比较高贵的，具有一定的荣耀性。到北朝、隋唐时期，冠盖已经作为一种高贵的、荣耀的官吏的称谓，和一般官吏"庶僚"区别开来了。至少至唐代，军戎出身的官吏不能称为冠盖。冠盖又可指代名士。最后，冠盖还可指代

---

① 《旧唐书》卷65《高士廉传》，中华书局1975年版，第2443页。

有威望的地方大族。唐太宗之后，社会中荣耀性的称谓逐渐主要使用冠盖而非士族。冠盖主要依靠的是才学，而不是凭借门第获得官位，所以在唐代，冠盖是一个新的文化贵族群体，且这个群体不像魏晋士族那样不可攀越，而是经常变动的。

"冠盖"一词是随着汉代士大夫阶层的演变而逐渐形成的，"冠盖"是属于士大夫阶层下的一个子概念，冠盖与士大夫之间的关系是特殊与一般的关系，是冠盖者可以称作士大夫，但士大夫不一定都是冠盖。冠盖经由北朝，至唐代取代了士族，成为一个文化贵族群体。

第四章

士大夫阶层构成汉政权的
中坚社会势力

　　前文论述了士大夫作为一个阶层在汉代的形成。士大夫阶层形成后，则构成了汉代政权的中坚社会势力，下面来论述这个问题。

　　许倬云认为：“秦汉的国家与社会的关系，一反战国的趋势，国家一步一步收夺了社会资源，国家凌驾于社会之上，但社会势力中一股代表知识资源的力量则寄托于国家权力结构，壮大了这一股力量。”① 这股力量——士大夫阶层在逐渐壮大之后，也成为汉代国家的一支重要依靠力量。士大夫不是一个简单的官僚全体，而是一个具有一定社会势力的阶层。阎步克认为：“士大夫不是那种作为君主之权力工具的单纯的官僚，他们横亘于君主与庶民之间，维系着相对独立的‘道统’，并构成了以独特机制约束政统的分力。”② 许倬云认为：“东汉时，知识分子已与专制君主平分政治权利。在经济方面，知识分子掌握了土地资源，而在社会关系上，知识分子用家族伦理的延展，取得内部的认同与团结。”③

　　范晔在《后汉书·陈蕃传》中说：“以遁世为非义，故屡退而不去；以仁心为己任，虽道远而弥厉。及遭际会，协策窦武，自谓万世一遇也。憬憬乎伊、望之业矣！功虽不终，然其信义足以携持民心。汉世乱而不亡，百余年间，数公之力也。”④

---

　① 许倬云：《中国古代社会与国家之关系的变动》，《文物季刊》1996 年第 2 期。
　② 阎步克：《士大夫政治演生史稿》，北京大学出版社 1996 年版，第 491 页。
　③ 许倬云：《秦汉知识分子》，载《求古编》，联经出版事业公司 1982 年版，第 504 页。
　④ 《后汉书》卷 66《陈蕃传》，中华书局 1965 年版，第 2171 页。

"数公"者，即指士大夫阶层。正是因为士大夫阶层对汉政权的维护，这才有了汉末百余年间的乱而不亡和汉政权的延续。

另外，两汉之间之怪现象，即西汉灭亡之后，为何建立起来的政权仍然是刘氏王朝，为何刘邦的九世孙成了皇帝，而不是被其他姓氏替代？这是中国古代王朝更替史上一个独一无二的事例。关于这个问题，一方面如赵翼所讲，西汉时期的皇帝并没有实施暴政，王莽的执政使人们更加怀念汉朝的统治；但另一方面，还与西汉后期士大夫阶层的形成有重大关系。其实，士大夫阶层的形成，并成为汉代国家政权的中坚社会势力，才有了士大夫对光武的支持与拥护、刘氏朝廷的再次建立，以及东汉末年百余年间乱而不亡的局势的形成。

第一节　士大夫阶层之社会势力

一　士大夫阶层之经济力量

通经、入仕、致富是汉代士大夫的基本发展途径。《汉书·儒林传》赞曰："自武帝立《五经》博士，开弟子员，设科射策，劝以官禄，讫于元始，百有余年，传业者寖盛，支叶蕃滋，一经说至百余万言，大师众至千余人，盖禄利之路然也。"[①] 足见通经入仕是有很大的经济回报的。许倬云认为："这个庞大而有影响力的知识分子阶层，在经济上也获得了特权的地位。"[②] 就如崔向东在《汉代豪族研究》中所言："政治上有权势的豪族在地方上又是强大的宗族，拥有经济势力。"[③] 正所谓"一岁典职，田宅并兼"[④]。"做了官，大多数人便求田问舍，土地来源或由赏赐，或由购买，或用政治特权掠夺，以土守财。"[⑤]

并且，秦汉以来，士大夫注重自身经济力量的增强，西晋人江统就说过："秦汉以来，风俗转薄，公侯之尊，莫不殖园圃之田，而收市井之

①　《汉书》卷 88《儒林传》，中华书局 1962 年版，第 3620 页。

②　许倬云：《秦汉知识分子》，《求古编》，第 502 页。

③　崔向东：《汉代豪族研究》，崇文书局 2003 年版，第 56 页。

④　王充著，黄晖撰：《论衡校释》卷 12《程材篇》，中华书局 1990 年版，第 545 页。

⑤　刘泽华、孙立群等：《士人与社会》（秦汉魏晋南北朝卷），天津人民出版社 1992 年版，第 220 页。

利，渐冉相放，莫以为耻，乘以古道，诚可愧也。"①

做官后，汉代的士大夫多在经济上具有一定的实力。"一个秩八百石的官员，他一年的收入要相当于一个中产之家的全部家产。"②"汉家的公卿将相吏二千石，无论他们原来的出身如何，在取得政权作了官之后，也都发家致富，成为豪富兼并之家。"③ 如陈平，他投归刘邦时，穷得一无所有，只有身上穿的裤褥。但做了丞相之后，给陆贾送礼一次就是车五十辆，钱五百万，奴婢一百人。

张禹通过明经进入汉政权，做到高官后又置产业。"及禹壮，至长安学，从沛郡施雠受《易》，琅邪王阳、胶东庸生问《论语》，既皆明习，有徒众，举为郡文学。"元帝为太子时为其讲授《论语》，成帝时拜为诸吏光禄大夫、给事中、领尚书事。官至丞相，封安昌侯。"禹为人谨厚，内殖货财，家以田为业。及富贵，多买田至四百顷，皆泾、渭溉灌，极膏腴上贾。"④ 张禹做官后拥有了比较大的产业。匡衡家世农夫，通过明经入仕，后官至丞相，大量置办土地，并且食封三千余顷。窦融等五郡太守奏事京师，"官属宾客相随，驾乘千余两，马牛羊被野"⑤。"陇蜀既平，河西守令咸被征召，财货连毂，弥竟川泽。"⑥

东汉士大夫之经济力量更加强大。

关于东汉人臣的俸禄，《后汉书》注引《续汉志》曰："大将军、三公奉月三百五十斛，秩中二千石奉月百八十斛，二千石月百二十斛，比二千石月百斛，千石月九十斛，比千石月八十斛，六百石月七十斛，比六百石月五十五斛，四百石月五十斛，比四百石月四十五斛，三百石月四十斛，比三百石月三十七斛，二百石月三十斛，比二百石月二十七斛，百石月十六斛，斗食月十一斛，佐史月八斛。凡诸受奉，钱谷各半。"⑦

---

① 《晋书》卷56《江统传》，中华书局1974年版，第1537页。
② 瞿同祖：《汉代社会结构》，上海世纪出版集团2007年版，第96页。
③ 何兹全：《两汉豪族发展的三个时期》，《秦汉史论丛》第三辑，陕西人民出版社1986年版，第97页。
④ 《汉书》卷81《张禹传》，第3347—3349页。
⑤ 《后汉书》卷23《窦融传》，第807页。
⑥ 《后汉书》卷31《孔奋传》，第1098页。
⑦ 《后汉书》卷1下《光武帝纪下》，第77页。

宇都宫清吉认为在公元106年时谷物与钱的官方兑换率为每斛7142钱①，许倬云认为，汉代"一个高级官吏的年收入超过了1.2万钱，而中级官吏的收入则是这个数字的1/3。就实际生产率而言，一亩土地年产量约为3斛谷物，最肥沃的土地的最高年产量是每亩6.4斛。由此可知，一个高级官员的年收入相当于720亩一般土地的收成。中级官员的年收入相当于240亩一般土地的收成。……除了正常的薪俸，汉代的官员还可享有食品供应和一所官邸，另外还有来自帝王的各种馈赠和赏赐。因此，这些官员足以依赖个人收入就积聚起大量的财富"②。可见东汉时期的士大夫，在经济上的实力是非常雄厚的。

东汉末年的田畴，经济力量是相当强大的。22岁的田畴为幽州牧刘虞从事，刘虞派田畴去捍卫汉室、拜见皇帝，"畴乃归，自选其家客与年少之勇壮慕从者二十骑俱往"。③ 田畴不仅有客，而且有骑。"四年春正月，初置骒骧厩丞，领受郡国调马。豪右辜榷，马一匹至二百万。"④ 回想两汉之际，光武曾经骑牛陷阵，马之价格必然不菲；而灵帝时期一匹马至二百万钱，可想而知，田畴是具有很强的经济力量的。

不管是西汉还是东汉，一个人的力量毕竟是有限的，但试想，两汉时期每一代士大夫所有的经济力量合起来，就是一股可以左右汉王朝政局的经济力量。

从人员数量来看，士大夫阶层不是一个小的社会群体。孙立群等人在《士人与社会》（秦汉魏晋南北朝卷）中指出，《汉书》中，武帝以后立传者共188人，其中士人150人，占80%；《后汉书》正传中记载的491人中，407人出身士人，占整个官僚人数的83%。⑤ 到东汉后期，太学诸生三万余人，还有地方的郡国生徒，数量不可统计；而金发根在《东汉党锢人物的分析》一文中仅列举的党人就达182人。⑥ 汉代通过察

---

① 转引自许倬云《汉代农业：早期中国农业经济的形成》，江苏人民出版社1998年版，第54页。

② 许倬云：《汉代农业：早期中国农业经济的形成》，第54—55页。

③ 《三国志》卷11《魏书·田畴传》，中华书局1982年版，第340页。

④ 《后汉书》卷8《孝灵帝纪》，第345页。

⑤ 刘泽华、孙立群等：《士人与社会》（秦汉魏晋南北朝卷），第221—222页。

⑥ 金发根：《东汉党锢人物的分析》，《"中研院"历史语言研究所论文类编（历史编）·秦汉卷》，中华书局2009年版，第1229—1232页。

举、明经进入汉政权的士大夫数量是相当庞大的。

章帝元和二年（85 年）五月诏曰："令郡国上明经者，口十万以上五人，不满十万三人。"① 和帝永元十三年（101 年），诏曰："其令缘边郡口十万以上岁举孝廉一人，不满十万二岁举一人，五万以下三岁举一人。"② 和帝时期："自今郡国率二十万口岁举孝廉一人，四十万二人，六十万三人，八十万四人，百万五人，百二十万六人；不满二十万二岁一人，不满十万三岁一人。"③

汉代察举，郡人口每二十万岁举一人；而边郡人口十万以上岁举一人，按照许倬云的推算，"和帝时人口五千三百二十五万六千二百二十九人，当岁举二百六十六人。全国郡凡一百零五，其中缘边凉益并幽交五州有四十余郡，有'保障名额'，则全国岁举人口数是三百人上下。如以三十年为一世代，每一代当有九千至一万人可由察举进入政治权力圈，从而获得一定的社会地位"。④ 可见士大夫是一个数量庞大的社会阶层。

由于士大夫热衷于土地的占有，"所有的官员几乎都将钱财投在土地上"。⑤ 所以，数量庞大的士大夫阶层掌握着社会上最多的土地。"这个庞大而有影响力的知识分子阶层，在经济上也获得了特权的地位。……在汉代政治力量垄断利益与权力的情势下，只有政治权力结构中的成员有力量占取利权，而在农业经营为惟一经济形态时，土地成为主要的利权。……知识分子为骨干的官僚组织为庞大，总人数超过亲贵千百倍，而且因察举制度而来自所有郡国。因此，论分布面及掌握土地的总面积而言，知识分子阶层无疑是直接地把持土地财富的社会阶层。到东汉时，崔寔《四民月令》一书，最能代表这种士与农（地主）结合的情形。"⑥

由此可知，士大夫阶层掌握着汉代社会中最多的土地，在经济上具

① 《后汉书》卷3《章帝纪》，第 152 页。
② 《后汉书》卷4《孝和帝纪》，第 189 页。
③ 《后汉书》卷 37《丁鸿传》，第 1268 页。
④ 许倬云：《秦汉知识分子》，载《求古编》，第 501 页。
⑤ 瞿同祖：《汉代社会结构》，第 99 页。
⑥ 许倬云：《秦汉知识分子》，载《求古编》，第 502 页。

有极大的势力，而这样一个阶层，却偏偏还是汉王朝统治体系的主要构成，是汉王朝忠心的支持者。所以士大夫阶层经济力量的强大，构成了士大夫阶层成为汉代政权中坚社会势力的原因之一。"儒宗士大夫官僚阶层也是汉代社会一种强大的豪族势力，自形成伊始便以'明经取士'为召唤，以其经学、政治、经济三大优势迅速发展起来。"① "在中国古代农业社会，这种资源（土地）的政治意义不仅在于为士权提供了必要的经济实力，还在于使士权的实际运作拥有了坚实的社会基础。"②

二　士大夫阶层之社会关系

西汉中后期，士大夫阶层已成一股举足轻重的社会力量。"这些世家大姓，盘根错节，在地方上已有了不可忽视的势力。"③

士大夫阶层之社会关系可从士大夫之宗族势力、士大夫之门生故吏来看。

（一）基层社会关系——士大夫之宗族势力

士大夫掌握了政治权力，其宗族成员的社会地位也会提高，其宗族成员也会有更多机会进入政权体系，再通过姻亲关系，就会形成强大的宗族势力。

"族者何也？族者凑也，聚也。谓恩爱相流凑也。上凑高祖，下至玄孙，一家有吉，百家聚之，合而为亲。生相亲爱，死相哀痛，有会聚之道，故谓之族。"④ 徐复观认为："族是以血统为中心的政治集团。"⑤ "即是平民宗族出现以后，成为以血统为中心的社会互助，甚至是自治的团体。"⑥ 做官之后的士大夫，就会成为凝结族的主要核心人物，宗族势力便会随之强大。刘增贵认为："西汉中叶以后，个人与宗族的结合渐趋紧密，宗族势力逐渐成长。……武帝以后，儒学振兴，在儒家观念的影响

① 马彪：《秦汉豪族社会研究》，中国书店 2002 年版，第 98 页。

② 李军：《论东汉士人阶层的政治权力基础》，《浙江大学学报》2001 年第 3 期。

③ 许倬云：《西汉政权与社会势力的交互作用》，《求古编》，第 479 页。

④ 陈立：《白虎通疏证·宗族篇》，中华书局 1994 年版，第 397—398 页。

⑤ 徐复观：《两汉思想史——周秦汉政治社会结构之研究》，华东师范大学出版社 2001 年版，第 184 页。

⑥ 徐复观：《两汉思想史——周秦汉政治社会结构之研究》，第 196 页。

下，官僚士人，无不务于收宗合族。"①

这样，昭宣时期，士大夫的家族势力就已经比较强大了。一人为官，其家族成员也就有很多机会进入汉政权的统治机构，从而形成更加强大的宗族势力。"官僚不仅自己有权力，他的整个家族都会有势力，有影响。当时人一定是把家族成员看作一个整体，而不止看作一群个人，因为在一个家族里面，经常会有不止一个人当官。"②

比如，夏侯胜家族。夏侯胜官至长信少府、太子太傅，胜从父子建事胜及欧阳高，为议郎博士，至太子少傅。"胜子兼为左曹太中大夫，孙尧至长信少府、司农、鸿胪，曾孙蕃郡守、州牧、长乐少府。胜同产弟子赏为梁内史，梁内史子定国为豫章太守。而建子千秋亦为少府、太子少傅。"③ 夏侯家族因经学变得非常庞大，其宗族成员遍布各个政府机构，宗族势力强大。

像夏侯家族这样的宗族势力，在两汉时期比比皆是。这些家族盘踞在从中央到地方的各级政府机构中，而其庞大的家族成员散居地方，并拥有一定的土地；加之夏侯学的门生故吏，从而形成了以夏侯家族为中心的一股社会势力，这个势力集团由于学习儒家经术、践行儒家规范，并掌握了大量土地，在一定区域内有着很大的社会影响，并且以皇帝为活动中心，这样就成为汉政权统治的基础势力，成为汉代政权的中坚社会势力。

又如，韦贤家族。韦贤家族以经学兴，大多明经，成为西汉后期典型的士大夫家族。韦氏宗族里官至二千石及以上者十余人，形成了庞大的家族势力。"自贤传国至玄孙乃绝。玄成兄高寝令方山子安世历郡守，大鸿胪，长乐卫尉，朝廷称有宰相之器，会其病终。而东海太守弘子赏亦明《诗》。哀帝为定陶王时，赏为太傅。哀帝即位，赏以旧恩为大司马车骑将军，列为三公，赐爵关内侯，食邑千户，亦年八十余，以寿终。宗族至吏二千石者十余人。"④

---

① 刘增贵：《汉代豪族研究——豪族的士族化与官僚化》，博士学位论文，台湾大学，1986年。

② 瞿同祖：《汉代社会结构》，第179页。

③ 《汉书》卷75《夏侯胜传》，第3159页。

④ 《汉书》卷73《韦贤传附子玄成》，第3115页。

黄霸宣帝时为颍川太守，后官至丞相，子官至九卿，子孙为吏至二千石者五六人；匡衡以明经进入汉政权，官至光禄大夫、太子少傅，后至御史大夫、丞相。"子咸亦明经，历位九卿。家世多为博士者。"①

萧望之官至御史大夫、太子太傅、前将军、光禄勋。萧望之八子，子萧育历任御史大夫，冀州、青州两部刺史，大鸿胪、光禄大夫、执金吾；萧咸历任太守、大司农；萧由，历任安定、江夏太守、中散大夫，家至吏二千石者六七人。

张禹有四男一女，女嫁张掖太守萧咸；长子宏官至太常，其余三子皆为校尉散骑诸曹。"禹为人谨厚，内殖货财，家以田为业。及富贵，多买田至四百顷，皆泾、渭溉灌，极膏腴上贾。"② 张禹既进入汉政权体系之中，又一女嫁太守，四子皆为中央官吏，且有良田百顷，这样，张禹就成为进入汉政权体系的具有相当社会势力的士大夫，成为汉政权的基础社会势力。

"（辛庆忌）长子通为护羌校尉，中子遵函谷关都尉，少子茂水衡都尉出为郡守，皆有将帅之风。宗族支属至二千石者十余人。"③

冯勤，世为二千石，曾祖父为宣帝时弘农太守，曾祖父八子皆为二千石，可见冯氏是庞大的士大夫家族。王䜣，昭帝时为丞相，封宜春侯；子谭嗣；谭子咸嗣，王莽妻即咸女，莽败，乃绝。王氏家族从武帝时延续到西汉末。

杨敞，给事大将军莫府，为军司马。代王䜣为丞相，封安平侯。子忠嗣；忠弟恽，以忠任为郎，宣帝时封为平通侯。忠子谭嗣安平侯，为典属国。杨敞妻、杨恽母，为司马迁女。

冯奉世有男九人、女四人，长女媛为元帝昭仪，生中山孝王。长子谭，举孝廉为郎，为天水司马；子野王，受业博士，通《诗》，元帝时官至陇西太守、左冯翊、大鸿胪；子逡通《易》，太常察孝廉为郎，补谒者，官至陇西太守；子立，通《春秋》，以父任为郎，稍迁诸曹，更历五郡太守；子参，学通《尚书》，成帝永始中为代郡太守、安定太守。冯奉

① 《汉书》卷81《匡衡传》，第3347页。
② 《汉书》卷81《张禹传》，第3349页。
③ 《汉书》卷69《辛庆忌传》，第2997页。

世以六国旧贵之后、地方大族通过明经实现了向汉政权的渗透、向士大夫的转变之后，其女为元帝昭仪，九子中野王、逡、参均明经，为高官。这样，冯氏完全进入汉政权的统治体系之中。又冯奉世九男、四女各有家族，冯氏家族在地方上扩散、发展，冯氏成为汉政权的一支重要的社会力量。

以上所列举的如萧望之、张禹、冯奉世等这些士大夫家族，既有多人在汉政权中为官吏，又具有相当的社会势力，这样的士大夫家族，就构成了汉政权的统治基础。这种盘踞朝廷上下并具有很大社会影响的士大夫家族，成为西汉政权的重要依靠力量。

两汉之际，耿纯的家族势力还参与了光武在河北的战争，"世祖北至中山，留纯邯郸。会王郎反，世祖自蓟东南驰，纯与从昆弟䜣、宿、植共率宗族宾客二千余人，老病者皆载木自随，奉迎于育"①。

东汉时期，士大夫之宗族势力继续发展。

桓氏、伏氏教授皇帝，经久不衰。桓荣，教授明帝，官至太子太傅、太常；荣子郁，传父业，以《尚书》教授，章帝为太子时教授章帝、和帝，官至侍中，"郁经授二帝，恩宠甚笃，赏赐前后数百千万，显于当世"。② 桓郁子焉，又传其家学，永初元年，入授安帝，官至侍中步兵校尉，永宁中焉为太子太傅，授顺帝，顺帝时官至太尉。"伏氏自东西京相袭为名儒，以取爵位。中兴而桓氏尤盛，自荣至典，世宗其道，父子兄弟代作帝师，受其业者皆至卿相，显乎当世。"③

宗族势力强大，最为典型的当为袁氏家族了。袁安祖父习《孟氏易》，平帝时举明经，至太子舍人，从此开启了东汉袁氏家族的兴盛。安少传良学，官历太守、太仆、司空、司徒。袁氏由明经进入汉政权，并转变为士大夫，最终发展为一股强大的宗族势力。

安子京、敞。袁京习《孟氏易》，为蜀郡太守，子彭、汤。彭少传父业，历广汉、南阳太守、光禄勋。汤少传家学，桓帝时为司空，累迁司徒、太尉。汤子成、逢、隗。逢灵帝时官至司空，隗亦为三公。彭子贺，

---

① 《后汉书》卷21《耿纯传》，第762页。

② 《后汉书》卷37《桓荣传附子郁》，第1256页。

③ 《后汉书》卷37《桓荣传附郁曾孙彬》，第1261页。

贺子阆、忠、弘。成子绍，逢子术、基。袁绍、袁术的事迹最为知名。敞以《易经》教授，为太子舍人，历任太守、太仆、司空。敞子盱，为光禄勋。①袁氏袁安为司空、司徒，子敞为司空，孙汤为司空、司徒、太尉；汤子逢为司空，汤少子隗为司徒，是为"四世五公"。像袁氏这样的家族，其宗族势力更为庞大。

士大夫家族成员不仅盘踞在朝廷的各个机构，多人为吏二千石，甚至有"四世五公"者，而且还遍布地方的政权机构，成为盘踞一方的重要的社会势力，把持着地方社会。"每一个地区将只能有几家把持，而这家又很可能延续几代，变为所谓世家大姓。……这些世家大姓，盘根错节，在地方上已有了不可忽视的势力。"②如济阴成阳仲氏，《隶释》卷一《成阳灵台碑》载，济阴成阳尧庙年久失修，仲定"复帅群宗，贫富相均，共慕市碑，著立功训"③。捐钱者中仲氏有 31 人，异姓者 4 人。其中提到仲氏廷尉 1 人，司徒掾 1 人，太守 1 人，县长 1 人，五官掾 1 人，督邮 4 人，从事 1 人，主吏 20 人。修复成阳尧庙的这些捐助者中，当为济阴地方的一些重要人物，而这些人中，仲氏就占到了 31 人，异姓才 4 人，由此可见仲氏在济阴是一个很强大的宗族势力，成为把持一方的地方势力。余英时认为："在西汉末叶，士人已不再是无根的'游士'，而是具有深厚的社会基础的'士大夫'了。这种社会基础，具体地说，便是宗族。"④

士大夫家族不仅具有强大的宗族势力，而且还在九族、乡里具有很大的社会影响。唐长孺先生就认为："大姓拥有很多宗族成员，分属于各个贫富不等的家庭。族内的显贵成为首领，他们凭藉其财富权势控制宗族，并收纳和庇护外来逃亡者所谓'宾客'。宗族成员和宾客的身分是不同的，但对于宗族首领都存在着从属关系，大姓的武装队伍即是由宗族、宾客组成的。宗族的首领对于族内成员和族外宾客处于父家长的地位。"⑤

① 详见《后汉书》卷 45《袁安传》、王伊同《五朝门第》附表（中华书局 2006 年版）。

② 许倬云：《西汉政权与社会势力的交互作用》，《求古编》，第 478—479 页。

③ 洪适：《隶释·隶续》卷 1，中华书局 1985 年版，第 9 页。

④ 余英时：《士与中国文化》，上海人民出版社 2003 年版，第 195 页。

⑤ 唐长孺：《东汉末期的大姓名士》，载《魏晋南北朝史论拾遗》，中华书局 1983 年版，第 31 页。

先看下面的史料：

（1）"广既归乡里，日令家共具设酒食，请族人故旧宾客，与相娱乐。数问其家金余尚有几所，趣卖以共具。居岁余，广子孙窃谓其昆弟老人广所爱信者曰：'子孙几及君时颇立产业基址，今日饮食，费且尽。宜从丈人所，劝说君买田宅。'老人即以闲暇时为广言此计，广曰：'吾岂老悖不念子孙哉？顾自有旧田庐，令子孙勤力其中，足以共衣食，与凡人齐。今复增益之以为赢余，但教子孙怠惰耳。贤而多财，则损其志；愚而多财，则益其过。且夫富者，众人之怨也；吾既亡以教化子孙，不欲益其过而生怨。又此金者，圣主所以惠养老臣也，故乐与乡党宗族共飨其赐，以尽吾余日，不亦可乎！'于是族人说服。皆以寿终。"①

（2）"朱邑字仲卿，庐江舒人也。少时为舒桐乡啬夫，廉平不苛，以爱利为行，未尝笞辱人，存问耆老孤寡，遇之有恩，所部吏民爱敬焉。迁补太守卒史，举贤良为大司农丞，迁北海太守，以治行第一人为大司农。……身为列卿，居处俭节，禄赐以共九族乡党，家亡余财。"②

（3）"（廉范）在蜀数年，坐法免归乡里。范世在边，广田地，积财粟，悉以赈宗族朋友。"③

（4）"（韦）彪清俭好施，禄赐分与宗族，家无余财。"④

（5）宣秉，"秉性节约，常服布被，蔬食瓦器。……所得禄奉，辄以收养亲族。其孤弱者，分与田地，自无担石之储"⑤。

（6）"童恢字汉宗，琅邪姑幕人也。父仲玉，遭世凶荒，倾家赈恤，九族乡里赖全者以百数。"⑥

（7）"董卓之乱，（荀彧）弃官归乡里。同郡韩融时将宗亲千余家，避乱密西山中。彧谓父老曰：'颍川，四战之地也。天下有变，常为兵冲。密虽小固，不足以扞大难，宜亟避之。'乡人多怀土不能去。会冀州

① 《汉书》卷71《疏广传》，第3040页。
② 《汉书》卷89《循吏传·朱邑》，第3635—3636页。
③ 《后汉书》卷31《廉范传》，第1103—1104页。
④ 《后汉书》卷26《韦彪传》，第920页。
⑤ 《后汉书》卷27《宣秉传》，第928页。
⑥ 《后汉书》卷76《循吏传·童恢》，第2481—2482页。

牧同郡韩馥遣骑迎之，彧乃独将宗族从馥，留者后多为董卓将李傕所杀略焉。"①

（8）"（三月）是月也，冬谷或尽，椹麦末熟，乃顺阳布德，振赡穷乏，务施九族，自亲者始。"② 对九族的帮扶。

（9）"（九月）是月也，治场圃，涂囷仓，修窦窖，缮五兵，习战射，以备寒冻穷厄之寇。存问九族孤寡老病不能自存者，分厚彻重，以救其寒。"③

（10）"（十月）同宗有贫窭久丧不堪葬者，则纠合宗人，共与举之，以亲疏贫富为差。正心平敛，无相逾越。先自竭以率不随。"④

分析以上 10 条史料可知，士大夫的宗族势力包括三类：第一，族人、宗族、九族、宗亲、同宗、宗人；第二，故旧、朋友、宾客；第三，乡党、乡里、父老、乡人，即由宗人到宾朋再到乡党，可见士大夫在基层影响的范围是比较广的，不仅仅是宗族，宾朋甚至乡党都在其影响范围之内。士大夫的影响范围延伸至乡党、乡里，即士大夫的宗族势力已经扩及一定的地方区域。

由于士大夫的经学出身，在治国理念上与国家是一致的。士大夫通过自身宗族势力的影响，在特定区域内形成一定的社会秩序，而士大夫对这种社会秩序的维护，则在客观上维护了中央王朝的有序统治。

分析以上史料，第一，史料（1）中疏广归家后"请族人故旧宾客"，即表明疏广拥有大量的社会关系，这些社会关系一般会围绕在某一宗族中有威信的人周围，形成一定的社会秩序圈。就如上文提到的济阴仲氏。第二，士大夫对这个社会秩序圈中的贫困者还会进行救助，如史料（2）—（6）中士大夫赈恤九族乡里，（8）—（10）中士大夫振赡穷乏。第三，士大夫的说教，士大夫在下层的社会秩序圈中会有一定的教化作用，形成自己的族风，就如（1）中疏广的说教。"家族经常都会发挥某种形式的教育职能，为族中的年轻一辈提供受教育的机会。"⑤ 士大夫对

①　《后汉书》卷 70《荀彧传》，第 2281 页。

②　崔寔《四民月令》，载严可均辑：《全后汉文》，商务印书馆 1999 年版，第 476 页。

③　崔寔《四民月令》，载严可均辑：《全后汉文》，第 479 页。

④　崔寔《四民月令》，载严可均辑：《全后汉文》，第 479 页。

⑤　瞿同祖：《汉代社会结构》，第 36 页。

社会秩序圈的教化作用，比王朝的严刑酷法作用大得多。由于士大夫的经学出身，遍布全国各地的士大夫的这种教化作用，有助于改变地方风俗、形成共同的民族心理，从而达到维护地方社会的稳定。第四，对地方社会稳定的武力维护。史料（9）中，"缮五兵，习战射"并不是为了谋反或者独立，而是士大夫为了维护地方社会的稳定，以备"穷厄之寇"，是士大夫对社会稳定的自觉维护。士大夫的这些救济、说教活动以及对社会秩序的自觉维护，可以说，士大夫在一定程度上履行着部分国家职能。

"家族中的某些人至中央或他州任官，其原籍仍保留族人及退休的族人。"① 士大夫通过这些在原籍的族人，仍然很大地影响着乡里社会。崔向东在《汉代豪族研究》中提出："即便是中央化的官僚豪族，在原籍仍有强大的宗族，豪族宗族中的宗人常常回到原地望以图发展，其活动是以乡里范围内的宗族为依托。"②

每个士大夫依靠其强大的宗族势力在一定的区域内形成一个小小的社会秩序圈，这种社会秩序既为士大夫自身所控制，又由于士大夫阶层的儒学出身和对政权的认同感，在思想意识和政治理念上，士大夫与国家的意志是一致的，所以这种社会秩序又与王权秩序并行不悖，士大夫的社会秩序就构成了汉代政权的统治秩序。崔向东认为："豪族所形成的乡里秩序是代表王权的，与王权支配并不矛盾。"③ 而全国大大小小所有围绕着士大夫形成的这种社会秩序圈就构成了汉代社会的总体的社会秩序，这样，汉政权就可以利用士大夫在各个社会秩序圈中的影响而达到对整个社会秩序的控制，从而实现长久稳定的统治。

士大夫凭依其强大的宗族势力及其对社会秩序圈的影响，成为控制地方的重要社会势力。

（二）高层社会关系——士大夫之门生故吏

士大夫间还存在着一种比较紧密的社会关系，那就是门生故吏。

欧阳修《孔宙碑阴题名跋》称："汉儒开门受徒著录有盈万人者，其

---

① 毛汉光：《中国中古社会史论》，上海世纪出版集团 2002 年版，第 55 页。
② 崔向东：《汉代豪族研究》，第 163 页。
③ 崔向东：《汉代豪族研究》，第 251 页。

亲受业则曰弟子，以久次相传授则曰门生，未冠则曰门童，总而称之亦曰门生。旧所治官府其掾属则曰故吏，占籍者则曰故民，非吏非民则曰处士。"①

由于士大夫向其门生弟子传授经学，且经学是关系他们仕途的关键因素，所以，士大夫与门生弟子的关系非常紧密。王仲荦认为："而政府选拔官僚，因为自汉武帝以来，崇尚儒术的缘故，官僚也多以经术起家，致身显通，他们不但授徒讲学，注籍的弟子门生，成千满万，形成一种社会力量。"②

士大夫之门生弟子不仅枝叶繁茂，而且大多在朝廷各级政府机构中任职。

如桓荣习《欧阳尚书》，官至太常。桓荣死后，其都讲生八人补二百石，其余门徒多至公卿。

周堪与孔霸受学夏侯胜，孔霸以太中大夫授太子，周堪元帝时为光禄大夫。周堪传牟卿（博士）、许商，孔霸传子孔光（丞相）。许商传唐林（九卿）、吴章（博士）、王吉（九卿）、炔钦（博士）。"大夫博士郎吏为许氏学者，各从门人，会车数百两，儒者荣之。钦、章皆为博士，徒众尤盛。"③ 是为夏侯胜之学传承，从周堪、孔霸分为两支，再传又有牟卿、许商、孔光等，而许商又分为唐林、吴章、王吉、炔钦四家。此派门生弟子自当不少，形成强大的社会势力。

张山拊，事夏侯建，为博士。弟子知名者四人：李寻（骑都尉）、郑宽中（以博士授成帝，光禄大夫，领尚书事）、张无故（广陵太傅）、秦恭（城阳内史）、假仓（胶东相）。郑宽中授东郡赵玄（御史大夫），张无故授沛唐尊（太傅），秦恭授鲁冯宾（博士）。夏侯建传张山拊，从张山拊开始分为四支，就像大树的枝干一样，士大夫的门生弟子散布开来。

鲁申公受《诗》浮丘伯，申公弟子博士十余人，授王臧（郎中令）、赵绾（御史大夫）、孔安国（临淮太守）、周霸（胶西内史）、夏宽（城

---

①　洪适：《隶释》卷7《孔宙碑阴》，第83页。

②　王仲荦：《魏晋南北朝史》，上海人民出版社1979年版，第143页。

③　《汉书》卷88《儒林传·周堪》，第3604—3605页。

阳内史)、鲁赐（东海太守）、缪生（长沙内史）、徐偃（胶西中尉）、阙门庆忌（胶东内史），而韦贤治《诗》，事大江公及许生，官至丞相。传子玄成，后亦官至丞相。玄成及兄子赏以《诗》授哀帝，至大司马车骑将军。其学官弟子行虽不备，而至于大夫、郎、掌故以百数。从申公开始至韦玄成，《诗》之传授历西汉一代，在《诗》传授的同时，不仅仅是学问的传承，更是扩大了士大夫群体。从申公受学浮丘伯，是为第二代，至第三代申公弟子，知名者十几人，还有官至大夫、郎、掌故者以百数；如此向下传授，知名者各有其子孙、弟子，传授至第四代，其数量急剧增加，至西汉末期，士大夫阶层的人员数量已经不是一个小数目了，从而造成了士大夫阶层的壮大，而汉政权的各级政权机构中都大量盘踞着士大夫及其门生弟子，从而使士大夫阶层具有了极大的社会势力。

申公还授《谷梁春秋》于江公，江公授荣广、皓星公，荣广授蔡千秋（谏大夫给事中）、周庆、丁姓子孙（中山太傅），丁姓授申章昌，为博士，至长沙太傅，徒众尤盛。

辕固生治《诗》，孝景时为博士，传公孙弘（丞相）、夏侯始昌，夏侯始昌授后苍，苍授翼奉（谏大夫）、萧望之（前将军）、匡衡（丞相），匡衡授师丹（大司空）、伏理斿君（高密太傅）、满昌（詹事），满昌又授九江张邯、琅邪皮容，皆至大官，徒众尤盛。

桓荣子桓郁，其"门人杨震、朱宠，皆至三公"[1]。丁鸿也从桓荣受《欧阳尚书》，官至司徒。桓焉弟子数百人，最为知名者有黄琼、杨赐。

丁鸿、桓郁、贾逵等人论五经同异于白虎观，"鸿以才高，论难最明，诸儒称之，帝数嗟美焉。时人叹曰：'殿中无双丁孝公。'数受赏赐，擢徙校书，遂代成封为少府。门下由是益盛，远方至者数千人。彭城刘恺、北海巴茂、九江朱伥皆至公卿"[2]。

马融"才高博洽，为世通儒，教养诸生，常有千数。涿郡卢植，北海郑玄，皆其徒也"[3]。延笃也受学马融。

林尊为博士，事欧阳高，官至太子太傅，授平当、陈翁生。平当官

① 《后汉书》卷37《桓荣传附子郁》，第1256页。
② 《后汉书》卷37《丁鸿传》，第1264页。
③ 《后汉书》卷60上《马融传》，第1972页。

至丞相，"翁生信都太傅，家世传业。由是欧阳有平、陈之学。翁生授琅邪殷崇、楚国龚胜。崇为博士，胜右扶风，自有传。而平当授九江朱普公文、上党鲍宣。普为博士，宣司隶校尉，自有传。徒众尤盛，知名者也"。① 从林尊传至平当（丞相）、陈翁生（信都太傅），分为两支，平当传朱普（博士）、鲍宣（司隶校尉），陈翁生传殷崇（博士）、龚胜（右扶风），"徒众尤盛"，朱普、鲍宣、殷崇、龚胜又分为四支，分别有徒众自不必说。可见随着向下的传承，形成树状的传承结构，士大夫的徒众日益扩大，当这些徒众或在朝廷各级机构中为官、或在地方教授，加之为官者在其家乡发展产业，发展自身实力，这样，门生弟子就会逐渐形成一支很强大的社会势力。

士大夫之门生弟子不仅盘踞朝廷的各级机构，形成强大的社会势力，而且由于树状结构的传承，门生弟子的数量也是相当庞大，动辄上百成千，甚至还有过万者。这方面的事例，史书中俯拾即是。

鲁丕，门生常百余人。"元和元年征，再迁，拜赵相。门生就学者常百余人，关东号之曰'《五经》复兴鲁叔陵'。"② "（伏）湛性孝友，少传父业，教授数百人。"③ 牟融，"少博学，以《大夏侯尚书》教授，门徒数百人，名称州里"④。王良，"王莽时，寝病不仕，教授诸生千余人"⑤。"乡里徐子盛者，以《春秋经》授诸生数百人。"⑥

杨厚善图谶，顺帝时，"修黄老，教授门生，上名录者三千余人"⑦。樊儵，"删定《公羊严氏春秋》章句，世号'樊侯学'，教授门徒前后三千余人。弟子颍川李修、九江夏勤，皆为三公。勤字伯宗，为京、宛二县令，零陵太守，所在有理能称。安帝时，位至司徒"⑧。

周磐，"教授门徒常千人"⑨。

---

① 《汉书》卷88《儒林传·林尊》，第3604页。
② 《后汉书》卷25《鲁恭传附弟丕》，第883页。
③ 《后汉书》卷26《伏湛传》，第893页。
④ 《后汉书》卷26《牟融传》，第915页。
⑤ 《后汉书》卷27《王良传》，第932页。
⑥ 《后汉书》卷27《承宫传》，第944页。
⑦ 《后汉书》卷30上《杨厚传》，第1050页。
⑧ 《后汉书》卷32《樊宏传附子儵》，第1125页。
⑨ 《后汉书》卷39《周磐传》，第1311页。

"（姜）肱博通《五经》，兼明星纬，士之远来就学者三千余人。"①

马融"门徒四百余人，升堂进者五十余生"。

郑玄"家贫，客耕东莱，学徒相随已数百千人"。郑玄卒，"自郡守以下尝受业者，缞绖赴会千余人"。②

钟皓"以《诗》、律教授门徒千余人"③。

张奂被禁锢后，"奂闭门不出，养徒千人"④。

刘淑，"淑少学明《五经》，遂隐居，立精舍讲授，诸生常数百人"⑤。

李膺，"还居纶氏，教授常千人"⑥。

檀敷，"立精舍教授，远方至者常数百人"⑦。

郭太，"闭门教授，弟子以千数"⑧。

张兴，"习《梁丘易》以教授……弟子自远至者，著录且万人"⑨。

曹曾，"从（欧阳）歙受《尚书》，门徒三千人，位至谏议大夫"。⑩

宋登，"少传《欧阳尚书》，教授数千人"⑪。

魏应，"经明行修，弟子自远方至，著录数千人"⑫。

丁恭为少府，"诸生自远方至者，著录数千人，当世称为大儒。太常楼望、侍中承宫、长水校尉樊鯈等皆受业于恭"⑬。

蔡玄，"学通《五经》，门徒常千人，其著录者万六千人"⑭。

东汉士大夫之门生弟子动辄成千上万人，士大夫之社会势力强大，由此可见一斑。

---

① 《后汉书》卷53《姜肱传》，第1749页。
② 《后汉书》卷35《郑玄传》，第1207—1211页。
③ 《后汉书》卷62《钟皓传》，第2064页。
④ 《后汉书》卷65《张奂传》，第2142页。
⑤ 《后汉书》卷67《党锢传·刘淑》，第2190页。
⑥ 《后汉书》卷67《党锢传·李膺》，第2191页。
⑦ 《后汉书》卷67《党锢传·檀敷》，第2215页。
⑧ 《后汉书》卷68《郭太传》，第2226页。
⑨ 《后汉书》卷79上《儒林传·张兴》，第2553页。
⑩ 《后汉书》卷79上《儒林传·欧阳歙》，第2556页。
⑪ 《后汉书》卷79上《儒林传·宋登》，第2557页。
⑫ 《后汉书》卷79下《儒林传·魏应》，第2571页。
⑬ 《后汉书》卷79下《儒林传·丁恭》，第2578页。
⑭ 《后汉书》卷79下《儒林传·蔡玄》，第2588页。

《泰山都尉孔宙碑阴》中详细列举了孔宙的门生故吏：

> 门生巨鹿瘿陶张云，字子平；门生巨鹿瘿陶赵政，字元正；门生巨鹿广宗捕巡，字升台；门生东平宁阳韦勋，字幼昌；门生魏郡馆陶张上，字仲举；门生魏郡馆陶王时，字子表；门生魏郡阴安张典，字少高；门生魏郡魏孟忠，字待政；门生魏郡魏李镇，字世君；门生魏郡馆陶吴让，字子敬；门生魏郡馆陶彡俭，字元节；门生魏郡馆陶乡瑱，字仲雎；门生魏郡邺暴香，字伯子；门生东郡东武阳梁淑，字元祖；门生东郡卫公国赵恭，字和平；门生东郡东武阳张表，字公方；门生东郡东武阳滕穆，字奉德；门生东郡乐平桑演，字仲厚；门生东郡乐平靳京，字君贤；门生东郡乐平梁布，字叔光；门生东郡乐平桑显，字伯异；门生陈留平丘司马规，字伯昌；门生安平下博张祺，字叔松；门生安平下博张朝，字公房；门生安平下博蕅观，字伯台；门生安平堂阳张琦，字子异；门生北海安丘齐纳，字荣谋；门生北海都昌吕升，字山甫；门生北海剧秦麟，字伯麟；门生北海剧如庐浮，字遗伯；门生北海薛觊，字胜辅；门生北海剧高冰，字季超；门生济南梁邹赵震，字叔政；门生济南梁邹徐璜，字幼彡；门生济南东平陵吴进，字升台；门生甘陵广川李都，字元章；门生甘陵贝丘贺曜，字升进；门生巍郡清渊许祺，字升明；门生巍郡馆陶史崇，字少贤；门生巍郡馆陶孙忠，字府彡；门生东郡乐平卢精，字子节；门生任城任□□□，字景汉；门童安平下博张忠，字公直；故吏北海都昌逢祈，字伯惪；故吏北海都昌蕅章，字彡理；故吏北海都昌巍称，字彡长；故吏北海都昌吕觌，字元觌；故吏泰山费鱼渊，字汉长；故吏泰山华母楼觊，字世光；故吏泰山南城禹觌，字世举；故吏泰山南武阳萧海，字伯谋；故民泰山费淳亏党，字季□。[1]

碑中所列门生为42人，门童1人，故吏9人，弟子10人。仅泰山都尉之门生故吏就是如此之众，试想那些大儒或者三公之门生故吏自是要

---

① 洪适：《隶释》卷7《孔宙碑阴》，第82—83页。

比都尉多出许多。

据《隶续》卷12《刘宽碑阴》记载，刘宽的门生达三百五十余人，其中97人为守、相、台、郎、令、长；刘宽门生的地域分布，三河91人，三辅65人，五郡国百余人。① 可见刘宽的门生不仅盘踞朝廷上下各级机构，而且也遍布全国各郡，这样在很大的范围内形成了一个强大的势力集团。据《杨震碑阴》载，杨震诸孙门生，就有190余人，也是遍布32郡。②

士大夫之门生弟子，动辄成千上万人。私学的兴盛、门生弟子的众多，从而壮大了士大夫阶层的势力，使得士大夫阶层成为一支举足轻重的社会力量。邢义田认为："这些传家学的孝廉，他们本人以及其家族不但占据政府要津，其门生更足以形成政治上的势力。……传经之家，门生布列，其政治势力是不难想象的。"③ 周珌对董卓说："袁氏树恩四世，门生故吏遍于天下。若收豪杰以聚徒众，英雄因之而起，则山东非公之有也。"④ 袁氏门生故吏遍天下，甚至依此可觊觎王位。范晔论曰："若乃经生所处，不远万里之路，精庐暂建，赢粮动有千百，其著名高义开门受徒者，编牒不下万人，皆专相传祖，莫或讹杂。至有分争王庭，树朋私里，繁其章条，穿求崖穴，以合一家之说。"⑤

再举两则故吏的事例：

胡广历事六帝，"其所辟命，皆天下名士。与故吏陈蕃、李咸并为三司。……年八十二，熹平元年薨。……故吏自公、卿、大夫、博士、议郎以下数百人，皆缞绖殡位，自终及葬"。⑥

韩馥为袁氏故吏，以此而将冀州牧让与袁绍。韩馥骑都尉沮授等谏曰："冀州虽鄙，带甲百万，谷支十年。袁绍孤客穷军，仰我鼻息，譬如婴儿在股掌之上，绝其哺乳，立可饿杀。奈何欲以州与之？"韩馥却说：

---

① 洪适：《隶续》卷12《刘宽碑阴》，第401—406页。
② 洪适：《隶释》卷12《杨震碑阴》，第136—138页。
③ 邢义田：《天下一家：皇帝、官僚与社会》，中华书局2011年版，第300—301页。
④ 《后汉书》卷74上《袁绍传》，第2375页。
⑤ 《后汉书》卷79下《儒林传下》，第2588页。
⑥ 《后汉书》卷44《胡广传》，第1510—1511页。

"吾袁氏故吏，且才不如本初。度德而让，古人所贵，诸君独何病焉？"①
可见韩馥将冀州拱手让给袁绍，与其故吏的身份是密切相关的。"东汉故
吏与举主、府主的关系是君臣之义发展的产物。由于受君臣之义观念的
制约，故吏与举主、府主之间结成了牢固的主从关系。他们实际是举主、
府主的仆从，无法摆脱相对卑微的地位。"②

　　士大夫不仅拥有数量众多的盘踞朝廷各级机构的门生故吏，而且，
士大夫与其门生故吏之间的关系是非常紧密的。宫崎市定认为："中央和
地方长官对于其下属官员的组成具有莫大的权利，他们得以辟召幕僚。"③
许倬云就认为门生弟子对师门如同父子之恩："门人子弟对于师门简直有
同父子之恩。察举制下，又有保恩举主的常例。儒家重伦常，门人弟子
与故吏之于座师举主，实在是家族的伦理的延长，而成为知识分子阶层
团结凝聚的重要形式。"④ 士大夫与其门生故吏紧密的关系是士大夫阶层
形成的一个重要原因。

　　欧阳歙世传《尚书》，八世为博士，门生故吏众多。当欧阳歙下狱，
千余人为其求情，甚至有愿意代其死者。欧阳歙为汝南太守，"教授数百
人，视事九岁，征为大司徒。坐在汝南臧罪千余万发觉下狱。诸生守阙
为歙求哀者千余人，至有自髡剔者。平原礼震，年十七，闻狱当断，驰
之京师，行到河内获嘉县，自系，上书求代歙死"⑤。

　　士大夫与门生故吏具有一荣俱荣之关系。"初，（王）章为当世名儒，
教授尤盛，弟子千余人，莽以为恶人党，皆当禁锢，不得仕宦。"⑥

　　士大夫与门生故吏之间，甚至是君臣的关系。钱穆认为："因郡吏由
太守自辟，故郡吏对太守，其名分亦自为君臣。或称太守曰'府君'，乃
至为之死节。……当时的士大夫，似乎有两重的君主观念。"⑦ 杨联陞认
为："在某一长官之下作过掾史的，则一定有君臣之谊。……两汉时期，

①　《后汉书》卷 74 上《袁绍传》，第 2378 页。
②　张鹤泉：《东汉故吏问题试探》，《吉林大学社会科学学报》1995 年第 5 期。
③　宫崎市定：《九品官人法研究》，中华书局 2008 年版，第 100 页。
④　许倬云：《秦汉知识分子》，载《求古编》，第 503 页。
⑤　《后汉书》卷 79 上《儒林传·欧阳歙》，第 2556 页。
⑥　《汉书》卷 67《云敞传》，第 2927 页。
⑦　钱穆：《国史大纲》，商务印书馆 1996 年版，第 217—218 页。

为父母服丧，还没有定制。为长官却已经有服三年丧的，可知君臣之谊很重。"① （东汉） "是时郡吏之于太守，本有君臣名分，为掾吏者，往往周旋于死生患难之间。"② 比如，李固被杀，弟子郭亮负斧锧上书，请收固尸；杜乔被杀，其故吏杨匡守护其尸不去；公孙瓒为郡吏，太守坐事徙日南，瓒 "祭辞先人，酹觞祝曰：'昔为人子，今为人臣，当诣日南。日南多瘴气，恐或不还，便当长辞坟茔。' 慷慨悲泣，再拜而去，观者莫不叹息"。③ 公孙瓒直接向刘骏称 "臣"。

士大夫之门生故吏，是一支不可忽视的社会势力。"自武帝立五经博士，开弟子员，设科射策，劝以官禄，讫于元始，百有余年，传业者浸盛，支叶蕃滋，一经说至百余万言，大师众至千余人。"④ 从武帝立五经博士至平帝元始年间，一百多年时间里，经学在几代人之间传承的同时，每一代徒众的数量也成若干倍增加，有的大师徒众至千余人，这千余人中又有向下的传承，这些经学传承的大量的徒众进入汉政权各级机构，从而形成了一支不可忽视的社会势力。"门生、故吏是东汉豪族势力的一大支柱。"⑤ "尤其是东汉，家学与门生、故吏结合在一起，士人因此形成一股强大的势力，在政权中往往形成举足轻重的力量。"⑥

士大夫之门生故吏不仅人数众多，并且盘踞朝廷各级职位，遍布全国各郡；同时，士大夫与门生故吏之间的关系非常密切，不仅门生故吏可为士大夫死节，而且门生故吏具有双重君主观，⑦ 士大夫具有君主般的威望。在这种情况下，士大夫与其门生故吏就会形成强大的社会势力阶层，士大夫阶层成为汉政权中一支非常重要的依靠力量。

王仲荦认为："因为自汉武帝以来，崇尚儒术的缘故，官僚也多以经术起家，致身显通，他们不但授徒讲学，注籍的弟子门生，成千满万，形成一种社会力量，而且由于他们的子孙往往绍继家学，也必然会造成

---

① 杨联陞：《东汉的豪族》，《清华学报》1936 年第 4 期。
② 赵翼著，王树民校证：《廿二史札记》卷 5，中华书局 1984 年版，第 102 页。
③ 《后汉书》卷 73《公孙瓒传》，第 2358 页。
④ 《汉书》卷 88《儒林传》，第 3620 页。
⑤ 何兹全：《两汉豪族发展的三个时期》，《秦汉史论丛》第三辑，第 114 页。
⑥ 刘泽华、孙立群等：《士人与社会》（秦汉魏晋南北朝卷），第 235 页。
⑦ 钱穆《国史大纲》第十二章和吕思勉《秦汉史》（上海古籍出版社 1983 年版）第十四章中都有详细论述。

一种累世公卿的情况。"①

综上，士大夫阶层强大的宗族势力和数量众多的门生故吏，使其具有了非常强大的社会势力。这种强大的社会势力，是士大夫阶层构成汉代国家政权中坚社会势力的原因之二。

第二节　士大夫阶层之社会威望

士大夫阶层不仅具有强大的经济力量与社会势力，更重要的是，士大夫阶层还具有影响极高的社会威望。

在阅读史籍时，我们发现了一个较为有趣的现象，即史籍中所谓的"贼"对士大夫的敬仰。

韩韶为赢长，时太山贼公孙举伪号历年，守令不能破散，多为坐法。"贼闻其贤，相戒不入赢境。余县多被寇盗，废耕桑，其流入县界求索衣粮者甚众。"②《后汉书·郑玄传》载："建安元年，自徐州还高密，道遇黄巾贼数万人，见玄皆拜，相约不敢入县境。"③ 在战乱之中，盗贼蜂起，为何郑玄、韩韶却能得此殊遇？

其实原因很简单，是因为士大夫在汉代社会中具有相当高的社会威望。

一　治理地方、教化社会

士大夫在担任政府官职时，会对社会产生怎样的影响呢？当一大批具有极高文化素养的士人担任国家各级官员时，他们就会有意无意地将其儒家的文化理念、社会行为规范付诸行政管理和社会活动之中。子曰："我欲载之空言，不如见之于行事之深切著明也。"④

西汉前期的酷吏统治，已经激起了民变。"是时郡守尉诸侯相二千石欲为治者，大抵尽效王温舒等，而吏民益轻犯法，盗贼滋起。……大群

---

① 王仲荦：《魏晋南北朝史》，上海人民出版社 1979 年版，第 143 页。
② 《后汉书》卷 62《韩韶传》，第 2063 页。
③ 《后汉书》卷 35《郑玄传》，第 1207 页。
④ 《史记》卷 130《太史公自序》，中华书局 1982 年版，第 3297 页。

至数千人，擅自号，攻城邑，取库兵，释死罪，缚辱郡守都尉，杀二千石，为檄告县趋具食；小群以百数，掠卤乡里者不可称数。"① 公孙弘认为酷吏"其治如狼牧羊。（宁）成不可令治民"②。酷吏如狼一般的残酷，不是一个政权稳定统治的长久之策，要实现长治久安，还需士大夫的教化作用。

元朔元年（前128年），有司奏议曰："今诏书昭先帝圣绪，令二千石举孝廉，所以化元元，移风易俗也。"③ 可见，在察举制度实行之初，就有感化社会风俗的目的。而士大夫通过察举做官之后，就开始了对社会的教化，地方也得到了有效的治理。

宣帝以后极为重视郡守的任免，"是时选博士谏大夫通政事者补郡国守相，以望之为平原太守。"④ 以士大夫充任地方郡守，以实现对地方的有效治理和教化。⑤《汉书·循吏传》载：

> 及至孝宣，繇仄陋而登至尊，兴于闾阎，知民事之艰难。……以为太守，吏民之本也，数变易则下不安，民知其将久，不可欺罔，乃服从其教化。故二千石有治理效，辄以玺书勉厉，增秩赐金，或爵至关内侯，公卿缺则选诸所表以次用之。是故汉世良吏，于是为盛，称中兴焉。若赵广汉、韩延寿、尹翁归、严延年、张敞之属，皆称其位，然任刑罚，或抵罪诛。王成、黄霸、朱邑、龚遂、郑弘、召信臣等，所居民富，所去见思，生有荣号，死见奉祀，此廪廪庶几德让君子之遗风矣。⑥

---

① 《汉书》卷90《酷吏传·咸宣》，第3662页。
② 《汉书》卷90《酷吏传·义纵》，第3653页。
③ 《汉书》卷6《武帝纪》，第167页。
④ 《汉书》卷78《萧望之传》，第3274页。
⑤ 王健文认为："'以师为吏'，除了敞开从'学'到'官'的通路外，更进一步的表现，在于这批出身'文化秩序'中的'文学之士'，进入到'政治秩序'之中，同时也将'文化秩序'中的内容与价值，带入了'政治秩序'之中，落实为施政的方针。"（王健文：《学术与政治之间：试论秦皇汉武思想政策的历史意义》，载王健文主编《政治与权力》，中国大百科全书出版社2005年版，第144页。）
⑥ 《汉书》卷89《循吏传序》，第3624页。

"子适卫，冉有仆。子曰：'庶矣哉！'冉有曰：'既庶矣，又何加焉？'曰：'富之。'曰：'既富矣，又何加焉？'曰：'教之。'"① "故王者富民，霸者富士，仅存之国富大夫。"② 儒家先富后教的思想，使得士大夫出任地方郡守之后治理地方、发展生产，注重富民。

如龚遂治渤海，"躬率以俭约，劝民务农桑，令口种一树榆、百本薤、五十本葱、一畦韭，家二母彘、五鸡。民有带持刀剑者，使卖剑买牛，卖刀买犊，曰：'何为带牛佩犊！'春夏不得不趋田亩，秋冬课收敛，益畜果实菱芡。劳来循行，郡中皆有畜积，吏民皆富实。狱讼止息"。③

召信臣为零陵太守，吏民称其为"召父"。"信臣为人勤力有方略，好为民兴利，务在富之。躬劝耕农，出入阡陌，止舍离乡亭，稀有安居时。行视郡中水泉，开通沟渎，起水门提阏凡数十处，以广溉灌，岁岁增加，多至三万顷。民得其利，畜积有余。"④

两汉之际，窦融在河西，治理有方，稳定了河西五郡。"融居属国，领都尉职如故，置从事监察五郡。河西民俗质朴，而融等政亦宽和，上下相亲，晏然富殖。修兵马，习战射，明烽燧之警，羌胡犯塞，融辄自将与诸郡相救，皆如符要，每辄破之。其后匈奴惩义，稀复侵寇，而保塞羌胡皆震服亲附，安定、北地、上郡流人避凶饥者，归之不绝。"⑤

建武七年（31年），杜诗迁南阳太守。"性节俭，而政治清平，以诛暴立威，善于计略，省爱民役。造作水排，铸为农器，用力少见功多，百姓便之。又修治陂池，广拓土田，郡内比室殷足。时人方于召信臣，故南阳为之语曰：'前有召父，后有杜母。'"⑥

贾琮治理交趾。中平元年，交趾反，以贾琮为交趾刺史，"琮到部，讯其反状，咸言赋敛过重，百姓莫不空单，京师遥远，告冤无所，民不聊生（自活），故聚为盗贼。琮即移书告示，各使安其资业，招抚荒散，蠲复徭役，诛斩渠帅为大害者，简选良吏试守诸县，岁间荡定，百姓以

①　程树德：《论语集释》，中华书局1990年版，第905页。
②　王先谦：《荀子集解》，中华书局1988年版，第153—154页。
③　《汉书》卷89《循吏传·龚遂》，第3640页。
④　《汉书》卷89《循吏传·召信臣》，第3642页。
⑤　《后汉书》卷23《窦融传》，第797页。
⑥　《后汉书》卷31《杜诗传》，第1094页。

安。巷路为之歌曰：'贾父来晚，使我先反；今见清平，吏不敢饭。'在事三年，为十三州最，征拜议郎"。①

张禹，元和三年为下邳相，"徐县北界有蒲阳坡，傍多良田，而堙废莫修。禹为开水门，通引灌溉，遂成熟田数百顷。劝率吏民，假与种粮，亲自勉劳，遂大收谷实。邻郡贫者归之千余户，室庐相属，其下成市。后岁至垦千余顷，民用温给"②。

崔寔为五原太守，"五原土宜麻枲，而俗不知织绩，民冬月无衣，积细草而卧其中，见吏则衣草而出。寔至官，斥卖储峙，为作纺绩、织紝、练缊之具以教之，民得以免寒苦"③。

虞诩为武都太守，"先是运道艰险，舟车不通，驴马负载，僦五致一。诩乃自将吏士，案行川谷，自沮至下辩数十里中，皆烧石翦木，开漕船道，以人僦直雇借佣者，于是水运通利，岁省四千余万。诩始到郡，户裁盈万。及绥聚荒余，招还流散，二三年间，遂增至四万余户。盐米丰贱，十倍于前"④。

仇览年四十为蒲亭长，"劝人生业，为制科令，至于果菜为限，鸡豕有数，农事既毕，乃令子弟群居，还就黉学。其剽轻游恣者，皆役以田桑，严设科罚。躬助丧事，赈恤穷寡。期年称大化"⑤。

童恢为不其令，"吏人有犯违禁法，辄随方晓示。若吏称其职，人行善事者，皆赐以酒肴之礼，以劝励之。耕织种收，皆有条章。一境清静，牢狱连年无囚。比县流人归化，徙居二万余户"⑥。

王景为庐江太守，"先是百姓不知牛耕，致地力有余而食常不足。郡界有楚相孙叔敖所起芍陂稻田。景乃驱率吏民，修起芜废，教用犁耕，由是垦辟倍多，境内丰给。遂铭石刻誓，令民知常禁。又训令蚕织，为作法制，皆著于乡亭，庐江传其文辞"⑦。

---

① 《后汉书》卷31《贾琮传》，第1111—1112页。

② 《后汉书》卷44《张禹传》，第1497—1498页。

③ 《后汉书》卷52《崔骃传附孙寔》，第1730页。

④ 《后汉书》卷58《虞诩传》，第1869页。

⑤ 《后汉书》卷76《循吏传·仇览》，第2479—2480页。

⑥ 《后汉书》卷76《循吏传·童恢》，第2482页。

⑦ 《后汉书》卷76《循吏传·王景》，第2466页。

何敞"迁汝南太守。……又修理鲷阳旧渠，百姓赖其利，垦田增三万余顷。吏人共刻石，颂敞功德"①。

鲁丕治理地方，"永元二年，迁东郡太守。丕在二郡，为人修通溉灌，百姓殷富。数荐达幽隐名士"②。

以上所举的这些士大夫，在地方注重民生，发展生产，使得地方得到了有效的治理。并取得了"所居民富，所去见思，生有荣号，死见奉祀"的效果，从而奠定了士大夫在民间的社会威望。

先富后教，除了对地方的有效治理，士大夫对地方还有教化作用。"儒者在本朝则美政，在下位则美俗。"③"（汉儒）他们只读了少数几部经典，深信其中的道理，然后便尽量在日常生活中身体力行。"④

文翁，少好学，通《春秋》，景帝末为蜀郡太守。"仁爱好教化。见蜀地辟陋有蛮夷风，文翁欲诱进之，乃选郡县小吏开敏有材者张叔等十余人亲自饬厉，遣诣京师，受业博士，或学律令。……又修起学官于成都市中，招下县子弟以为学官弟子，为除更繇，高者以补郡县吏，次为孝弟力田。常选学官僮子，使在便坐受事。每出行县，益从学官诸生明经饬行者与俱，使传教令，出入闺合。县邑吏民见而荣之，数年，争欲为学官弟子，富人至出钱以求之。繇是大化，蜀地学于京师者比齐鲁焉。……至今巴蜀好文雅，文翁之化也。"⑤ 文翁以一人之力而化一郡，不仅促进了蜀郡文化的进步，而且在文化上、制度上将蜀郡和汉王朝更加融合为一体。一人而改变一郡之风俗，其士大夫之教化作用不言而喻矣。

韩延寿为吏，"上礼义，好古教化，所至必聘其贤士，以礼待用，广谋议，纳谏争；举行丧让财，表孝弟有行；修治学官，春秋乡射，陈钟鼓管弦，盛升降揖让，及都试讲武，设斧钺旌旗，习射御之事"。治颖川郡，"令文学校官诸生皮弁执俎豆，为吏民行丧嫁娶礼"。⑥

① 《后汉书》卷43《何敞传》，第1487页。
② 《后汉书》卷25《鲁恭传传附弟丕》，第884页。
③ 王先谦：《荀子集解》，第120页。
④ 余英时：《士与中国文化》，第182页。
⑤ 《汉书》卷89《文翁传》，第3625—3626页。
⑥ 《汉书》卷87《韩延寿传》，第3211页。

黄霸为颖川太守，"使邮亭乡官皆畜鸡豚，以赡鳏寡贫穷者。然后为条教，置父老师帅伍长，班行之于民间，劝以为善防奸之意，及务耕桑，节用殖财，种树畜养，去食谷马。……霸力行教化而后诛罚"。宣帝称扬黄霸说："吏民乡于教化，兴于行谊，可谓贤人君子矣。"①

东汉寇恂，"拜为汝南太守，……恂素好学，乃修乡校，教生徒，聘能为《左氏春秋》者，亲受学焉。……即日车驾南征，恂从至颖川，盗贼悉降，而竟不拜郡。百姓遮道曰：'愿从陛下复借寇君一年'"。②

李忠"以丹阳越俗不好学，嫁娶礼仪，衰于中国，乃为起学校，习礼容，春秋乡饮，选用明经，郡中向慕之"③。

"（汝）郁字叔异，性仁孝，及亲殁，遂隐处山泽。后累迁为鲁相，以德教化，百姓称之，流人归者八九千户。"④

刘宽为南阳太守，"每行县止息亭传，辄引学官祭酒及处士诸生执经对讲。见父老慰以农里之言，少年勉以孝悌之训。人感德兴行，日有所化"⑤。

张湛，建武初为左冯翊，"在郡修典礼，设条教，政化大行"⑥。

崔瑗为汲令，"在事数言便宜，为人开稻田数百顷。视事七年，百姓歌之"⑦。

卫飒为桂阳太守，"飒下车，修庠序之教，设婚姻之礼。期年间，邦俗从化。……飒理恤民事，居官如家，其所施政，莫不合于物宜。视事十年，郡内清理"。后茨充代卫飒为桂阳太守，"亦善其政，教民种殖桑柘麻纻之属，劝令养蚕织屦，民得利益焉"⑧。

刘梁，"桓帝时，举孝廉，除北新城长。……乃更大作讲舍，延聚生徒数百人，朝夕自往劝诫，身执经卷，试策殿最，儒化大行。此邑至后

---

①　《汉书》卷 89《循吏传·黄霸》，第 3629—3631 页。

②　《后汉书》卷 16《寇恂传》，第 625 页。

③　《后汉书》卷 21《李忠传》，第 754—756 页。

④　《后汉书》卷 36《贾逵传》，第 1240 页。

⑤　《后汉书》卷 25《刘宽传》，第 887 页。

⑥　《后汉书》卷 27《张湛传》，第 929 页。

⑦　《后汉书》卷 52《崔骃传附子瑗》，第 1724 页。

⑧　《后汉书》卷 76《循吏传·卫飒》，第 2459—2460 页。

犹称其教焉"。①

秦彭为山阳太守，"以礼训人，不任刑罚。崇好儒雅，敦明庠序。每春秋飨射，辄修升降揖让之仪。乃为人设四诫，以定六亲长幼之礼。有遵奉教化者，擢为乡三老，常以八月致酒肉以劝勉之。吏有过咎，罢遣而已，不加耻辱。百姓怀爱，莫有欺犯"②。

许荆，和帝时为桂阳太守，"郡滨南州，风俗脆薄，不识学义。荆为设丧纪婚姻制度，使知礼禁。……在事十二年，父老称歌。以病自上，征拜谏议大夫，卒于官。桂阳人为立庙树碑"③。

以上大量列举士大夫教化的事例，目的在于证实两汉士大夫的教化行为是一个非常普遍的社会现象。

士大夫普遍的教化，不仅使得地方文化获得发展，民俗得到改善，而且还维护了地方的稳定，使民弃刀剑而务农桑，在一定程度上也稳定了国家政权。荀悦指出了教化的重要作用："若教化之废，推中人而坠于小人之域；教化之行，引中人而纳于君子之涂。"④ 在遍布全国各个区域的士大夫的教化之下，整个社会就会受到儒家思想的影响和洗礼，整个社会的价值观念、伦理规范和道德标准就会趋于一致，进而甚至在全国各地会形成一种文化认同感，增强民族凝聚力。就如阎步克先生所言："'教化'，就是要把儒家的道德学说普及到整个社会。这样，有可能使社会成员在共同信念的基础上达到更高的整合。"⑤ 这是保持一个国家稳定和长期统一的重要因素，它在一个社会的内部、在人们的心灵深处，保持了稳定和统一。或许，这也可以解释为什么"在七十五万人的区域，由不足一百人的领导阶层来控制"⑥ 这样的问题，可以解释为什么中华文明保持几千年而不衰。中国古代正是通过士大夫的教化及儒家思想在社会内部形成的文化认同感来维系中华民族几千年文明传承的。

---

① 《后汉书》卷80下《文苑传·刘梁》，第2639页。
② 《后汉书》卷76《循吏传·秦彭》，第2467页。
③ 《后汉书》卷76《循吏传·许荆》，第2472页。
④ 《后汉书》卷62《荀淑传附孙悦》，第2060页。
⑤ 阎步克：《秦政、汉政与文吏、儒生》，《历史研究》1986年第3期。
⑥ 牟发松：《传统中国的"社会"在哪里》，载牟发松主编《社会与国家关系视野下的汉唐历史变迁》，华东师范大学出版社2006年版，第7页。

对于士大夫社会教化的作用，余英时在《士与中国文化·汉代循吏与文化传播》中有详细的论述。他说：

> 汉代毕竟去古未远，当时的儒者大体上仍对原始儒教的基本方向有比较亲切的了解。这种了解使他们明确地意识到，他们的历史使命是建立一个"道之以德，齐之以礼"的文化秩序；……循吏则恰好为我们提供了一个典型的例证：他们的"教化"工作便是对儒家原始教义的实践。用现代的观念说，循吏是大传统的承担者；在政治统一的有利条件下，他们把大传统广泛地传播到中国的各地区。但是他们从事文化传播的努力是出于自觉的，因为他们的工作的内容和方式与原始儒家教义之间的一致性已达到了惊人的程度。①

两汉时期最著名的循吏，有文翁、倪宽、黄霸、召信臣、韩延寿、张导、崔寔、何敞、周憬、杜畿、牟长、王景、鲁丕、伏恭、刘梁、唐扶、刘熹、鲁恭、刘矩、卓茂、朱邑、冯立、薛宣、李膺等人。《后汉书·循吏传》记载的循吏还有杜诗、任延、锡光、第五伦、宋钧、朱浮、钟离意、鲁恭、吴祐、刘宽、荀淑、韩韶、陈寔、钟皓、王堂、陈宠、边凤、延笃、王涣、任俊、卫飒、茨充、土景、秦彭、许荆、孟尝、刘矩、刘宠、仇览、童恢等人。

其实，治理地方、教化社会的士大夫，不仅仅是这些载于《循吏传》的人物，就像余英时所说，士大夫文化传播的努力是出于自觉的，是源于士大夫自身的文化特质。所以，一般的士大夫都会自觉地担负起治理地方和教化社会的责任，而载于《循吏传》者，是其中最为显著者，也仅仅是很小的一部分。

所以，士大夫的教化作用，不仅仅是对某几个地区的影响，而且也是对整个国家社会风俗的影响。

士大夫在地方的敦行教化，推广文化，改化风俗；发展农桑，民众安居乐业，使得"郡中无怨声，百姓化其恩礼"。士大夫的社会教化作用，不仅可以改变一方的民俗，而且可以稳定地方、达到稳定政权的

---

① 余英时：《士与中国文化》，第133—134页。

作用。

正是士大夫对地方的有效治理和教化作用，使得士大夫阶层具有了极大的社会威望。"士族进可成政治集团，退而为社会势力，皆由经业传授，德行所致，而经济势力犹其次焉。"① 士大夫之中，不乏有贪婪之徒，但从总体上看来，士大夫是很得人心的，具有很强的社会威望。士大夫的社会威望，甚至可以达到"携持民心""卧以镇之"的效果。

二　携持民心、以安海内

（一）携持民心

汉代士大夫治理地方时，非常注重民心的归附。《汉书·倪宽传》载："宽既治民，劝农业，缓刑罚，理狱讼，卑体下士，务在于得人心。择用仁厚士，推情与下，不求名声，吏民大信爱之。"②

由于对地方的有效治理，所以士大夫也能够深得民心，就如范晔所论："然其信义足以携持民心。"③

下面列举一些汉代士大夫"携持民心"的事例：

赵广汉为京兆尹，得罪将被诛，"吏民守阙号泣者数万人，或言'臣生无益县官，愿代赵京兆死，使得牧养小民'"。④

韩延寿坐弃市，东郡"吏民数千人送至渭城，老小扶持车毂，争奏酒炙。延寿不忍距逆，人人为饮，计饮酒石余。使掾史分谢送者：'远苦吏民，延寿死无所恨。'百姓莫不流涕"⑤。

寇恂在颍川，能得民众心。"即日车驾南征，恂从至颍川，盗贼悉降，而竟不拜郡。百姓遮道曰：'愿从陛下复借寇君一年。'及留恂长社，镇抚吏人，受纳余降。"⑥

耿纯初为东郡太守，后坐免。"从击董宪，道过东郡，百姓老小数千

---

① 刘增贵：《汉代豪族研究——豪族的士族化与官僚化》，博士学位论文，台湾大学，1986年。

② 《汉书》卷58《倪宽传》，第2630页。

③ 《后汉书》卷66《陈蕃传》，第2171页。

④ 《汉书》卷76《赵广汉传》，第3205页。

⑤ 《汉书》卷76《韩延寿传》，第3216页。

⑥ 《后汉书》卷16《寇恂传》，第625页。

随车驾涕泣，云'愿复得耿君'。"建武八年，东郡盗贼群起，"帝以纯威信著于卫地，遣使拜太中大夫，使与大兵会东郡。东郡闻纯入界，盗贼九千余人皆诣纯降，大兵不战而还。玺书复以为东郡太守，吏民悦服"。①耿纯之得民心，贼竟不战而降，士大夫之社会威望可以不战而屈人之兵。

宋均，"永平元年，迁东海相。在郡五年，坐法免官，客授颍川。而东海吏民思均恩化，为之作歌，诣阙乞还者数千人。……均常寝病，百姓耆老为祷请，旦夕问起居，其为民爱若此。"②

第五伦为会稽太守，"永平五年，坐法征，老小攀车叩马，啼呼相随，日裁行数里，不得前。伦乃伪止亭舍，阴乘船去。众知，复追之。及诣廷尉，吏民上书守阙者千余人"。③"老小攀车叩马，啼呼相随"，可以想见，士大夫之得民心是何等之深。

刘陶为顺阳长，教化有方，深得民心。"以病免，吏民思而歌之曰：'邑然不乐，思我刘君。何时复来，安此下民。'"④

祝良为洛阳令，因事坐系诏狱，"良能得百姓心，洛阳吏人守阙请代其罪者，日有数千万人，诏乃原刑"⑤。

刘宠为东平陵令，"以仁惠为吏民所爱。母疾，弃官去，百姓将送塞道，车不得进，乃轻服遁归"⑥。

士大夫不仅在世时能够携持民心，卒后也深得民众怀念，以致有被立祠祭祀者。

侯霸治《谷梁春秋》，王莽时为淮平大尹，及王莽败，霸保固自守，以全一郡。更始元年，遣使征霸，"百姓老弱相携号哭，遮使者车，或当道而卧。皆曰：'愿乞侯君复留期年。'民至乃戒乳妇勿得举子，侯君当去，必不能全。使者虑霸就征，临淮必乱，不敢授玺书，具以状闻。会更始败，道路不通"。百姓为留住侯霸以致当道而卧、以身挡车，可见士

① 《后汉书》卷21《耿纯传》，第764—765页。
② 《后汉书》卷41《宋均传》，第1413页。
③ 《后汉书》卷41《第五伦传》，第11397页。
④ 《后汉书》卷57《刘陶传》，第1848页。
⑤ 《后汉书》卷51《庞参传》，第1691页。
⑥ 《后汉书》卷76《循吏传·刘宠》，第2477—2478页。

大夫之得民心何其大哉！侯霸卒后，"临淮吏人共为立祠，四时祭焉"。①

顺帝时张纲以恩信降服广陵张婴等反叛，使得南州晏然，深得民心。"纲在郡一年，年四十六卒。百姓老幼相携，诣府赴哀者不可胜数。纲自被疾，吏人咸为祠祀祈福，皆言'千秋万岁，何时复见此君'。张婴等五百余人制服行丧，送到犍为，负土成坟。"②

种暠深得民心。"后凉州羌动，以暠为凉州刺史，甚得百姓欢心。被征当迁，吏人诣阙请留之，太后叹曰：'未闻刺史得人心若是。'乃许之。暠复留一年，迁汉阳太守，戎夷男女送至汉阳界，暠与相揖谢，千里不得乘车。及到郡，化行羌胡，禁止侵掠。迁使匈奴中郎将。时辽东乌桓反叛，复转辽东太守，乌桓望风率服，迎拜于界上。"及种暠卒，"并、凉边人咸为发哀。匈奴闻暠卒，举国伤惜。单于每入朝贺，望见坟墓，辄哭泣祭祀"。③ 皇帝崩也不过如此吧。

王涣为官，也甚得民心，及王涣卒，"百姓市道莫不咨嗟。男女老壮皆相与赋敛，致奠醊以千数。涣丧西归，道经弘农，民庶皆设槃案于路。……民思其德，为立祠安阳亭西，每食辄弦歌而荐之"。④

综上，由于士大夫对地方的有效治理和教化社会，所以能够深得民心——"携持民心"，这样，士大夫便具有了极高的社会威望。正是因为士大夫极高的社会威望，所以就连战乱之中所谓的"贼"对士大夫也是非常敬仰的。

比如袁安玄孙袁闳。汉末黄巾起义爆发，袁闳因其社会威望，能得到起义者的尊重。"潜身十八年，黄巾贼起，攻没郡县，百姓惊散，闳诵经不移。贼相约语不入其闾，乡人就闳避难，皆得全免。"⑤

任旐，"汉末，黄巾贼起，天下饥荒，人民相食。寇到博昌，闻（任）旐姓字，乃相谓曰：'宿闻任子旐，天下贤人也。今虽做贼，那可入其乡邪？'遂相帅而去"⑥。

① 《后汉书》卷26《侯霸传》，第901—902 页。
② 《后汉书》卷56《张皓传附子纲》，第1819 页。
③ 《后汉书》卷56《种暠传》，第1828 页。
④ 《后汉书》卷76《循吏传·王涣》，第2469 页。
⑤ 《后汉书》卷45《袁安传附玄孙闳》，第1526 页。
⑥ 《三国志》卷27《魏书·王旭传》裴松之注引《别传》，第748 页。

黄巾军还不侵犯孙期。"孙期字仲彧，济阴成武人也。少为诸生，习《京氏易》《古文尚书》。家贫，事母至孝，牧豕于大泽中，以奉养焉。远人从其学者，皆执经垄畔以追之，里落化其仁让。黄巾贼起，过期里陌，相约不犯孙先生舍。"①

士大夫之社会威望，就连匈奴也深受影响。"荀恁，字君大，少亦修清节。资财千万，父越卒，悉散与九族。隐居山泽，以求厥志。王莽末，匈奴寇其本县广武，闻恁名节，相约不入荀氏闾。"②

前文中已经列举了郑玄、韩韶被"贼"尊敬的事例，这里又有任旐、孙期、袁闳、荀恁等人为"贼"、匈奴所敬仰，可见士大夫携持民心、具有社会威望以至不被"贼"侵犯不是偶尔的情况，而是一个普遍的社会现象。"循吏在自己职权范围内用行政立法或其他措施推行儒家的思想观念和伦理道德，并在力所能及的情况下为劳动人民做些好事，受到下层人民的爱戴。"③

李固被梁冀陷害入狱，出狱后京师市里竟"皆称万岁"。"门生勃海王调贯械上书，证固之枉，河内赵承等数十人亦要铁锧诣阙通诉，太后明之，乃赦焉。及出狱，京师市里皆称万岁。冀闻之大惊，畏固名德终为己害，乃更据奏前事，遂诛之，时年五十四。"④"汉吏之吏、父、师之三重责任，与秦吏'奉法守职'之纯行政性定义，恰成对照。诸如韩延寿因罪去郡时百姓'老小扶持车毂，争奏酒炙''莫不流涕'之类事例，在'天下苦秦久矣'的时代，也是未曾有过的。"⑤

正是由于士大夫的携持民心，具有极高的社会威望，所以，士大夫阶层还有"以安海内"的极大影响。

（二）以安海内

士大夫携持民心，谁若能得士大夫之支持，便可得民心、得天下。

士大夫的社会威望，能够镇抚地方，"卧以镇之"。两汉之际的统治者极为重视士大夫对地方的镇抚作用。

---

① 《后汉书》卷79上《儒林传·孙期》，第2554页。
② 《后汉书》卷53《序》，第1740页。
③ 刘泽华、孙立群等：《士人与社会》（秦汉魏晋南北朝卷），第140页。
④ 《后汉书》卷63《李固传》，第2087页。
⑤ 阎步克：《士大夫政治演生史稿》，第148页。

郭伋，"更始新立，三辅连被兵寇，百姓震骇，强宗右姓各拥众保营，莫肯先附。更始素闻伋名，征拜左冯翊，使镇抚百姓"①。

建武二年，陕贼苏况攻破弘农，生擒太守。当时景丹已经病重，光武强起景丹，连夜召景丹，说："贼迫近京师，但得将军威重，卧以镇之足矣。"② 足见士大夫在社会上的威望之大，光武也充分认识到并利用了这种威望，"卧以镇之足矣"。

"关东畏服卿。"光武攻怀，久攻不下，对鲍永说："我攻怀三日而兵不下，关东畏服卿，可且将故人自往城下譬之。""即拜永谏议大夫。至怀，乃说更始河内太守，于是开城而降。"③

"伏湛之威望，震慑青、徐。更始立，以为平原太守。时仓卒兵起，天下惊扰，而湛独晏然，教授不废。……乃共食粗粝，悉分奉禄以赈乡里，来客者百余家。时门下督素有气力，谋欲为湛起兵，湛恶其惑众，即收斩之，徇首城郭，以示百姓，于是吏人信向，郡内以安。平原一境，湛所全也。"④ 伏湛"笃信好学，守死善道，经为人师，行为仪表"。具有极高的社会威望。"时贼徐异卿等万余人据富平，连攻之不下，唯云'愿降司徒伏公'。帝知湛为青、徐所信向，遣到平原，异卿等即日归降，护送洛阳。"⑤ 足见士大夫之社会威望，其力量何止千军万马？

安帝时期，士大夫为汉王朝安天下。"时遭元二之灾，人士荒饥，死者相望，盗贼群起，四夷侵畔。骘等崇节俭，罢力役，推进天下贤士何熙、祋讽、羊浸、李郃、陶敦等列于朝廷，辟杨震、朱宠、陈禅置之幕府，故天下复安。"⑥

士大夫具有极高的社会威望，从而可以"卧以镇之"，达到"以安海内"。

王莽始建国三年（11 年），征龚胜，龚胜不食而死。使者在请求龚胜时说："圣朝未尝忘君，制作未定，待君为政，思闻所欲施行，以安海

① 《后汉书》卷 31《郭伋传》，第 1091 页。
② 《后汉书》卷 22《景丹传》，第 773 页。
③ 《后汉书》卷 29《鲍永传》，第 1018 页。
④ 《后汉书》卷 26《伏湛传》，第 893—894 页。
⑤ 《后汉书》卷 26《伏湛传》，第 895—896 页。
⑥ 《后汉书》卷 16《邓禹传附孙骘》，第 614 页。

内。"龚胜却说："吾受汉家厚恩，亡以报，今年老矣，且暮入地，谊岂以一身事二姓，下见故主哉?""遂不复开口饮食，积十四日死，死时七十九矣。"① 王莽征龚胜，就是因为龚胜可以携持民心，具有极高的社会威望，如果取得龚胜对新莽政权的肯定，就会形成"以安海内"的效果。由此可见，士大夫的社会威望，具有"安海内"的作用。

士大夫之社会威望，范晔在《后汉书·陈蕃传》中说："然其信义足以携持民心。汉世乱而不亡，百余年间，数公之力也。"② 东汉王朝正是凭依士大夫这种社会威望，维系着其统治。

士大夫具有极高的社会威望，也正是这种威望，迫使曹操不敢称帝。例如，孔融虽然后来被曹操所害，但孔融的名望，就连曹操也忌惮几分，"操疑其所论建渐广，益惮之。然以融名重天下，外相容忍，而潜忌正议，虑鲠大业。"③ 正是由于士大夫的社会威望可以"安海内"，所以曹魏政权一定要一次又一次地征用不仕之士大夫如田畴、管宁等人。

士大夫具有极高的社会威望，不仅可以"携持民心"，而且还可以"卧以镇之"，达到"以安海内"。是为士大夫阶层构成汉代国家政权中坚社会势力的原因之三。

第三节　士大夫阶层点、线、面的社会结构

士大夫阶层形成之后，具有点、线、面的社会结构。点指皇帝，士大夫阶层以皇帝为其活动的中心；线，指士大夫阶层，在某一个特定的历史时期，各个士大夫在皇帝这个点周围形成了一条统一的线；面，指的则是士大夫个人的社会势力及其社会秩序圈，各个士大夫的"面"的结合，就是一个广阔的国家社会面。

以皇帝为中心，中间是士大夫阶层，士大夫之间又有着紧密的联系，他们之间存在认同感和归属感；向下士大夫发展宗族势力，有着错综复

---

① 《汉书》卷 72《龚胜传》，第 3085 页。
② 《后汉书》卷 66《陈蕃传》，第 2171 页。
③ 《后汉书》卷 70《孔融传》，第 2272 页。

杂的社会关系，如门生故吏、家族关系等。而士大夫阶层以儒家经典为行为根据，向上忠于皇权，向下通过门生故吏、家族教育、社会影响，从而达到稳定下层社会的效果。这样，从上到下以皇帝为中心，形成了一个具有向心力的稳定的社会结构（如图 4－1）。

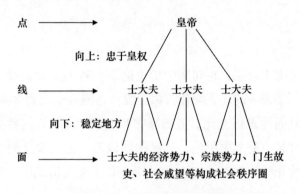

图 4－1　点、线、面社会结构

士大夫在地方是一种社会势力，在朝廷则是忠于皇权的官吏，而正是士大夫这个阶层——线，联系了核心"点"皇帝与下层社会"面"。"以士大夫论，他们的生活大体上可分为居乡与、出仕两个圈子。居乡时修乡里之誉，结邑里之欢，而离乡出仕之后，乡人也常彼此援引，至于罢官例皆归田里。乡里是祖宗族人坟墓之所在，甚至死亡在外者，也要归葬故土。所以士人虽然仕宦中央，而其势力却根植于地方。"①

在这个社会结构中，皇帝这个"点"通过对士大夫的控制，进而达到对广大的社会"面"的控制。对下层的"面"来讲，士大夫阶层是一个中间阶层，而对皇权来说，士大夫则不仅仅是一个中间阶层，更是一个中坚阶层。

一　点

所谓的点，即士大夫阶层以皇帝为其活动的中心，儒学出身的士大

---

① 刘增贵：《汉魏士人同乡关系考论》，载邢义田、林丽月主编《社会变迁》，中国大百科全书出版社 2005 年版，第 124—125 页。

夫都忠于汉王朝、忠于刘氏皇帝。

作为士大夫阶层，一方面按照国家法规行使职权，维护统一政权；另一方面以国家统一的思想意识、道德伦理来处理其社会关系，并在其影响范围内，影响、干涉下层社会生活。从而达到了全社会向"点"的看齐。

二 线

线，指士大夫阶层，在同一个历史时期，各个士大夫在皇帝这个点周围形成了一条统一的线。为什么称为线？是因为士大夫多由经学入仕，士大夫具有共同的思想文化、道德操守和治国理念，在这些方面士大夫是一致的。并且，前文中所论，西汉中期以后，士大夫之间的关系逐渐紧密，所以称作线。在某个特定的时期所有士大夫构成了一条拱卫皇帝的线。

三 面

士大夫具有雄厚的经济实力、由宗族势力和门生故吏构成的强大的社会势力、极高的社会威望，这样在一定区域上，就会形成一个社会秩序圈——面，在这个"面"中，士大夫有着重大的影响。"每一个地区将只能由几家把持，而这家又很可能延续几代，变为所谓世家大姓。……这些世家大姓，盘根错节，在地方上已有了不可忽视的势力。"①"豪族回归乡里，那里是他们地产、宗族之所在，是他们势力的根基。这些回归乡里的官僚豪族，凭借他们的宗族、威望和社会关系，在乡里社会中仍是强大的支配力量。"②

《隶释》卷1《成阳灵台碑》中载，济阴成阳尧庙年久失修，仲定"复帅群宗，贫富相均，共慕市碑，著立功训"③。捐钱者中仲氏有31人，异姓者4人。其中提到仲氏廷尉1人，司徒掾1人，太守1人，县长1人，五官掾1人，督邮4人，从事1人，主吏20人。

---

① 许倬云：《西汉政权与社会势力的交互作用》，载《求古编》，第478—479页。
② 崔向东：《汉代豪族研究》，第163—164页。
③ 洪适：《隶释》卷一，第9页。

从此碑中可以看出，仲氏最高官为廷尉，其他人主要把持的是地方官职。可以说，仲氏在济阴拥有着强大的地方势力，形成了其社会秩序圈，控制着济阴这一区域。在维修济阴成阳尧庙的捐助者中，仲姓占到了31人，而异姓仅为4人，可见仲氏在济阴这个"面"中的势力是占有绝对优势的。

仲氏也符合点、线、面的社会结构，即皇帝—廷尉、太守—众官员及其社会关系，这样就构造了一个由点向线再向面发展的稳定的社会结构。而仲氏对尧庙的维修，是仲氏自觉地担负起了对"面"教化的职责。

在这个以士大夫为中心的社会秩序圈——"面"中，士大夫实现了对"面"中民众的赈济、教化，甚至实现了对这个区域社会的秩序稳定的军事维护（如本章第一节第二部分所述）。而士大夫又是中央或地方郡县的官吏，是王朝统治的直接参与者。所以士大夫上可以与皇权保持一致，维护中央的统治，下可以向自己的社会秩序圈——"面"传达国家政策，保证了国家意志的贯彻，代替国家实现对下层社会的干预，维护地方稳定。

而每一个士大夫都有着自己能够影响到的一个"面"，在某个特定的历史时期，所有士大夫所能够影响到的面合起来，就几乎是整个社会。这样，汉王朝利用士大夫阶层在中间的作用，国家政权通过士大夫影响到社会的每一个角落，从而实现了对全国各个区域的稳定统治。许倬云还在《中国古代社会与国家之关系的变动》一文中认为："士大夫在朝为官吏，在野为地方领袖，于是国家与社会之间呈现一种亦分亦合的辩证关系。"①

这种点、线、面的社会结构，对汉王朝的统治，还起到了调节的作用。一方面，这种结构有利于社会势力的上下流动与转化，不断有基层社会成员通过士大夫层进入国家政权机构，也不断有士大夫隐退进入基层社会，而进入基层的士大夫对下层社会还存在一定的影响。"'儒宗'出现的时代意义不仅在于打破了宗法任官制的束缚，更在于建立起了一种沟通平民与贵族之间身份转换的合理信道。"② 另一方面，有助于沟通

---

① 许倬云：《中国古代社会与国家之关系的变动》，《文物季刊》1996 年第 2 期。

② 马彪：《秦汉豪族社会研究》，第 8—9 页。

最高统治者和下层被统治者，削减两者之间的矛盾，从而实现长期稳定的统治。这种结构以具有相当文化程度的以儒家规范为主要行为准则的士大夫为中间层，比较和缓地、有效地处理统治者和下层社会的关系，避免了专制统治和下层被统治者之间的直接冲突。"儒家思想一方面透过他们的道德说教，不断地给专制权力种种限制，一方面又不断地从事于政府组织的改革，这些对中国专制政治似乎有调和与软化的作用。"[①]

士大夫点、线、面的社会结构，是为士大夫阶层构成汉代政权中坚社会势力的原因之四。

综上，士大夫阶层拥有着雄厚的经济力量；由于士大夫强大的宗族势力，和拥有数量众多且盘踞朝廷各级职位的门生故吏，使其具有了非常强大的社会势力；由于士大夫治理有方，教化社会，所以能够深得民心——"携持民心"，这样，士大夫便具有了极高的社会威望，从而可以"卧以镇之"，达到"以安海内"；并且士大夫具有稳定的社会结构——点、线、面的社会结构。在士大夫身上，集中了文化、权力、经济、社会威望等诸多重要的社会因素，阶层士大夫就构成了汉代国家政权的中坚社会势力。唐长孺先生认为："东汉末年，大姓名士处于左右政局的重要地位，他们在经济上、政治上广泛地控制着农村，文化上几乎处于垄断地位。"[②]"不论朝廷或地方，何进所用的是这类人，董卓所用的也是这类人；其实在此以前，除了宦官子弟亲族、宾客以外，布列中外的官僚基本上也是这类大姓、名士。"[③] 这些大姓名士用本书的角度来看，是属于士大夫阶层的。许倬云在《西汉政权与社会势力的互动关系》一文中认为士大夫构成了西汉政权的社会基础。[④]

现在我们可以回答毛汉光在《中国中古社会史论》中提出的"统治阶层既不能由多数人参与，则如何能得到多数人的支持"[⑤] 这样一个问题，统治阶层不能由多数人参与，但却能得到多数人的支持，维持其长

① W. T. de Bary：《中国的专制政治与儒家理想》，载《中国思想与制度论集》，联经出版事业公司 1976 年版，第 215 页。

② 唐长孺：《东汉末期的大姓名士》，载《魏晋南北朝史论拾遗》，第 41 页。

③ 唐长孺：《东汉末期的大姓名士》，载《魏晋南北朝史论拾遗》，第 39 页。

④ 许倬云：《西汉政权与社会势力的交互作用》，载《求古编》，第 453—454 页。

⑤ 毛汉光：《中国中古社会史论》，第 4 页。

久的统治，是因为作为中坚社会势力的士大夫阶层以其点、线、面的社会结构，向上忠于王朝的统治，向下则利用其社会势力和社会威望控制着地方，汉帝国正是通过少数人——士大夫阶层实现其对全国多数人的有效统治。

关于士大夫阶层的影响，美国加州大学社会史教授 Wolfram Eberhard 在其《"士族"论》一文中认为"周之没落贵族与广大农村中之宗族力量相结合而形成新'士族'。此'士族'之基本力量在于广大农村之宗族与土地所有权（地主）；'士族'之成员藉此地方势力进而参与国家政事，结合成中央权力。而此'中央、地方'二元系统即为'士族政治'之特色：地方有事，则'士族'之成员藉其中央权力对宗族势力加以维护；中央有政变，则地方之宗族地主力量仍延续不绝；中国传统之政治、社会、经济、文人亦因此'二元士族'之持久性而延续不绝"。① "士族"作为相对于中央和地方势力的存在，"二元士族"论体现了士族作为中间社会势力对中国古代历史的影响。而 Wolfram Eberhard 教授的观点还可以更加深入地探讨一下，当这种二元士族作为王朝的中间社会势力广泛地存在并产生影响，却深受一种思想文化的影响而对王朝忠心不二时，这种中间社会势力就会成为这个王朝的中坚社会势力。这种二元的社会势力，对上会维护王朝的统治，对下则会通过自身的影响，使下层社会皈依于王朝的统治，从而对王朝的统治起到"中坚"的作用。

两汉四百年的统治，代替西汉的东汉仍然是刘邦九世孙，东汉末期百余年间危而不亡的社会局面，都与士大夫阶层有着重大的关系，如范晔在《后汉书·陈蕃传》中所论："以仁心为己任，虽道远而弥厉。及遭际会，协策窦武，自谓万世一遇也。憬憬乎伊、望之业矣。功虽不终，然其信义足以携持民心。汉世乱而不亡，百余年间，数公之力也。"②

东汉时期，皇帝更换频繁。章帝 33 岁崩，即位的和帝仅 10 岁，窦太后临朝；和帝又 27 岁崩，殇帝即位时诞生才百余日，邓后临朝，但 2 岁崩；安帝 13 岁即位，邓后临朝；安帝又 32 岁崩，太后临朝；顺帝 11 岁

---

① 转引自陈启云《汉晋六朝文化·社会·制度——中华中古前期史研究》，新文丰出版公司 1998 年版，第 137 页。

② 《后汉书》卷 66《陈蕃传》，第 2171 页。

即位，30 岁崩；冲帝 2 岁即位，3 岁崩；质帝 8 岁即位，同年崩；桓帝 15 岁即位，36 岁崩；灵帝 12 岁即位，34 岁崩。献帝以前，东汉虽然出现了皇帝的频繁更换，但东汉政权却纹丝不动，统治秩序正常运行。朝廷的核心——皇帝虽每隔十几年就会有变动，然刘汉统治却没有任何的波动，东汉政权的稳固，足可称奇。这种情况的出现与士大夫阶层成为汉代中坚社会势力有关。正是士大夫阶层对东汉政权的维护，才保证了汉政权的稳定和持续统治。

结　语

关于汉代士大夫的研究，已经有很多卓越的成果了，但对士大夫作为一个阶层的研究，目前学界的成果并不多。本书从社会阶层的角度，论述汉代士大夫阶层的形成、演变，认为士大夫阶层构成了汉代国家政权的中坚社会势力，其发展演变也对两汉的历史发展产生了重大影响。

西汉中后期，大致在元成哀平之际，士大夫阶层初步形成，至东汉桓灵之际，士大夫作为一个阶层逐渐明朗化。西汉独尊儒术，实行察举制，加之其他整合社会势力的措施，使得各种社会势力逐渐融入汉政权体系之中，地方豪强大族、文吏、士人甚至一些贫窭者都实现了向士大夫的转化。西汉中后期士大夫之间的关系逐渐紧密，士大夫间由"相善""厚善""为友""相友"再加上"同好"而形成群体意识，进而产生"归属感"，逐渐形成了士大夫阶层。

士大夫阶层构成汉代国家政权的中坚社会势力。第一，士大夫阶层拥有着雄厚的经济力量；第二，由于士大夫强大的宗族势力和拥有数量众多且盘踞朝廷各级职位的门生故吏，使其具有了非常强大的社会势力；第三，由于士大夫有效治理地方，教化社会，所以能够深得民心——"携持民心"，这样，士大夫便具有了极高的社会威望，从而可以"卧以镇之"，达到"以安海内"；第四，士大夫具有稳定的社会结构——点、线、面的社会结构。在士大夫身上，集中了文化、权力、经济、社会威望等诸多重要的社会因素，士大夫阶层就构成了汉代国家政权的中坚社会势力。

在中国古代史上，社会的中坚势力有一个由高到低的发展演化过程，即中坚势力的民众化过程。

张国刚认为："汉唐时代的儒家伦理经历了一个逐渐从经典文本到士族的礼仪名教、再到社会规范的发展过程。第一阶段，儒家经典礼教是国家提倡的学问；第二阶段，儒家礼乐文化是世族门阀的行为准则；第三阶段，礼仪文化向社会普及，成为士庶之家效法的规范。礼仪文化完成了从国家—门阀（贵族）—士庶（全社会）的发展和普及过程。"①

根据张国刚的看法，古代社会礼乐发展经历了从贵族到士族再到普通民众的普及过程。受此启发，笔者想到，伴随着礼乐平民化过程的是社会中坚势力的民众化。社会中坚势力从先秦的贵族到秦汉魏晋的士大夫阶层、士族，再到隋唐时期逐渐向民众化发展。隋唐以后科举制度为有才能的人敞开了国家政权的大门，这种发展趋势使隋唐以后社会中坚势力开始由通过科举进入政权的士大夫担任。从先秦到秦汉魏晋再到隋唐，国家的中坚势力经历了由高到低的发展过程，即中坚势力的民众化。

但是，这一民众化的过程，隋唐以后便放缓了，甚至停止了。

虽然中坚社会势力长时期维护了古代国家的稳定与发展，但是，这一中间阶层的强大，致使国家权力的开放、下移受阻于这一阶层。虽然两汉时期就有些下层平民可以进入这一阶层并参与到国家管理中，但是能够进入这一阶层的平民毕竟是少数。正是这一阶层的强大，阻碍了下层普通民众对国家管理的参与，也使得下层民众习惯于被"呵护"的状态，养成了渴求"明君"的惰性习惯。中国古代士大夫阶层的存在，阻碍了中坚势力的民众化进程和下层民众参政意识的形成。

---

① 张国刚：《汉唐"家法"观念的演变》，载牟发松主编《社会与国家关系视野下的汉唐历史变迁》，第66—67页。

参考文献

一 古籍

班固：《汉书》，中华书局 1962 年版。

《曹操集》，中华书局 1974 年版。

常璩撰，刘琳校注：《华阳国志校注》，巴蜀书社 1984 年版。

常璩撰，任乃强校注：《华阳国志校补图注》，上海古籍出版社 1987 年版。

陈立：《白虎通疏证》，中华书局 1994 年版。

陈寿：《三国志》，中华书局 1982 年版。

陈直：《汉书新证》，天津人民出版社 1979 年版。

崔寔著，石生汉校注：《四民月令校注》，中华书局 1965 年版。

范晔：《后汉书》，中华书局 1965 年版。

房玄龄等：《晋书》，中华书局 1974 年版。

高文：《汉碑集释》（修订本），河南大学出版社 1997 年版。

顾炎武著，黄汝成集释：《日知录集释》，中州古籍出版社 1990 年版。

郭璞注，邢昺疏：《尔雅注疏》，北京大学出版社 1999 年版。

何宁：《淮南子集释》，中华书局 1998 年版。

何清谷：《三辅黄图校释》，中华书局 2005 年版。

洪迈：《容斋随笔》，上海古籍出版社 1978 年版。

洪适：《隶释·隶续》，中华书局 1985 年版。

黄晖：《论衡校释》，中华书局 1990 年版。

纪昀等编：《景印文渊阁四库全书》，台湾商务印书馆 1986 年版。

李兴和点校：《袁宏〈后汉纪〉集校》，云南大学出版社 2008 年版。

李延寿：《北史》，中华书局 1974 年版。

令狐德棻等：《周书》，中华书局 1971 年版。

刘向辑录，范祥雍笺证：《战国策笺证》，上海古籍出版社 2006 年版。

刘昫等：《旧唐书》，中华书局 1975 年版。

刘义庆著，余嘉锡笺疏：《世说新语笺疏》，中华书局 2007 年版。

刘珍等撰，吴树平校注：《东观汉记校注》，中华书局 2008 年版。

泷川资言：《史记会注考证》，文学古籍刊行社 1955 年版。

卢弼：《三国志集解》，中华书局 1982 年版。

逯钦立辑校：《先秦汉魏晋南北朝诗》，中华书局 1983 年版。

马端临：《文献通考》，中华书局 1986 年版。

彭定求修订：《全唐诗》，上海古籍出版社 1986 年版。

钱大昕著，方诗铭、周殿杰点校：《廿二史考异》，上海古籍出版社 2004
　年版。

司马光：《资治通鉴》，中华书局 1956 年版。

司马迁：《史记》，中华书局 1982 年版。

孙星衍等辑，周天游点校：《汉官六种》，中华书局 1990 年版。

王夫之：《读通鉴论》，中华书局 1975 年版。

王符著，汪继培笺，彭铎校正：《潜夫论笺校正》，中华书局 1985 年版。

王利器：《风俗通义校注》，中华书局 1981 年版。

王利器：《盐铁论校注》，中华书局 1992 年版。

王利器：《颜氏家训集解》，中华书局 1993 年版。

王鸣盛著，黄署晖点校：《十七史商榷》，上海书店 2005 年版。

王钦若等编：《宋本册府元龟》，中华书局 1989 年版。

王先谦：《汉书补注》，中华书局 1983 年版。

王先谦：《后汉书集解》，中华书局 1984 年版。

王先谦：《荀子集解》，中华书局 1988 年版。

熊方等：《后汉书三国志补表三十种》，中华书局 1984 年版。

徐坚等：《初学记》，中华书局 1962 年版。

徐天麟：《东汉会要》，上海古籍出版社 1978 年版。

徐天麟：《西汉会要》，上海人民出版社 1977 年版。

徐元诰撰，王树民、沈长云点校：《国语集解》，中华书局 2002 年版。

许慎:《说文解字》,中华书局 1963 年版。

严可均辑:《全汉文》,商务印书馆 1999 年版。

严可均辑:《全后汉文》,商务印书馆 1999 年版。

严可均辑:《全上古三代秦文》,商务印书馆 1999 年版。

杨伯峻编著:《春秋左传注》,中华书局 2009 年版。

杨伯峻:《论语译注》,中华书局 1980 年版。

杨伯峻:《孟子译注》,中华书局 1960 年版。

杨明照:《抱朴子外篇校笺》,中华书局 1997 年版。

杨树达:《汉书管窥》,上海古籍出版社 1984 年版。

叶适:《习学记言序目》,中华书局 1977 年版。

银雀山汉墓竹简整理小组编:《银雀山汉墓竹简(壹)》,文物出版社 1985 年版。

虞世南编撰:《北堂书钞》,中国书店 1989 年版。

袁宏撰,周天游校注:《后汉纪校注》,天津古籍出版社 1987 年版。

张家山二四七号汉墓竹简整理小组:《张家山汉墓竹简》(释文修订本),文物出版社 2006 年版。

张烈点校:《两汉纪》,中华书局 2002 年版。

赵超:《汉魏南北朝墓志汇编》,天津古籍出版社 1992 年版。

赵万里编:《汉魏南北朝墓志集释》,新文丰出版公司 1995 年版。

赵翼:《陔余丛考》,商务印书馆 1957 年版。

赵翼著,王树民校证:《廿二史札记校证》,中华书局 1984 年版。

中国简牍集成编辑委员会:《中国简牍集成》,敦煌文艺出版社 2001 年版。

周天游辑注:《八家后汉书辑注》,上海古籍出版社 1986 年版。

二 专著

安东尼·吉登斯:《社会的构成》,李康、李猛译,生活·读书·新知三联书店 1998 年版。

安作璋、熊铁基:《秦汉官制史稿》,齐鲁书社 2007 年版。

白钢主编:《中国政治制度史》,社会科学文献出版社 2007 年版。

白寿彝:《中国通史》,上海人民出版社 2004 年版。

卜宪群：《秦汉官僚制度》，社会科学文献出版社 2002 年版。

曹旅宁：《张家山汉律研究》，中华书局 2005 年版。

曹文柱主编：《中国社会通史（秦汉魏晋南北朝卷）》，山西教育出版社 1996 年版。

常建华：《社会生活的历史》，北京师范大学出版社 2004 年版。

陈登原：《国史旧闻》，中华书局 2000 年版。

陈启云：《汉晋六朝文化·社会·制度——中华中古前期史研究》，新文丰出版公司 1998 年版。

陈苏镇：《〈春秋〉与"汉道"：两汉政治与政治文化研究》，中华书局 2011 年版。

陈寅恪：《金明馆丛稿初编》，上海古籍出版社 1980 年版。

川胜义雄：《六朝贵族制社会研究》，徐谷芃、李济沧译，上海古籍出版社 2007 年版。

崔瑞德、鲁惟一编：《剑桥中国秦汉史》，中国社会科学出版社 1992 年版。

崔向东：《汉代豪族研究》，崇文书局 2003 年版。

杜正胜：《编户齐民——传统政治社会结构之形成》，联经出版事业公司 1990 年版。

渡边信一郎：《中国古代的王权与天下秩序》，徐冲译，中华书局 2008 年版。

范文澜：《中国通史简编》，人民出版社 1949 年版。

冯尔康、阎爱民：《中国宗族》，广东人民出版社 1996 年版。

冯尔康：《中国社会史研究》，天津人民出版社 2010 年版。

冯尔康主编：《中国社会结构的演变》，河南人民出版社 1994 年版。

福永健一：《社会结构与社会变迁》，董兴华译，云南人民出版社 1988 年版。

高敏：《秦汉史论集》，中州书画社 1982 年版。

高敏：《秦汉史探讨》，中州古籍出版社 1998 年版。

高敏：《秦汉魏晋南北朝史论考》，中国社会科学出版社 2004 年版。

高敏：《中华中古史求索集》，中华书局 2005 年版。

葛剑雄：《泱泱汉风》，长春出版社 1997 年版。

葛荃：《权力宰制理性——士人、传统政治文化与中国社会》，南开大学出版社 2003 年版。

葛兆光：《中国思想史——七世纪前中国的知识、思想与信仰世界》（第一卷），复旦大学出版社 1998 年版。

宫崎市定：《九品官人法研究：科举前史》，韩升、刘建英译，中华书局 2008 年版。

谷川道雄：《隋唐帝国形成史论》，李济沧译，上海古籍出版社 2004 年版。

谷川道雄：《中国中世社会与共同体》，马彪译，中华书局 2002 年版。

顾颉刚：《秦汉的方士与儒生》，上海古籍出版社 2005 年版。

韩兆琦：《中国古代的隐士》，商务印书馆 1996 年版。

何兹全：《秦汉史略》，上海人民出版社 1955 年版。

胡秋原：《古代中国文化与中国知识分子》，中华书局 2010 年版。

胡舒云：《九品官人法考论》，社会科学文献出版社 2003 年版。

黄宽重、柳立言：《中国社会史》，台北空中大学出版社 1996 年版。

黄留珠：《秦汉历史文化论稿》，三秦出版社 2002 年版。

黄留珠：《秦汉仕进制度》，西北大学出版社 1985 年版。

翦伯赞：《秦汉史》，北京大学出版社 1999 年版。

翦伯赞：《中国史纲要》，北京大学出版社 2006 年版。

蒋星煜：《中国隐士与中国文化》，生活·读书·新知三联书店 1988 年版。

金春峰：《汉代思想史》，中国社会科学出版社 1987 年版。

金观涛、刘青锋：《兴盛与危机——论中国社会超稳定结构》（增订本），香港中文大学出版社 1992 年版。

瞿同祖：《汉代社会结构》，上海世纪出版集团 2007 年版。

瞿同祖：《中国法律与中国社会》，中华书局 1981 年版。

劳榦：《古代中国的历史与文化》，中华书局 2006 年版。

李国娟：《秦汉之际的儒家思想》，文汇出版社 2011 年版。

李开元：《复活的历史——秦帝国的崩溃》，中华书局 2007 年版。

李开元：《汉帝国的建立与刘邦集团——军功受益阶层研究》，生活·读书·新知三联书店 2000 年版。

李卿：《秦汉魏晋南北朝时期的家族、宗族关系研究》，上海人民出版社 2005 年版。

廖伯源：《简牍与制度》，广西师范大学出版社 2005 年版。

廖伯源：《秦汉史论丛》，中华书局 2008 年版。

林剑鸣等：《秦汉社会文明》，西北大学出版社 1985 年版。

林剑鸣：《秦汉史》，上海人民出版社 1989 年版。

林剑鸣：《秦史稿》，中国人民大学出版社 2009 年版。

刘光华：《秦汉西北史地丛稿》，甘肃文化出版社 2007 年版。

刘虹：《中国选士制度史》，湖南教育出版社 1992 年版。

刘厚琴：《儒学与汉代社会》，齐鲁书社 2002 年版。

刘俊文主编：《日本学者研究中国史论著选译》，中华书局 1993 年版。

刘纫尼等译：《中国思想与制度论集》，联经出版事业公司 1976 年版。

刘蓉：《汉魏名士研究》，中华书局 2009 年版。

刘修明：《从崩溃到中兴》，上海古籍出版社 1989 年版。

刘泽华、孙立群等：《士人与社会（秦汉魏晋南北朝卷）》，天津人民出版
    社 1992 年版。

刘泽华：《中国的王权主义》，上海人民出版社 2000 年版。

刘泽华：《中国政治思想史集》，人民出版社 2008 年版。

柳春新：《汉末晋初之际政治研究》，岳麓书社 2006 年版。

吕思勉：《秦汉史》，上海古籍出版社 1983 年版。

吕思勉：《中国社会史》，上海古籍出版社 2007 年版。

吕思勉：《中国制度史》，上海教育出版社 1985 年版。

马彪：《秦汉豪族社会研究》，中国书店 2002 年版。

马非百：《秦集史》，中华书局 1982 年版。

马克斯·韦伯：《中国的宗教》，康乐、简惠美译，广西师范大学出版社
    2010 年版。

马良怀：《士人 皇帝 宦官》，岳麓书社 2003 年版。

马小虎：《魏晋以前个体"自我"的演变》，中国人民大学出版社 2004
    年版。

毛汉光：《中国中古社会史论》，上海世纪出版集团 2002 年版。

孟祥才：《秦汉人物散论》，上海古籍出版社 2005 年版。

牟发松主编：《社会与国家关系视野下的汉唐历史变迁》，华东师范大学出版社 2006 年版。

钱穆：《国史大纲》（修订第 3 版），商务印书馆 1996 年版。

钱穆：《国史新论》，生活·读书·新知三联书店 2001 年版。

钱穆：《国学概论》，商务印书馆 1997 年版。

钱穆：《秦汉史》，生活·读书·新知三联书店 2005 年版。

钱穆：《中国历代政治得失》，生活·读书·新知三联书店 2005 年版。

沈长云：《崛起的士人》，中国青年出版社 1998 年版。

施伟青：《中国古代史论丛》，岳麓书社 2004 年版。

史云贵：《外朝化、边缘化与平民化——帝制中国近官嬗变研究》，上海人民出版社 2009 年版。

守屋美都雄：《中国古代的家族与国家》，钱杭、杨晓芬译，上海古籍出版社 2010 年版。

孙生：《秦汉政治与文学》，民族出版社 2005 年版。

唐长孺：《魏晋南北朝史论丛》，河北教育出版社 2000 年版。

唐长孺：《魏晋南北朝史论拾遗》，中华书局 1983 年版。

唐长孺：《魏晋南北朝隋唐史三论》，武汉大学出版社 1992 年版。

唐进、郑川水主编：《中国国家机构史》，辽宁人民出版社 1993 年版。

田昌五、臧知非：《周秦社会结构研究》，西北大学出版社 1996 年版。

田余庆：《东晋门阀政治》，北京大学出版社 1996 年版。

田余庆：《秦汉魏晋史探微》，中华书局 2004 年版。

田余庆、周一良：《三国两晋史》，中国大百科全书出版社 2012 年版。

万绳楠：《魏晋南北朝史论稿》，安徽教育出版社 1983 年版。

汪篯：《汉唐史论稿》，北京大学出版社 1992 年版。

王健文：《政治与权力》，中国大百科全书出版社 2005 年版。

王彦辉：《汉代豪民研究》，东北师范大学出版社 2001 年版。

王彦辉：《张家山汉简〈二年律令〉与汉代社会研究》，中华书局 2010 年版。

王伊同：《五朝门第》，中华书局 2006 年版。

王仲荦：《魏晋南北朝史》，上海人民出版社 1979 年版。

王子今：《秦汉社会史论考》，商务印书馆 2006 年版。

王子今：《秦汉社会意识研究》，商务印书馆2012年版。

吴晗、费孝通等：《皇权与绅权》，天津人民出版社1988年版。

五井直弘：《中国古代史论》，姜镇庆、李德龙译，北京大学出版社2001
　　年版。

西嶋定生：《中国古代帝国的形成与结构——二十等爵制研究》，武尚清
　　译，中华书局2004年版。

萧公权：《中国政治思想史》，辽宁教育出版社1998年版。

谢和耐：《中国社会史》，耿昇译，江苏人民出版社1995年版。

邢义田、林丽月主编：《社会变迁》，中国大百科全书出版社2005年版。

邢义田：《秦汉史论稿》，东大图书公司1988年版。

邢义田：《天下一家——皇帝、官僚与社会》，中华书局2011年版。

徐复观：《两汉思想史——周秦汉政治社会结构之研究》，华东师范大学
　　出版社2001年版。

许倬云：《汉代农业：早期中国农业经济的形成》，程农、张鸣译，江苏
　　人民出版社1998年版。

严耕望：《两汉太守刺史表》，上海古籍出版社2007年版。

严耕望：《中国地方行政制度史——秦汉地方行政制度》，上海古籍出版
　　社2007年版。

严耕望：《中国地方行政制度史——魏晋南北朝地方行政制度》，上海古
　　籍出版社2007年版。

阎爱民：《汉晋家族研究》，上海人民出版社2005年版。

阎步克：《波峰与波谷——秦汉魏晋南北朝的政治文明》，北京大学出版
　　社2009年版。

阎步克：《察举制度变迁史稿》，辽宁大学出版社1997年版。

阎步克：《从爵本位到官本位——秦汉官僚品位结构研究》，生活·读
　　书·新知三联书店2009年版。

阎步克：《品位与职位——秦汉魏晋南北朝官阶制度研究》，中华书局
　　2009年版。

阎步克：《士大夫政治演生史稿》，北京大学出版社1996年版。

阎步克：《阎步克自选集》，广西师范大学出版社1997年版。

杨鸿年：《汉魏制度丛考》，武汉大学出版社2005年版。

杨宽：《战国史》，上海人民出版社2003年版。

杨念群：《中层理论——东西方思想会通下的中国史研究》，江西教育出版社2001年版。

杨师群：《东周秦汉社会转型研究》，上海古籍出版社2003年版。

尹建东：《两汉魏晋南北朝关东豪族研究》，四川大学出版社2007年版。

于迎春：《秦汉士史》，北京大学出版社2000年版。

余华青：《中国宦官制度史》，上海人民出版社2006年版。

余英时：《士与中国文化》，上海人民出版社2003年版。

宇都宫清吉：《中国古代中世史研究》，创文社1977年版。

禹平：《两汉儒生的社会角色》，社会科学文献出版社2012年版。

张传玺：《秦汉问题研究》（增订本），北京大学出版社1995年版。

张旭华：《九品中正制略论稿》，中州古籍出版社2004年版。

章太炎：《太炎文录初编》，载《章太炎全集》（四），上海人民出版社1985年版。

赵克尧：《汉唐史论集》，复旦大学出版社1993年版。

赵沛：《两汉宗族研究》，山东大学出版社2002年版。

中根千枝：《纵向社会的人际关系》，陈成译，商务印书馆1994年版。

周长山：《汉代地方政治史论——对郡县制度若干问题的考察》，中国社会科学出版社2006年版。

周桂钿：《秦汉思想史》，河北人民出版社2000年版。

祝总斌：《两汉魏晋南北朝宰相制度研究》，中国社会科学出版社1990年版。

三　论文

卜宪群：《古代国家秩序与社会秩序的一般关系——以中国历史为中心的探讨》，《史学理论研究》2005年第4期。

卜宪群：《秦汉社会势力及其官僚化问题——以商人为中心的探讨》，《江苏行政学院学报》2006年第5期。

陈长琦：《魏晋九品官人法释疑》，《中国史研究》2005年第4期。

陈长琦：《魏晋九品官人法再探讨》，《历史研究》1995年第6期。

陈启云：《关于东汉史的几个问题——清议、党锢与黄巾》，载《燕园论学集：汤用彤先生九十诞辰纪念》，北京大学出版社 1984 年版。

陈启云：《皇权与中国文化传统》，《史学集刊》2010 年第 3 期。

陈苏镇：《东汉的豪族与吏治》，《文史哲》2010 年第 6 期。

陈苏镇：《东汉的世家大族》，《文史知识》2010 年第 6 期。

陈苏镇：《汉初诸侯王制度考述》，《中国史研究》2004 年第 3 期。

陈苏镇：《汉室复兴的历程及其政治文化背景》，《中华文史论丛》2010
　　年第 1 期。

陈勇：《论光武帝"退功臣而进文吏"》，《历史研究》1995 年第 4 期。

崔向东：《汉代豪族的儒化与士族化》，《社会科学战线》2011 年第 1 期。

崔向东：《河北豪族与两汉之际的社会政治》，《河北学刊》2002 年第
　　1 期。

崔向东、王金阳：《两汉南阳豪族的官僚化与士族化》，《社会科学辑刊》
　　2010 年第 4 期。

东晋次：《东汉的乡里社会及政治变迁》，《南都学坛》1989 年第 2 期。

高兵：《东汉末皇权对三大政治集团的态度》，《齐鲁学刊》1998 年第
　　5 期。

高敏：《我国古代的隐士及其对社会的作用》，《社会科学战线》1994 年
　　第 2 期。

宫少华、倪长平：《荀彧在曹操势力发展中的地位和作用》，《南都学坛》
　　1996 年第 4 期。

谷川道雄：《中国社会构造的特质与士大夫的问题》，载刘俊文主编《日
　　本学者研究中国史论著选译》（第二卷），中华书局 1993 年版。

郭人民：《东汉统治阶级内部的矛盾斗争——外戚宦官与"党锢"》，《史
　　学月刊》1953 年第 10 期。

韩升：《中古社会史研究的数理统计与士族问题》，《复旦学报》2003 年
　　第 5 期。

郝虹：《汉魏之际忠君观念的演变及其影响》，《山东大学学报》1999 年
　　第 3 期。

何启民：《鼎食之家——世家大族》，载《吾土与吾民》，联经出版事业公
　　司 1982 年版。

何兹全：《两汉豪族发展的三个时期》，载《秦汉史论丛》第三辑，陕西

人民出版社 1986 年版。

侯林莉：《党锢之祸与知识分子气节》，《历史教学》1999 年第 2 期。

侯外庐：《汉代士大夫与汉代思想的总倾向》，《史学史研究》1990 年第 4 期。

胡宝国：《汉晋之际的汝颍名士》，《历史研究》1991 年第 5 期。

黄宛峰：《东汉党人与士大夫精神》，《人文杂志》2000 年第 1 期。

黄宛峰：《东汉颍川、汝南、南阳士人与党议始末》，《中国史研究》1995 年第 4 期。

黄宛峰：《古代党人的生死观与士大夫精神》，《中州学刊》2003 年第 6 期。

金春峰：《东汉末经学的衰落与党锢之祸》，《求索》1987 年第 3 期。

金发根：《东汉党锢人物的分析》，载《"中研院"历史语言研究所集刊论文类编（历史编）·秦汉卷》，中华书局 2009 年版。

孔毅、宫少华：《忧生·享乐·济世——汉魏之际文人心态剖析》，《许昌师专学报》1999 年第 1 期。

劳榦：《论汉代的内朝与外朝》，载黄清连主编《制度与国家》，中国大百科全书出版社 2005 年版。

李福全：《北伐匈奴是秦亡的重要原因》，《学术月刊》1985 年第 9 期。

李军：《论东汉士人阶层的政治权力基础》，《浙江大学学报》2001 年第 3 期。

李乐民：《崔琰被杀原因考辩——兼论曹操的用人》，《史学月刊》1991 年第 2 期。

李磊：《汉魏之际节义观的变化与士大夫的精神出路》，《历史教学问题》2009 年第 1 期。

李磊：《荀彧之死——一个关于汉末士大夫"匡复之志"的隐喻》，《贵州文史丛刊》2009 年第 2 期。

李治安：《关于秦以降皇权官僚政治与贵族政治的复合建构》，《史学月刊》2011 年第 3 期。

廖伯源：《秦汉朝廷之论议制度》，载黄清连主编《制度与国家》，中国大百科全书出版社 2005 年版。

刘静夫：《京兆杜氏研究——魏晋南北朝士族门阀个案研究之二》，《许昌师专学报》1993 年第 3 期。

刘静夫：《颍川苟氏研究——魏晋南北朝士族门阀个案研究之一》，《西华师范大学学报》1987 年第 3 期。

刘敏：《从抑制到容纳——两汉国家与豪族关系的发展路径》，《南开学报》2008 年第 3 期。

刘敏：《关于战国秦汉历史转型中几个问题的新思考》，《天津社会科学》2010 年第 2 期。

刘敏：《秦汉时期编户民对皇权的崇拜与依赖》，《历史教学》2008 年第 16 期。

刘蓉：《党锢源起汝南的历史原因探析》，《青海社会科学》2009 年第 4 期。

刘韶军：《士、知识分子及其他》，《华中师范大学学报》1992 年第 4 期。

刘啸：《论汉末名士到魏晋士族的复杂历程——以汉末颍川苟、钟、陈三家为中心》，《许昌学院学报》2005 年第 6 期。

刘仲一：《法家思想与秦朝的速亡》，《求实学刊》1998 年第 3 期。

柳维本：《西汉豪强地主的形成和地位》，《辽宁师范大学学报》1984 年第 5 期。

鲁同群：《东汉知识分子重名原因述补》，《南京师大学报》2009 年第 5 期。

栾保群：《由西汉外戚专政谈外戚与皇权的关系》，《天津师范大学学报》1981 年第 3 期。

马良怀：《论东汉后期的党锢之祸》，《华中师院学报》1983 年第 4 期。

马亮宽：《汉代士人与社会结构》，《社会科学》1994 年第 2 期。

蒙文通：《论经学三篇》，《中国文化》1991 年第 1 期。

孟祥才：《论荀彧》，《史学月刊》2001 年第 1 期。

孟祥才：《论张俭其人》，《齐鲁学刊》2006 年第 3 期。

牟发松：《范晔〈后汉书〉对党锢成因的认识与书写》，《华东师范大学学报》2012 年第 6 期。

牟发松、李磊：《东汉后期士风之转变及其原因探析》，《武汉大学学报》2003 年第 3 期。

牟发松：《侠儒论：党锢名士的渊源与流变》，《文史哲》2011 年第 4 期。

宁可、蒋福亚：《中国历史上的皇权与忠君观念》，《历史研究》1994 年第 2 期。

牛润珍、王磊：《进取时代的退却与守望——论汉代士人的隐逸之风》，《山东大学学报》2009 年第 1 期。

庞天佑：《论东汉中后期士人的群体心理》，《史学月刊》2002 年第 5 期。

钱穆：《中国传统文化中之士》，载《国史新论》，生活·读书·新知三联书店 2001 年版。

钱穆：《中国历史上的传统政治》，载《国史新论》，生活·读书·新知三联书店 2001 年版。

秦进才：《汉初与皇帝"共天下"的诸侯王》，《历史教学》2004 年第 4 期。

秦蓁：《溯源与追忆：东汉党锢新论》，《史林》2008 年第 3 期。

邱少平：《西汉中后期门阀士族的萌芽》，《益阳师专学报》1993 年第 4 期。

孙立群：《论魏晋士人的"觉醒"及其社会背景》，《中国中古社会变迁国际学术讨论会论文集》，2000 年 8 月。

孙立群：《论魏晋士人的"觉醒"》，《聊城师范学院学报》2001 年第 1 期。

孙立英：《东汉士大夫集团的政治权力基础》，《秦汉研究》2009 年第 3 辑。

孙明君：《陈寅恪"士族阶级"说述评》，《清华大学学报》2010 年第 5 期。

孙明君：《从"国家"到"天下"——汉魏士大夫文学中政治情感考察》，《社会科学战线》2001 年第 5 期。

孙明君：《汉晋士族的发展历程》，《文史知识》2009 年第 8 期。

唐长孺：《门阀的形成及其衰落》，《武汉大学学报》1959 年第 8 期。

陶贤都：《汉魏皇权嬗代与士人心态》，《南都学刊》2003 年第 4 期。

田昌五：《对魏晋士族制度的历史考察——兼评陈寅恪的士族说》，《学术研究》2001 年第 1 期。

王健文：《学术与政治之间：试论秦皇汉武思想政策的历史意义》，载王健文主编《政治与权力》，中国大百科全书出版社 2005 年版。

王力平：《中古士族到士人的演进》，《南开学报》2008 年第 3 期。

王晓毅：《东汉安顺之际的汝颖名士》，《山东大学学报》1992 年第 2 期。

王彦辉：《东汉中后期改良思潮及改良活动浅议》，《东北师大学报》1992 年第 2 期。

王彦辉：《汉代豪民与乡里政权》，《史学月刊》2000 年第 4 期。

王永平：《论荀彧——兼论曹操与东汉大族的关系》，《扬州大学学报》1997 年第 3 期。

王子今：《从"处士"到"议士"：汉代民间知识人的参政路径》，《河北学刊》2007 年第 5 期。

王子今：《汉末政治风暴与"处士"的文化表现》，《社会科学》2012 年第 1 期。

王子今：《论申屠蟠"绝迹于梁砀之间"——兼说汉代"处士"的文化表现与历史形象》，《中州学刊》2009 年第 6 期。

王子今：《沛谯英雄的两次崛起与汉王朝的兴亡》，《安徽史学》2011 年第 2 期。

王子今：《西汉长安的太学生运动》，《唐都学刊》2008 年第 6 期。

卫广来：《求才令与汉魏嬗代》，《历史研究》2001 年第 5 期。

吴刚、刘小洪：《秦亡汉兴之因再探》，《学术月刊》1996 年第 8 期。

吴桂美：《从豪强宗族到文化士族——东汉马氏研究》，《海南大学学报》2007 年第 3 期。

西嶋定生：《中国古代帝国形成史论》，载刘俊文主编《日本学者研究中国史论著选译》（第二卷），中华书局 1993 年版。

向晋卫：《汉代社会对君权的制约机制》，《云南社会科学》2004 年第 2 期。

徐卫民：《法家思想与秦王朝灭亡关系新论》，《西北大学学报》2005 年 7 月第 4 期。

许倬云：《秦汉知识分子》，载《求古编》，联经出版事业公司 1982 年版。

许倬云：《西汉政权与社会势力的交互作用》，载《求古编》，联经出版事业公司 1982 年版。

许倬云：《中国古代社会与国家之关系的变动》，《文物季刊》1996 年第 2 期。

薛海波：《东汉颍川豪族的官僚化和士族化》，《文史哲》2006 年第 6 期。

薛海波：《东汉政局转变中的颍川豪族》，《南都学坛》2007 年第 3 期。

薛海波：《试论汉魏之际北方豪族的官僚化与士族化》，《社会科学战线》
    2010 年第 1 期。

薛贻康：《三国时期著名的谋略家——荀彧》，《辽宁师范大学学报》1989
    年第 1 期。

阎步克：《秦政、汉政与文史、儒生》，《历史研究》1986 年第 3 期。

阎步克：《士·事·师论——社会分化与中国古代知识群体的形成》，《北
    京大学学报》1990 年第 2 期。

杨联陞：《东汉的豪族》，《清华学报》1936 年第 4 期。

杨生民：《两汉士族地主兴起试探——从士族地主兴起看汉代社会性质》，
    《首都师范大学学报》1983 年第 1 期。

杨永乐：《司马相如的官不是用钱买来的》，《文史杂志》2004 年第 5 期。

杨曾文：《试论东汉时期的豪强地主》，《文史哲》1978 年第 3 期。

姚静波：《试析东汉末年太学生离心倾向之成因》，《史学集刊》2001 年
    第 1 期。

尹建东：《汉代"抑豪"政策的变迁与关东豪族势力的发展》，《四川大
    学学报》2001 年第 2 期。

于涛：《东曹、魏尚书的选举与中正的形成》，《文史哲》2000 年第 6 期。

虞云国：《荀彧的无奈》，《国学》2007 年第 6 期。

臧知非：《两汉之际儒生价值取向探微》，《史学集刊》2003 年第 2 期。

张保同：《东汉的私学与党人》，《南都学坛》2005 年第 2 期。

张保同：《略论东汉士大夫的缺失》，《陕西师范大学学报》2006 年第
    2 期。

张保同：《略论两汉士大夫的异同》，《史学月刊》2006 年第 91 期。

张保同：《儒家的修身学说与汉代士大夫的轨德立化》，《南都学坛》2006
    年第 5 期。

张国刚：《试论社会史研究的学科结构》，《天津社会科学》2001 年第
    1 期。

张鹤泉：《东汉故吏问题试探》，《吉林大学社会科学学报》1995 年第
    5 期。

张培峰：《论中国古代"士大夫"概念的演变与界定》，《天津大学学报》2006 年第 1 期。

张为民：《略论士人的功能属性变化》，《聊城师范学院学报》2000 年第 6 期。

张旭华：《曹魏九品中正制再探讨——与王晓毅先生商榷》，《文史哲》2008 年第 6 期。

赵沛：《汉武帝的豪强政策与地方豪族的士族化》，《廊坊师范学院学报》2002 年第 2 期。

周天游：《东汉门阀形成的标志——东汉门阀问题研究之一》，《西北大学学报》1989 年第 3 期。

周天游：《东汉门阀形成的经济因素——东汉门阀问题研究之二》，《史林》1989 年第 S1 期。

周天游：《东汉门阀形成的上层建筑诸因素——东汉门阀问题研究之三》，《学术界》1989 年第 5 期。

朱顺玲：《论东汉中后期士大夫对皇权的制衡》，《许昌学院学报》2005 年第 3 期。

朱维权：《试论秦朝速亡的根本原因》，载《中国古代史论丛》第 7 辑，福建人民出版社 1983 年版。

朱子彦、陈生民：《汉代的选官制度与朋党势力的形成》，《上海大学学报》1992 年第 2 期。

朱子彦：《略论中国封建社会的朋党》，《学术月刊》1991 年第 12 期。

朱子彦：《论东汉党锢的缘起与党人失败原因》，《史学集刊》2012 年第 2 期。

四 学位论文

范兆飞：《中古太原士族研究》，博士学位论文，复旦大学，2007 年。

巩宝平：《汉代民间力量与地方政治关系研究》，博士学位论文，山东大学，2009 年。

金甲均：《中国古代国家政治形态与社会势力运作关系之研究——专以秦汉"县"、"国"产生背景为主》，博士学位论文，台湾师范大学，1994 年。

李磊:《东汉魏晋南北朝士风研究》,博士学位论文,华东师范大学,
　　2006 年。

刘增贵:《汉代豪族研究——豪族的士族化与官僚化》,博士学位论文,
　　台湾大学,1986 年。

张欣:《汉代豪族入仕问题研究》,博士学位论文,南开大学,2011 年。

后　记

早在读硕士期间，我就开始关注汉魏之际的士大夫问题。2013年，拜入南开大学刘师门下，论文选题仍然是两汉的士大夫。汉代士大夫的研究成果极多，且多经典之作，我的这个选题现在看来是存在一定风险的，但刘师让我抛除顾虑，安心读书思考。我基础较差，治学较为愚钝，刘师不弃我笨拙，悉心教导。博士毕业从事高校教学工作之后，刘师还一直是我学术道路的指引人，即使生活中的一些小问题，也时时关心，真是令人感激涕零。书稿刊印之际，首先要感谢刘师的爱护和指导。

我的硕士生导师李宝通老师，以善于鼓励学生、激发学生科研兴趣著称，鼓励我自信读书、用心考博，是李老师引我走上学术科研的道路。2016年，李振宏老师来兰州为西北师大师生做讲座，我曾陪同李老师考察河西走廊，一路得到李老师的点拨，受益良多。尤其是"士大夫群体认同"部分，2017年我曾撰写《汉代士人群体认同关系浅述》一文，李老师看完文章并做了悉心指导。师兄张欣，一直在学术上给我提供帮助与建议。西北师大田澍校长经常关怀我的科研进展，并帮我解决了很多难题。西北师大何玉红老师对书稿提出了一些中肯的建议。中国社会科学出版社李凯凯老师对全书做了详细的校对，并指出了许多问题。在此一并表示深深的谢意！

父亲教会我勤奋与正直，母亲教会我乐观与坚强。工作这些年，母亲又帮助我们带着涵涵和溪溪，让我能够安心工作和学习。辍学支持我上学的妹妹，我当然一直会铭记于心，深深感谢。妻子董海燕，从硕士到博士再到工作，我们曾两地传书12年，从马路公用电话到互打免费的电信专用电话，再到微信视频，中国通信工具的提升过程，则是我们夫妻感情的深化过程。她的深情与坚忍使我斗志昂扬。

　　转眼之间，博士毕业已经快 11 年了。南开大学浓厚的学术氛围和社会史、思想史深厚的学术积淀，让我能够在博士论文撰写过程中做出更多有益的思考。小书是在博士学位论文的基础上撰写的，并加入了毕业之后的五篇论文，其中两篇已经刊发。由于才疏学浅，加之讨论的是较为宏大的问题，必然存在很多疏漏，还请诸位方家指正。